MAHOMET

« Spiritualités vivantes »

SALAH STÉTIÉ

MAHOMET

Albin Michel

Albin Michel
■ *Spiritualités* ■

*Collections dirigées
par Jean Mouttapa et Marc de Smedt*

Calligraphies de Henri Renoux

Première édition :

Editions Pygmalion/Gérard Watelet, 2000
(Collection « Chemins d'éternité »
dirigée par Olivier Germain-Thomas)

Edition au format de poche :

© Editions Albin Michel, 2001

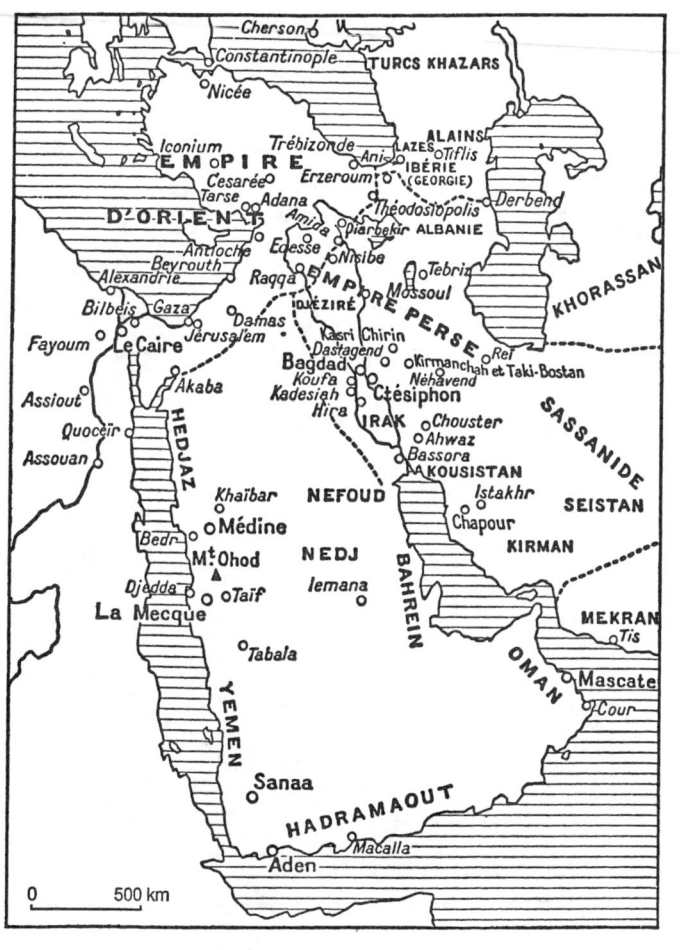

Le Proche-Orient à la veille de l'Islam

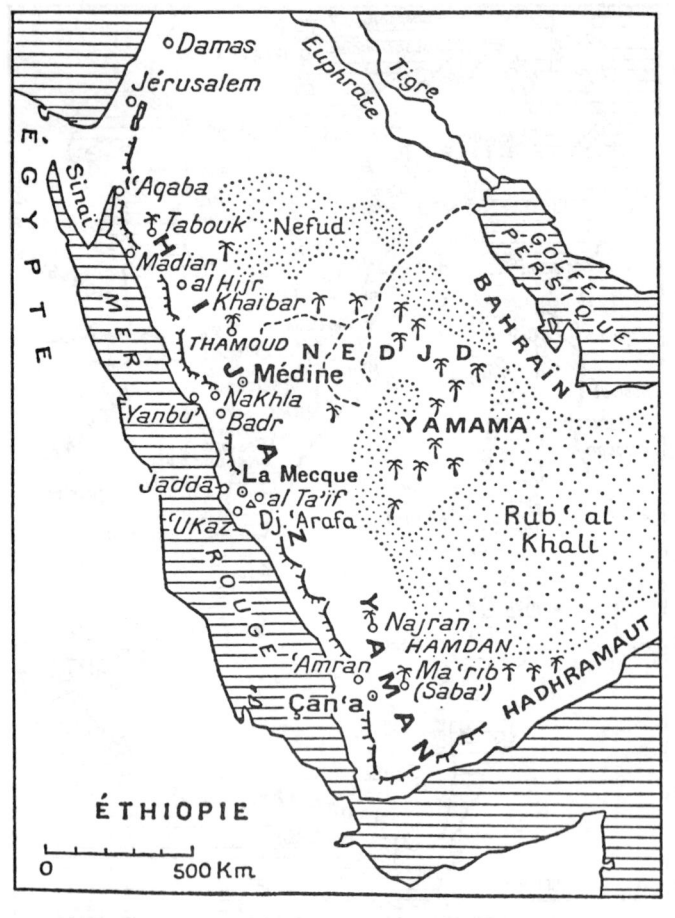

L'Arabie au temps du prophète Muhammad

AVANT-PROPOS

Muhammad: pourquoi ?

Il n'est pas facile de parler d'un homme historique. Surtout si, du fait de cet homme, l'Histoire s'est trouvée profondément modifiée. L'histoire de chacun, l'histoire des sociétés, l'histoire des idées et des sensibilités, celle de vastes régions du monde et finalement celle du monde entier, l'histoire de la civilisation, l'histoire de Dieu. Pourquoi est-il donc si difficile de parler de Mahomet, de Muhammad[*], le Prophète de l'Islam, celui dont l'enseignement depuis plus de quatorze siècles et sur les cinq continents intéresse directement le destin de plus d'un milliard d'hommes aujourd'hui ? C'est que cet homme-là n'étant pas un mythe, n'étant pas la projection d'une aspiration spirituelle collective, ayant véritablement vécu, ayant porté le fardeau de quatre membres et fonctionné organiquement comme chacun d'entre nous, ayant respiré, ayant aimé, ayant écouté et entendu, ayant parlé

---

[*] Dans le corps du texte, l'auteur a tenu à revenir à l'orthographe phonétique du nom *Muhammad*, qui reproduit la consonance arabe.

– très souvent splendidement –, ayant été l'objet de saisissements et d'illuminations, ayant rencontré l'Ange et le Démon (comme chacun d'entre nous, mais lui avec plus de gravité et pour plus de conséquence), ayant eu des amis et des ennemis – amis passionnément éblouis, ennemis haineusement aveuglés –, ayant touché aux plats de ce monde et s'étant servi aux tables de l'inspiration divine, s'étant battu par le verbe et aussi bien par l'épée, ayant – en quelque vingt ans – réussi à imposer jusque dans l'invisible sa stupéfiante et visible stature, étant (comme chacun d'entre nous) obsédé par la mort qu'il finira par accueillir avec une très grande sérénité et dans laquelle il s'effacera humainement, cet homme-là, dis-je, est tout à la fois saisissable et insaisissable comme l'est dans son acte d'être la personne. Je parle du mystère de la personne –, mystère ordinaire. Or nous avons affaire avec Muhammad à une personne, à une personnalité extraordinaire, de celles qui n'habitent parmi nous, le temps qu'il faut, que pour nous déplacer, nous et notre habitat. Que pour, au sens étymologique du terme, nous déshabituer de nous-même, pour nous dire avec insistance qu'ici n'est pas ici, que maintenant n'est pas maintenant. Au fait, ce n'est pas à nous, gens d'aujourd'hui, qu'il dit cela : il le dit à ses concitoyens et à ses contemporains immédiats qui ne sauraient, et pour cause, être des nôtres. Il le dit à des gens qui sont très différents de nous, dont l'espace est tout autre, dont l'horizon est tout autre, dont les mœurs et les préoccupations sont autres, autres la vie, la mentalité, les structures fondamentales, les objectifs et les intérêts. Leur temps est autre, autre leur ciel, autres leurs astres. Autres aussi leurs confins géographiques ou mentaux ; peut-être aussi, et jusqu'à un certain point, leur langue. Question de méthode : s'agissant d'un personnage historique, il faut – autant que faire se peut – se saisir de lui

Avant-propos 11

dans les circonstances réelles, étroitement délimitées, de son histoire et de ses histoires. Mais s'agissant aussi bien d'un personnage qui, d'un grand coup d'aile, s'est affranchi de l'Histoire et des histoires, il faut éviter à tout prix que l'ombre portée de cette aile (la légende, la déformation généreuse, la dévotion hagiographique, l'interprétation amplificatrice) ne vienne camoufler ou dénaturer la fertilité du vécu dans la lumière non théâtralisée qui fut la sienne. Un homme hors norme, par le simple fait de son génie, est déjà la proie de mille inventions exaltées. Que dire de celui dont le génie est obsédé par infiniment plus grand que lui, de celui qui, de son propre aveu, n'est que l'instrument de son Créateur ? « O Dieu qui es en moi plus moi-même que moi », le vers-constat de Paul Claudel, des siècles plus tard, et dans une tout autre aire culturelle et spirituelle, le Prophète de l'Islam aurait pu, lui aussi, se le murmurer intérieurement, la plus haute expérience mystique étant éminemment partageable. Muhammad, homme historique, étroitement mémorisé, est aussi, très vite, au-delà de l'histoire vécue, au-delà de sa traversée personnelle des situations et des êtres, celui dont se saisiront historiographes et décideurs politiques, les uns pieux, les autres intéressés, pour en faire un objet, si l'on ose dire, d'exhaussement, de surhaussement. Autour de l'image et du propos confiés à quelques-uns, ses proches, ses intimes, mais aussi de par le cercle plus large de ceux qui l'ont connu d'une manière ou d'une autre et qui l'ont approché directement ou indirectement, l'image, tombée dans le domaine public comme on dirait aujourd'hui, le propos repris et répercuté avec les inévitables déformations propres à ce type de circulation verbale, vont, l'une et l'autre, acquérir un statut non pas tant majoré que différent, inatteignable, sacralisé, cristallisé. J'ai parlé de théâtre, de théâtralité : les transmetteurs, pour fidèles qu'ils se veulent, les commentateurs, les chroniqueurs, les fondateurs d'écoles juridiques et les initiateurs de voies, les adaptateurs préoccupés de faire prévaloir leur propre vision des choses et donc, très particulièrement, le pouvoir politique, tous les pouvoirs en place quelle que fût leur nature, les sublimes mystiques aussi bien et les réformateurs de toutes sortes, les vizirs, les courtisans du prince, les dépositaires de dépôts inspirés, tous ceux-là vont avoir leur mot à dire dans la transformation, bientôt la métamorphose de l'homme qui fut simplement, humblement, orgueilleusement, entre deux bourgades d'Arabie occidentale distantes l'une de l'autre de trois cents kilomètres à peine, La Mecque et Médine, *Al-Kharyatân*, les Deux Villes, l'Envoyé d'Allah et plus tard son Prophète. C'est aux hommes et aux femmes de ces deux villes que le premier message du Messager s'adresse, à eux dont il connaît personnellement la plupart des individus aussi bien que les clans et les sous-clans, et aux bédouins nomadisant par toute l'Arabie et qui, à l'occasion, pour des raisons de commerce ou de pèlerinage, en viennent à bivouaquer aux alentours des deux cités. L'Islam n'est pas encore, loin de là, le puissant empire multi-ethnique et multicivilisationnel, l'immense espace multilingue qu'il sera moins d'un siècle plus tard. Muhammad parle en arabe à des Arabes. Sait-il déjà, pressent-il, lui visité, que la spiritualité, que la croyance qui trouve en lui sa source, bientôt dominera de vastes régions du monde connu, que des trônes trouveront dans sa parole leur assise, que des peuples se réclameront du Livre qu'il aura reçu et laissé comme le plus précieux legs qui soit, que des armées se battront et vaincront au nom d'Allah et en son nom, que des hommes de foi, profonds et secrets, se retireront de la vie pour mieux méditer la Parole qu'il leur a confiée, que des cultures feront cause commune pour mieux se

Avant-propos

féconder l'une l'autre à l'ombre de son rayonnement, que des architectures seront créées, des formes imaginées, des minarets dressés, des livres enluminés pour que soit illustrée et célébrée sa trace étincelante ? Oui, l'homme au ciel constellé et profond et à l'horizon singulièrement rétréci par la tyrannie du désert pouvait-il imaginer que lui, qui mourut sans progéniture mâle, était en train d'enfanter un monde, que lui, brûlant comme les « astres de sécheresse » – dont Sirius – était, par la grâce surabondante de Dieu, le plus verdoyant des êtres, si verdoyant et si magnifiquement fécondateur que l'étendard de l'Islam adoptera, le moment venu, et pour affirmer la générosité « descendue » d'Allah sur le *Dar al-Islam* – l'immense site de l'Islam – la couleur verte ? « Mon Royaume n'est pas de ce monde », avait dit le Christ. « Mon Royaume, le Royaume d'Allah, est déjà de ce monde », dit l'Islam naissant, dit l'Islam bientôt, très vite, triomphant.

*

Qu'on ne se méprenne pas sur le sens de ma démarche. Je ne suis ni un spécialiste de l'histoire des religions ni un hagiographe. Mon islam est un islam culturel. Je suis né dans ce milieu : je lui appartiens par ma famille, par mes racines, par une partie non négligeable de mon identification intellectuelle ou spirituelle, de mon identité ontologique. Je n'en tire aucune conclusion particulière mais, simplement, de me reconnaître musulman me rassure au niveau de ma fidélité envers moi-même, envers les autres, à l'heure difficile que voici, difficile pour l'Islam et la totalité de ses peuples. Il faut être ce qu'on est, surtout quand ce qu'on est se trouve terni et gravement menacé. L'Islam est aujourd'hui une citadelle assiégée. Assiégé par les autres, certes, qui le craignent et le déclarent dangereusement imprévisible ; mais assiégé surtout par lui-même qui s'est enfermé – ou qu'on a enfermé – dans les divers cercles de l'archaïsme, de la pauvreté, de la primarité, de la précarité, et, plus redoutablement encore, de la satisfaction béate chez certains d'en rester là. Je caricature ? Je tire vers le noir ? Non. Je fais avec tristesse l'état des lieux. A l'Islam de toutes les régions du monde, des guerres ont été imposées depuis des décennies, et ces guerres ont mobilisé ses énergies et l'ont tragiquement stoppé, chaque fois, dans son élan vers l'avenir. Ces guerres parfois étaient inévitables : on ne se laisse pas facilement déposséder d'une partie de sa chair vive, on n'accepte pas d'être spolié comme cela s'est produit. Mais cela a un coût : un coût moral, un coût matériel, un coût en « image de marque ». Des musulmans sont allés jusqu'à se désolidariser de l'Islam pour faire leur cour à l'Occident ou, plus loyalement, pour acquérir leur droit à la réflexion libre. J'appartiens à cette dernière famille tout en me refusant à me désolidariser des miens et cela, précisément, parce qu'ils sont affaiblis, dominés, exploités, mal vus, méprisés. Et aussi parce qu'ils sont eux-mêmes responsables – disons : parmi les responsables – de leur malheur, alors même qu'ils en sont, simultanément, les premières victimes. C'est pourquoi je reste à bord, je refuse de quitter le navire. Et je me dis qu'il m'appartient, dans la faible mesure de mes moyens, de rappeler qu'une admirable architecture conceptuelle et morale comme celle que l'Islam a sécrétée au fil des âges, qu'une magnifique chaîne de penseurs, de philosophes, de mystiques et d'inspirés, ne sauraient être reniées l'une et l'autre ni passées par profits et pertes. Qu'il m'appartient, à moi qui ai fréquenté avec assiduité les autres Abrahamiques et, aussi, qui me suis laissé fasciner par les spiritualités

Avant-propos

de l'Asie profonde, de revivre et de raviver ce qui, de l'Islam, en vient à centrer le temps et l'éternité et à faire de l'illumination muhammadienne une lumière d'évidence pour beaucoup de ceux qui sont à la recherche de la lumière. Que l'Islam ait beaucoup donné aux hommes, cela va de soi : il faut qu'il continue d'être donateur comme principe de réflexion et d'action, comme axe civilisationnel, comme levain d'un pain à venir et – en deçà ou au-delà de l'observance strictement religieuse – comme accentuation humaniste partageable avec tous.

Ayant cru bon ainsi de définir ma position – celle, je tiens à le souligner, d'un homme de réflexion, profondément concerné par l'objet de son étude –, je voudrais en revenir à l'histoire. J'ai dit à quel point celle-ci, dans le cas de Muhammad, me semblait ambiguë : ambiguë doublement. Elle est, d'une part, et pour qu'elle eût quelque chance de rester vraie, à replacer dans son espace et dans son temps originels dont nous séparent des difficultés et des incompréhensions à priori insurmontables : il faut pourtant s'essayer à le faire si on veut servir la vérité d'un homme et de son message. Elle est, d'autre part, à dégager précautionneusement de toutes les superstructures et de tous les agrégats qui sont venus, au fur et à mesure que l'Islam devenait empire et puissance, s'ajouter à elle, la mythifier, la dénaturer en la surnaturalisant, ou encore en l'utilisant à d'autres fins que les siennes propres, la rigidifier dans l'appareil d'un culte intangible. Oserais-je le dire ? Toutes les religions sont menacées par l'icône et l'Islam, pour infiguratif qu'il soit, n'a peut-être pas toujours évité de faire de la *sîra nabawiyya*, autrement dit du récit reconstitué et reconstruit des actes et des propos prophétiques, dans leur exemplarité, une sorte de projection figurée à laquelle se doit obligatoirement de répondre, en chacun des croyants, le plus scrupuleux des respects. La parole divine elle-même, le Coran, s'éclaire, chaque fois qu'il y a lieu, à cette lampe d'un homme qui a toujours dit qu'il n'était qu'un homme et qui a revendiqué comme la source même de son action salvatrice le sort commun, le sien comme celui des autres. La plus haute exemplarité muhammadienne est sans doute là et c'est elle qui me fascine le plus. C'est peut-être la profonde humanité de Muhammad qui le rend si intelligible à beaucoup et si proche de ceux qui récusent les grandes et pathétiques gestuelles du théâtre métaphysique. Celles-ci n'ont d'ailleurs pas manqué à l'Islam à travers l'aventure de quelques-uns parmi ses plus purs témoins : je n'en voudrais comme exemple que la passion d'Al-Hallâj, si magnifiquement, si ardemment décrite et reprise en compte par Louis Massignon. L'humaniste que je me suis rêvé être et dont j'espère avoir réussi à donner quelque illustration dans mes livres, cet humaniste-là veut, avec ferveur, interroger l'homme à qui il doit tant, depuis toujours, à travers la chaîne des pères. C'est avec beaucoup de timidité et de pudeur que j'aborde mon immense sujet et c'est aussi avec la conviction que cette biographie, pour précise qu'elle soit, ne peut que laisser intacte l'énigme de l'inspiration surnaturelle. Certes, à mon très modeste niveau, j'ai connu, poète, ce phénomène étrange de l'inspiration qui est une forme de dictée tombée parfois d'on ne sait quel ciel comme une pluie plus ou moins drue. Mais, dans le cas d'espèce, c'est Dieu qui dicte et celui qui reçoit la dictée est aussi, pour les siècles des siècles selon l'expression consacrée, un superbe diseur dont on n'a pas fini d'écouter le dit se faire et se refaire par cercles concentriques, comme ces rondes de fidélité qui, tous les jours, et cinq fois par jour, se forment autour du point central de La Mecque aux heures de la prière. Oui, l'énigme reste intacte –, au-delà des événements racontés, des propos tenus et des tentatives de les interpréter. Je l'avoue : avant tout autre lecteur, c'est à moi-même que ce livre s'adresse, c'est moi qui, tenant le compas et le sextant, veux faire le point pour savoir où j'en suis, pour apprendre à me situer par rapport à la foi de mon enfance. Il y aurait beaucoup de présomption mais aussi bien de la naïveté à croire que je vais me saisir d'un peu de vérité essentielle, de cette vérité qui légitimerait, pour partielle et partiale qu'elle fût, l'entreprise vérificatrice. Non, au bout du compte, je n'attends de ma quête aventureuse qu'une possible *image* d'un homme et d'une œuvre, image bien amarrée toutefois à ses références en moi et hors de moi comme un aimant à ses épingles de fer.

Salah Stétié

C'est là, en vérité, la parole d'un noble Prophète
C'est une Révélation du Seigneur des Mondes !
(LXIX, 40-43)

1
Premières approches

Etudier la personnalité de Muhammad telle qu'elle se dégage de sa biographie n'est pas chose facile, au-delà même des déformations inévitables, parce que cette personnalité propose, haut massif montagneux, des angles d'attaque multiples. Certains, de préférence, verront en Muhammad l'homme de guerre, le conquérant armé, d'autres l'homme de paix, le conquérant pacifique des âmes, le diplomate ; certains insisteront sur le législateur, le civilisateur, celui qui apporta à sa société d'origine, encore fruste, un code et des lois, d'autres, ce qui les intéressera surtout, c'est l'inspiré fondamental, le récepteur et le transmetteur de la parole d'Allah, l'annonciateur de la fin des temps, le mystique ; quelques-uns admireront ce qui traverse cette vie d'intuitions culturelles et d'informations érudites – importantes dans un temps où c'était l'oralité, et elle seule, qui véhiculait l'essentiel des sujets de connaissance –, quelques autres s'arrêteront, médusés, devant le miracle formulateur de ce que le Prophète lui-même revendiquait comme son

« illettrisme » ; des spécialistes, au vu du trajet temporel et géographique de l'homme de Dieu, l'enracineront dans le plus étroit de sa tradition et des coutumes tissées par celle-ci, tout en admettant que Muhammad avait cassé la tradition et déchiré bien des coutumes ; d'autres, spécialistes, historiens, humanistes, hommes d'Etat, apprécieront en connaisseurs le prodigieux bond en avant que cet homme-là aura fait faire à l'histoire des siens pour commencer, à l'histoire du monde par la suite, et se pencheront avec surprise sur la carte de plus en plus étendue de l'Islam où seront venus s'inscrire, au fil des générations successives, des territoires, des peuples et des âmes et ils s'occuperont – ou se préoccuperont – des cercles de plus en plus vastes produits par l'impact central d'un destin seul.

Oui, Muhammad, qui est tout cela à la fois et qui, bien entendu, transcende tous ces aspects dans l'unité d'un caractère et d'une vision, Muhammad est l'un des noyaux durs de l'Histoire et la densité de son action, l'énigme lumineuse de son être-au-monde, pour parler comme Heidegger, ne vont pas sans faire problème.

De fait, Muhammad est un prophète voilé – comme le représentent généralement les miniatures chaque fois qu'elles s'autorisent à le représenter (il y a cependant des exceptions, notamment dans le système de représentation issu de Timoûrides qui consent à le figurer symboliquement à visage découvert). Il n'est pas voilé seulement par l'interdit qui frappe l'image en Islam et la contient dans les limites de l'abstraction la plus grande possible, il est également voilé, dans son vœu prophétique, par l'être de chair et de sang qu'il a été et par le personnage social qu'il n'aura jamais cessé d'être. « Le Prophète participa réellement et pleinement à la vie sociale, observe l'islamologue iranien Seyyed Hossein Nasr. Il se maria, eut une maison, des serviteurs ; il fut aussi gouverneur et juge et il dut livrer un grand nombre de guerres qui furent pour lui de douloureuses épreuves. Il lui fallut souffrir des tourments sans nombre et subir toutes les difficultés inhérentes à l'existence humaine et, en particulier, celles qu'implique le rôle de fondateur d'un nouvel Etat et d'une nouvelle société. Au sein de toutes ces activités, son cœur, cependant, reposait dans la plénitude du Divin et il se maintenait intérieurement dans la paix de Dieu. En fait, s'il participa à la vie politique et à la vie sociale, ce fut précisément en vue d'intégrer ces deux domaines de l'activité humaine à un centre spirituel [1]. »

Cela dit, d'autres prophètes de Dieu – si l'on excepte Jésus – se trouvent, à en croire les textes, dans une situation similaire. Le Christ seul s'est détourné délibérément du gouvernement des hommes et il n'est Roi des juifs, on le sait, que par dérision : « Mon royaume n'est pas de ce monde », a-t-il proclamé une fois pour toutes et, séparant les deux ordres : « Rendez à César ce qui est à César et à Dieu ce qui est à Dieu. » Ce ne saurait être là paroles de David ou de Salomon, qui furent des rois régnants. A défaut d'être roi, Moïse aussi, d'après la tradition biblique et coranique, fut un conducteur de peuple et un législateur. Abraham et Noé, eux, ont un statut social moindre sans doute que le sien, mais, eux aussi, sont à la tête qui de son clan, qui de sa cité et ils jouissent, l'un et l'autre, par leur sagesse divinement inspirée, d'une forme de commandement : leur rôle salvateur est déterminant pour leurs proches et, symboliquement parlant, pour toute l'humanité après eux, ou même, s'agissant de Noé, pour tous les êtres créés. Muhammad qui, on le verra, entra en conflit violent avec les juifs de l'oasis de Yathrib, la future Médine, sera, par le signe

---

1. Seyyed Hossein Nasr, *Islam, perspectives et réalités*, Paris, Buchet-Chastel, 1985.

prophétique imprimé en lui, bien plus voisin, au vu de son rôle dirigeant, des principaux prophètes de la Bible qu'il ne l'est de « Jésus fils de Marie ».

Mais, d'ores et déjà, il faut qu'il soit bien clair qu'aux yeux de l'Islam, et quel que soit l'éminent mérite de tous les autres envoyés d'Allah, Muhammad – dont on n'a même pas besoin le plus souvent de rappeler en langue d'Islam le nom – est LE Prophète, le plus grand d'entre eux, le « sceau des Prophètes », celui qui clôt définitivement la Révélation. Il est totalement lui-même et totalement relié à Dieu, sans que, d'aucune façon, il soit le réceptacle d'un *hulûl*, d'une Incarnation, notion que l'Islam rejette violemment. Oui, dis-je, il est relié à Dieu, – et déjà par la *shahâda*, la profession de foi testimoniale. Il énonce : « Qui m'a vu, a vu Dieu » (*al-Haqq* : la Vérité). Il dit : « Je suis Lui-même et Il est moi-même, sauf que je suis celui que je suis, et qu'Il est Celui qu'Il est. » Il dit : « J'étais Prophète quand Adam était encore entre l'eau et l'argile » (donc : avant même la Création). Il dit : « J'ai été chargé de remplir ma mission depuis le meilleur des siècles d'Adam (à savoir l'origine du monde) de siècle en siècle jusqu'au siècle où je suis. » Témoin de l'Essence, il n'existe, il n'*est* que par la nature agissante en lui de ce témoignage sans lequel il ne serait rien. A des impudents, à des incroyants qui lui demandent de manifester l'exception qu'il constitue par des prodiges qui lèveraient leur doute à son sujet, il répond, selon le Coran (XVII, 93) : « Que suis-je sinon un mortel, un prophète ? » C'est dire encore qu'il n'a de suprématie ontologique que par sa relation privilégiée avec Celui dont il a reçu délégation. Autrement dit encore : le Messager n'a de valeur spécifique que du fait du message qu'il transporte et de la qualité de Celui qui l'a missionné. Certes, si Celui-ci l'autorisait, Muhammad, comme Jésus avant lui, pourrait procéder aux miracles qu'on sollicite de lui et qu'il accomplirait, « avec la permission d'Allah (*bi-idhni-Lhah*) », bien que l'Islam répugne à détourner de leur finalité les lois naturelles que Dieu a placées une fois pour toutes dans la matière et la globalité cosmique. Muhammad, qui n'est qu'un homme, tient tout de l'éclat posé sur lui par Dieu. Une formule ancienne le dit avec netteté et non sans poésie : « Muhammad est un mortel, mais non comme les autres mortels ; il est [par rapport à eux] comme un joyau parmi les pierres. »

Qu'est-ce qu'un prophète ? C'est quelqu'un en qui le plan divin et le plan humain se rencontrent de telle façon que se concrétise, à travers l'enseignement prodigué, la volonté de Dieu dans le monde. La tradition islamique assure que cent vingt-quatre mille prophètes inspirés furent envoyés aux nations, à toutes les nations, car tout peuple a droit à la Vérité divine : « Un prophète a été envoyé à chaque communauté », certifie le Coran (X, 49). Dieu, dans sa miséricorde, s'est adressé spécifiquement à chacun des groupes humains et, à chacun d'entre eux, il a fait en sorte que son message parvienne aussi directement et aussi clairement que possible :

Chaque prophète envoyé par nous
ne s'exprimait, pour l'éclairer,
que dans la langue du peuple auquel il s'adressait.

(Coran, XIV, 4.)

C'est signifier que toutes les religions ont ainsi leur source en Dieu et qu'elles sont toutes régies par un principe d'intemporalité, au-delà même de la tradition proprement abrahamique. Et c'est ainsi également que l'Islam rencontrera avec une curiosité évidente, peut-être même avec une ombre de sympathie, le mazdéisme en Perse et l'hindouisme en Inde. On verra même le soufisme, qui est la plus haute expression de la mystique musulmane, s'inspirer, le moment venu, de l'hindouisme, et mêler à la sienne propre la « technique » brahmanique de l'illumination. De même qu'au XIIIᵉ siècle, Sohrawardi, le mystique fulgurant de l'*Ishrâq*, « l'intuition illuminatrice », aura recours, pour mieux fonder sa propre approche, à la philosophie des Deux Principes.

Il n'en demeure pas moins qu'aux yeux de l'Islam, Muhammad, dans la succession des apôtres, est une figure à part, porteuse à elle seule de l'ensemble de la doctrine de Dieu : *al-dîn*.

On connaît – tous les dictionnaires sont là pour nous en informer – l'origine du mot « prophétie » et de son dérivé le mot « prophète ». « Prophétie », nous explique-t-on, emprunté au latin *prophetia*, est repris au grec *prophêteia* qui dit « l'action d'interpréter l'action des dieux ou celle de Dieu » et, par métonymie, « ce qui est ainsi annoncé », dérivé du verbe *prophêteuein*, « prophétiser ». Le prophète est donc celui qui prédit l'avenir, premier sens, et dans la Bible, il est, deuxième sens, l'homme que Dieu inspire et qui parle au nom de celui-ci pour exprimer ses volontés. Les deux acceptions du mot s'appliquent à la vocation prophétique de Muhammad : dans une première période, celle qui se déroulera à La Mecque entre 610 et 622, c'est le premier sens du mot qui prévaut et, d'ailleurs, Muhammad n'est pas encore *ar-Rassoul*, « l'Envoyé d'Allah » qui parle en son nom, il est *an-Nabî*, vieux mot sémitique, « l'Avertisseur », celui qui prédit sous inspiration divine, en des versets apocalyptiques d'une intensité bouleversante, la proximité de la fin des temps et le jour, bientôt survenu, du Jugement :

Quand le ciel se sera fissuré
qu'il tendra l'oreille à son Seigneur, devant l'inéluctable
quand la terre s'aplatissant

rejettera ses contenus jusqu'à rester vide
et que, devant l'inéluctable, elle aussi tendra l'oreille à son
    Seigneur
toi, l'homme qui t'évertues si fort vers ton Seigneur, alors tu
    Le rencontreras

Alors, qui recevra son écrit dans sa droite
la reddition de compte facile lui sera
il retourne aux siens dans la joie.
Qui recevra son écrit derrière son dos
pourra bien clamer sa détresse
tandis qu'il brûle dans l'Enfer.

(LXXXIV, 1-12, traduction de Jacques Berque [1].)

Plus tard, à Médine, période qui va du 24 septembre 622 jusqu'à, grosso modo, sa mort, le 8 juin 632, Muhammad, face aux Prophètes bibliques brandis contre lui par les juifs médinois, prendra, devenu chef de guerre et presque chef d'Etat, la stature et le statut de Prophète, fonction qui lui est assignée par la parole même d'Allah, ce Coran qui désormais régit, jusque dans le détail, la vie temporelle autant que spirituelle de la *umma*, la communauté naissante. Extraordinaire communauté qui, d'épisode en épisode, de conquête en conquête, va très vite, comme on le verra, s'agrandir prodigieusement, selon une accélération rarement connue dans l'Histoire.

Pour l'Islam, le Prophète – « *sall Allahu'alaïhi wa sallam !* » (« Que la bénédiction et la salutation de Dieu soient sur lui ! ») – est la personnification parfaite et insurpassable de la prophétie en tant que telle et il a pri-

---

1. Toutes les citations du Coran, sauf indication contraire – comme c'est le cas ici – sont tirées de la traduction de Denise Masson, collection la Pléiade, Gallimard, 1967 : celle-ci, revue par le grand érudit Cheikh Sohbi Saleh, a obtenu le « visa » de l'université Al-Azhar du Caire. Elle est donc d'une fidélité littérale remarquable. En ce qui concerne la traduction de Jacques Berque, Albin Michel, 1995, outre sa fidélité, elle est, chaque fois que le texte l'autorise, d'une splendide envolée lyrique.

mauté sur tous les autres envoyés d'Allah, même les plus grands, même Abraham-Ibrahim, « l'Ami de Dieu » dont Muhammad bientôt se réclamera. L'Avertisseur exemplaire est aussi l'Homme Universel (*al-insân al-kamil*), la norme de toute perfection, identifiable – métaphysiquement et philosophiquement parlant – au Logos et à l'Intellect divin. Il a beau affirmer : « Je suis un être humain comme vous » (*ana basharun mithlukum*), ceux à qui il s'adresse savent qu'il est l'être « le plus noble de toute la Création » (*ashraf al-makhluqât*), Création qui n'a peut-être eu lieu que pour lui et afin de le contenir. Les autres prophètes aussi sont porteurs du Logos Universel, mais même Moïse, même Jésus, même le père fondateur, Abraham, ne sont porteurs que d'un aspect de ce Logos, associé dans l'éternité et dans le temps à la « Réalité muhammadienne » (*al-haqiqat al-muhammadiya*) qui, comme la pierre précieuse dont il a été question, transforme sa matière visible en lumière, en cette « sainteté muhammadienne » (*wilâya muhammadiya*) animant la sainteté de tout ce qui se réclame de la vérité de l'islam et portant, de celui-ci, témoignage. Les musulmans se doivent, s'ils veulent connaître le salut, pratiquer l'imitation de Muhammad de la même manière que d'autres pratiquent l'imitation de Jésus-Christ. Le Coran le leur dit clairement : « Vous avez, dans le Prophète de Dieu, un bel exemple » (XXXIII, 21).

Il convient ici, pour des raisons de méthodologie, de préciser le sens de deux mots que nous retrouverons constamment. Que sont la *sunna* et les *hadîth*(s) qui, à côté du Coran, de ses fulgurations et de ses développements magistraux, constituent l'essentiel de l'enseignement reçu et transmis par Muhammad ? Dans les sociétés califales, à une époque difficile à déterminer, le mot *hadîth* désignera les propos de Mahomet, évidemment supposés véridiques, ainsi que ses faits et gestes,

Premières approches

l'ensemble étant consigné dès le IXe siècle dans des recueils intitulés *as-Sahîh*, le ou les « Authentique(s) ». Pour qu'un *hadîth* soit retenu, il faut qu'il soit attesté par des *asanîd* – pluriel d'*isnad* –, c'est-à-dire par des témoignages privilégiés de transmetteurs de la tradition muhammadienne, reconnus pour leur érudition, leur honorabilité et leur fidélité. Plus la chaîne de transmission comptera de ces témoins avisés et intègres, plus le *hadîth* acquerra d'autorité et sera utilisé dans les circonstances où cette autorité sera jugée nécessaire. Quant au mot *sunna*, il désignait à l'origine la sagesse des ancêtres d'une tribu et leur enseignement qu'il convenait de perpétuer ; il désignera dans le Coran la « voie d'Allah » et, dans les sociétés musulmanes, il signifiera la « Tradition de Mahomet », donc la seule « Voie » à suivre, dont procède le terme de « *sunnisme* ».

S'agissant de quelqu'un comme Muhammad, dont les actes et les dits auront une telle résonance, il faut, d'ores et déjà, s'interroger sur deux aspects essentiels de son inscription dans l'Histoire et au cœur de la Révélation : l'un de ces aspects concerne son « illettrisme » ; l'autre la majoration de son statut ontologique, celui-là même que précise la *shahâda* qui est le témoignage identitaire de tout croyant.

Muhammad était-il illettré ? Le Coran lui applique le qualificatif d'*ummî* en VII, 157 [1], par exemple :

J'inscrirai [ma miséricorde]
....
en faveur de ceux qui suivent l'Envoyé,
le Prophète natif [ummî], *qu'ils trouvent*
chez eux inscrit dans la Tora comme dans l'Evangile [...]

(Trad. de J. B.)

ou encore, en LXII, 2 :

---

1. Le chiffre en latin indique la *sourate*, à savoir le chapitre ; le chiffre en arabe indique la *âya*, à savoir le verset.

Lui [Allah] *qui a envoyé au sein des incultes un Envoyé des leurs* [autrement dit un inculte lui aussi] *pour leur réciter Ses Signes* [...]

(Ibid.)

On retrouvera également cette spécificité prophétique dans l'une des versions les plus courantes de la prière de bénédiction sur le Prophète : « O Dieu, bénis notre Seigneur Muhammad, Ton Serviteur et Ton Messager, le Prophète *ummî* ainsi que sa famille et ses compagnons et sur eux soit ta paix ! »

Le qualificatif d'*ummî* – inculte, analphabète, illettré – que le Coran applique au Prophète a, de tout temps, fait l'objet d'interprétations divergentes. Le mot dérive de *umma*, signifiant peuple ou nation, et certains biographes, tel Maxime Rodinson, n'ont pas hésité à traduire *ummî* par « national » : Muhammad serait ainsi le Prophète *national* des Arabes. Cependant, en langue arabe, le mot *ummî* a pris une connotation généralement négative, mais d'une négativité étrangement sujette à la plus irradiante des conversions du sens dès qu'il s'agit de Muhammad. Oui, disent fièrement les docteurs de l'Islam – dont le célèbre traditionniste Boukharî –, Muhammad ne savait ni lire ni écrire et c'est bien là le plus stupéfiant des miracles. Résumant cette thèse, professée par la quasi-totalité des auteurs musulmans, le professeur Mohammed A. Draz, d'Al-Azhar, l'Université coranique du Caire et la plus haute autorité de l'Islam sunnite, déclare que le Coran « donne cet état d'analphabétisme comme l'une des preuves de la divinité de son instruction [celle de Muhammad] et lui-même [Muhammad] affirme en propres termes qu'il n'a jamais lu un livre avant le Coran, ni jamais écrit [1] ». Relisons les

---

1. M.A. Draz, « Initiation à l'Islam. Exposé historique, analytique et comparatif » ; en arabe, Le Caire, 1995.

versets mentionnés par l'auteur à l'appui de son point de vue :

Tu ne récitais aucun Livre avant celui-ci ;
tu n'en traçais aucun de ta main droite ;
les imposteurs se livrent donc à des hypothèses.

Voilà, tout au contraire des Signes évidents
de ceux auxquels la Science a été donnée.
Seuls, les injustes nient nos Signes.

(XXIX, 48-49.)

Mais certains orientalistes ont une interprétation différente de celle de Rodinson ou de celle de Draz : pour Régis Blachère et Denise Masson, par exemple, le mot *ummî* signifie « Le Prophète des Gentils » et quelques spécialistes arabes contemporains vont dans le même sens. L'*ummî* serait, selon Hassan Abdul-Kader [1], pour ne citer que lui, celui qui ignorait le contenu des Ecritures antérieures au Coran (la *Tawrat* = Tora ou Pentateuque et l'*Indjil* = l'Evangile). Toutefois un propos du célèbre commentateur classique Tabarî (IXe-Xe siècle) donnerait à penser que le mot *ummî* signifie aussi – sens latéral – tous les païens non dépositaires d'un Livre révélé à la manière des Scripturaires. Après avoir rappelé le début de la sourate relative aux *Roûm* (XXX, 1-4) – autrement dit les Byzantins –, vaincus par les Perses en Syrie en 613-614 :

A.L.M
Rome a été vaincue

en terre d'en deçà. Mais Rome, après avoir été vaincue, vaincra
dans moins de dix ans. Le décret en revient à Dieu pour l'après
comme l'avant, et les croyants devront se réjouir ce jour-là

---

1. Hassan Abdul-Kader : *Nazrat'âmmat fî tarikh al-Fiqh al-Islami* (« Aperçu général concernant l'histoire du *fikh* musulman », Le Caire, 1943).

du secours de Dieu, lequel l'accorde à qui Il veut, Lui, le Tout-puissant, le Miséricordieux.

(Trad. de J. B.)

l'exégète déclare : « Le Prophète détestait que les *ummiyoun* (pluriel de *ummî*) mazdéens fussent victorieux des Roûm, gens du Livre, dans le temps où les *kuffâr* (les polythéistes) de La Mecque se réjouissaient et proféraient des insultes (à l'adresse des *Roûm*). »

S'il n'est pas nécessairement analphabète, au sens primitif du terme, d'où procéderait, chez Muhammad, cette fascination pour l'illettrisme ? La réponse à cette question pourrait bien se révéler déterminante et recèlerait l'une des clés de l'attitude prophétique, et de ce fait islamique, devant le monde. Une hypothèse proposée par Jacques Berque en introduction à sa traduction du Coran, et par Michel Chodkiewicz, l'un des principaux connaisseurs et commentateurs français du grand philosophe andalou Ibn Arabi, est que l'illettrisme, dans ce cas, s'apparentait aux notions coraniques de *fitra*, *ikhlâç*, *hanîf*, tous mots qui traduisent « une spontanéité que n'a pas déformée l'altération », « un état d'enfance » propre à recevoir « l'illumination ». Et c'est pourquoi, s'agissant du Prophète *ummî*, Berque, plutôt que de recourir à l'adjectif « illettré » ou « inculte », nécessairement péjoratif, préfère parler de « natif » et d'« ingénu ». Ingénuité qui seule, en somme, autoriserait une lecture originelle et fraîche des marques de Dieu inscrites partout dans le monde et qui toutes portent témoignage de sa grandeur, de sa puissance, de sa générosité envers l'homme. L'*âya*, quand elle est nom du verset coranique, n'est pas seulement splendeur verbale, elle est splendeur cosmique également pour celui qui sait voir l'écriture divine dans chacun des aspects de l'univers. Si le monde n'est composé que de « signes » – ce qui est aussi l'un des

Premières approches

sens du mot *âya* –, il y a une coïncidence absolue entre la Nature et la Révélation qui, chacune selon sa voie propre, mais aussi à leur point de convergence dans la langue, invitent à la méditation ceux qui, dit le Coran, « sont doués d'entendement », ceux chez qui les réalités du monde extérieur se conjoignent aux « vérités principielles » (*al-haqâ'iq*). Le Prophète porteur de la parole de Dieu serait, selon cette perspective, un lieu de passage, un « isthme » (*barzakh*), une ligne de démarcation et un point de contact entre deux degrés d'une réalité appelée, dans la conscience adorante, à n'en plus faire qu'une. « La nature illettrée du Prophète – écrit Seyyed Hossein Nasr – signifie, avant tout, l'extinction de tout ce qui est humain devant le Divin. L'âme du Prophète était une *tabula rasa* sous la Plume Divine. Sur le plan humain, sa qualité d'"illettré" indique la capacité suprême de réaliser la Vérité par la contemplation de la Vérité, ce qui est l'indice d'une "extinction", au sens métaphysique du terme, devant la Vérité. Ce n'est que par cette extinction (*fanâ*) qu'on peut espérer entrer dans la vie avec Dieu et subsister en Lui (*baqâ'*)[1]. »

Je voudrais arrêter aussi ma réflexion sur la *shahâda*, la profession de foi : *Lâ ilaha illâ Llâh, Muhammadun Rassoûlu'Llâh*, qu'on peut traduire par « Il n'y a d'autre dieu que Dieu (et) Muhammad est son Prophète ». On peut s'étonner de voir ainsi formulée, dans une attestation tout à la fois unique et complémentaire, le nom du Créateur et celui de sa créature –, créature suprême, certes, mais cependant rien qu'une créature. D'un côté l'Absolu, de l'autre l'homme : « première » et « seconde » *shahâda*(s) accrochées l'une à l'autre. Cette formule est d'autant plus remarquable que la doctrine de l'Islam est construite entièrement autour de la notion de la trans-

---

1. *Islam, perspectives et réalités*, op. cit.

cendance incondescendante de Dieu et de son intransitivité radicale par rapport à l'ordre humain. Et pourtant, le « passage » de l'une à l'autre Réalités, réalités sans commune mesure, cet « isthme », ai-je dit, existe bel et bien. Si la première *shahâda* exprime le *tanzîh*, autrement dit le « détachement » de la Divinité de tout ce qui constitue l'ordre du monde, le Principe étant seul réel parce que rien ne saurait exister que lui, la seconde *shahâda* porte témoignage de la compassion présente au sein de cet Absolu et, dans une réflexion en miroir, établit une sorte d'équilibre, fût-il circonstanciel, entre ce qui est source en Dieu et ce qui est en l'homme – Muhammad étant l'Homme Parfait – ardent désir de ressourcement. Cette élection de l'homme est postulée par le Coran lui-même quand Dieu, ayant créé Adam, dit à ses anges : « Quand Je l'aurai formé selon la perfection et aurai insufflé en lui une part de Mon Esprit (*min Roûhî*), tombez devant lui prosternés » (XV, 29 et XXXVIII, 72). C'est dans ce sens aussi, et comme en prolongement de la formule coranique, que Muhammad peut énoncer : « Qui m'a vu, a vu Dieu. » Le *Lâ ilaha illâ'Llâh*, ce sont les mystiques soufis qui en tireront les ultimes conclusions : reconnaissant que rien ne saurait être en dehors de la Réalité suprême, ils en induiront que si l'Unité exclut tout, cela revient à dire à un autre point de vue, celui de la prétendue « réalité » du monde, que l'Unité aussi bien inclut tout. Et c'est cela qu'exprime le mystique Hossein Mansur Hallâj dans ce distique, tiré de *Muqatta'at* où, s'adressant à Dieu, il lui dit :

Ton Esprit s'est emmêlé à mon esprit, comme l'ambre s'allie au musc odorant
Que l'on Te touche, on me touche ; ainsi, Toi, c'est moi, plus de séparation.

Muhammad, qui aura tant de fils spirituels flamboyants et consumés d'amour, a-t-il été lui-même un

Premières approches

mystique ? La question a été posée et se pose encore. Sans doute était-il, lui aussi, dévoré par sa passion de Dieu et sans doute avait-il, lui aussi, connu d'intenses moments d'inspiration, d'illumination, de révélation. Berger puis caravanier, on le voit bien marcher et réfléchir de nuit sous le très grand ciel constellé d'Arabie, où tant de faux dieux sont mauvaisement honorés et où tant de légendes courent autour d'un certain Abraham, d'un certain Moïse, d'un certain Jésus, représentants d'un autre Dieu, Dieu unique, dont il a la nostalgie. Oui, on le voit bien, face aux grands accidents de la géologie la plus âpre qui soit, réfléchir et réfléchir encore, tourner et retourner les problèmes dans sa tête, méditant les questions essentielles : pourquoi, pour qui, par qui, comment ? Les premières réponses à ces interrogations haletantes, désirantes, lui viendront plus tard, le jour venu. Puis, après les temps d'épreuve, après les jours de bataille, après les conspirations subies, les intrigues nouées et les pièges tendus, même quand arrivera l'heure du triomphe, celle du début du règne d'Allah sur la Terre, comment le Prophète honoré et glorifié, le chef d'un petit groupe de fidèles devenu chef d'Etat, aurait-il pu oublier les heures du berger, celles du caravanier, lorsque, du haut du ciel, s'apprêtait à fondre sur lui comme un aigle la Parole divine. Relisons le début de l'admirable sourate « L'Envoi » (LXXVII), l'une des premières « descendues » sur Muhammad dans la grotte de Mina où il lui arrivait de se réfugier pour des retraites méditatives dès avant le début de sa prédication : « Et sa bouche en était toute fraîche quand la sourate, vivante, nous parvint », assure le traditionniste Abdallah ibn Ma'ssoud :

Au nom de Dieu, le Tout Miséricorde, le Miséricordieux
Par l'envol plus serré que crinière
Et son ouragan déchaîné
par le déploiement déployé

et la séparation opérée
et la lancée d'un Rappel
qui absolve et donne l'alarme,
la promesse qui vous est faite s'accomplit.
Quand les étoiles s'effaceront
quand les cieux se fendront
que les montagnes s'éparpilleront
qu'advenue sera l'heure des Envoyés...
A quel jour est-elle fixée ?
Au Jour de la démarcation
(Qui te fera saisir ce qu'est le Jour de la démarcation ?)
Malheur en ce Jour à ce qui dément !

(Trad. de J. B.)

Muhammad se rappelle aussi avoir entendu avec une extraordinaire émotion la voix (quelle voix ?) lui dire :

Au Jour où les cieux seront comme les dépôts de l'huile
les montagnes comme laines à la teinture
où l'intime n'interrogera plus l'intime ami.
Dans le face à face de tous, le coupable, ce Jour-là, voudrait se racheter du tourment au prix de ses fils
de sa compagne, de son frère
de son clan tutélaire
de tous ceux qu'il y a sur la terre, si cela le sauvait.

(LXX, 8-14)
(Ibid.)

Le Prophète de l'Islam connaît l'amour et le voici, aussi bien, qui connaît l'effroi. Il a l'intuition de la grandeur. Et il sait que Dieu n'est pas loin.

2
L'espace et le temps

L'Arabie est la patrie des Arabes comme elle est le berceau de l'Islam. C'est là que va s'inscrire dans l'espace et le temps l'aventure muhammadienne et, au-delà de cette aventure terrestre, l'arrimage au ciel, hors de l'espace et du temps, à même le vœu d'éternité, d'une entreprise spirituelle parmi les plus fécondes que l'humanité ait connues. Qu'est-ce que l'Arabie ?

C'est, dans cette région du monde qui jouxte de près ou de loin la Méditerranée, mer centrale, l'une des trois péninsules où s'est joué, à un moment donné, le destin de l'homme. Il y a la Grèce, patrie de la philosophie, de la démocratie, de l'humanisme. Il y a l'Italie, qui fut impériale et qui, dès la Rome antique jusqu'à la Rome vaticane d'aujourd'hui, règne et rayonne. Il y a la Presqu'île arabique, inépuisable désert, mais, depuis Muhammad, foyer de l'Islam, avec les deux prestigieux centres que sont pour des millions d'hommes La Mecque et Médine.

C'est un immense quadrilatère que l'Arabie placée entre deux continents, l'Asie et l'Afrique, avec, à partir du nord, la possibilité de se relier, via la Méditerranée, à l'Europe. La plus grande partie du territoire est aride et stérile : la nature n'a pas été particulièrement bienveillante pour ces lieux faits de vastes étendues brûlées par le soleil, de steppes maigres et inhospitalières, de rudes chaînes montagneuses qui rendent les communications malaisées. Sables, rocs, basaltes ; point de rivières, point de nappes d'eau ; quelques oueds dont les principaux relient les différentes parties de la sévère presqu'île : Sirhan, Roumma, Dawasir et Hadramaout. L'eau a été pendant des siècles la préoccupation constante des hommes : l'eau du ciel, quand le ciel consent à s'ouvrir, l'eau – généralement saumâtre – des puits, celle de torrents occasionnels ou de pauvres réserves qui constituent autant de points de ralliement pour des tribus migrantes de bédouins, pasteurs et chasseurs, et pour de puissantes caravanes, dont quelques-unes seront conduites sur les pistes du Nord par un jeune homme, bon connaisseur des pas et des traces...

Mais l'Arabie a aussi, sur quelques-uns de ses bords, des zones riantes : à côté de la *natura maligna*, la *natura benigna* n'est pas tout à fait absente. La zone humide du sud, le Yémen, qui prolonge celle du sud-ouest, n'est pas sans connaître les bienfaits de passagères moussons et, d'ailleurs, le mot *mousson* n'a-t-il pas pour racine étymologique le mot arabe *mawsam* qui signifie la « saison occurrente » ? C'est dire l'importance du passage des grandes pluies. Cette zone bénie du ciel qui, avant l'Islam, englobait quatre importants royaumes – Ma'in, Qatabân, Hadramaout, mais surtout l'illustre Saba –, est une région particulièrement riche et luxuriante, véritable corne d'abondance s'enroulant autour de son arbre symbolique, le *boswalia*, ou arbre à encens, qui déverse sur tous une véritable pluie d'or –, car l'encens est recherché au plus haut prix dans tout le monde connu de l'époque : les peuplades du Sud sont riches, regroupées en ces villes capitales que sont Qarnaw, Ma'rib, Tamna'et Shawba, sous l'autorité de leurs *mukarribs* ou « prêtres-rois » qui céderont plus tard le pouvoir, une fois advenue la sécularisation de la vie politique, à des *malik*, souverains laïques, dont l'illustre Bilqîs, reine de Saba [1], citée dans la Bible et le Coran pour les relations qu'elle a eues – messages, cadeaux, visites... – avec le Roi-Prophète Salomon, le Soleïmân al-Hakîm de l'Islam. *Arabia Felix*, Arabie heureuse, l'Arabie méridionale des quatre royaumes sabéens était aussi une *Arabia odorifera*, une Arabie aromatique et parfumée. J'ai parlé de l'encens, mais c'est aussi le pays de la myrrhe que cette Arabie-là, productrice de ces deux substances jugées seules dignes, avec l'or, d'être offertes par de mystérieux rois, dits Mages, à un étonnant enfant né à Bethléem en Palestine. Fortunée, l'Arabie du Sud était, en raison de sa richesse, avide de produits de luxe. Avec l'Inde, avec la Somalie, avec l'Ethiopie, le Yémen – d'un mot sabaïque qui désigne le sud et, plus mystérieusement, la droite (« droite » de quoi ?) – entretenait des rapports commerciaux privilégiés qu'il léguera ensuite, amplifiés, à l'Arabie unifiée, sous la règle étincelante de l'Islam naissant. Les habitants de la région sont dits les Sabéens ou les Himyarites, selon l'usage qui consiste à donner à la totalité le nom d'une de ses fractions. Sont-ils Arabes ? Ils sont en tout cas Sémites au même titre que les Arabes du Nord et ils partagent avec eux sinon la langue – le sabaïque n'est pas tout à fait l'arabe –, du moins un certain nombre de valeurs, peut-être même de croyances inscrites dans un cadre sémitique plus vaste. Le panthéon religieux du Sud est

---

1. Sur Bilqis dans le Coran, voir mon livre *Un suspens de cristal*, Fata Morgana, 1995 *(NdA)*.

composé d'une triade astrale où figurent le soleil, *ash-shams*, l'astre-dieu *Athtar* et, divinité particulièrement aimée, la lune, appelée *Il Maqah* à Saba, *Wadd* à Ma'in, *'Amm* à Qataban et *Sin* à Hadramaout. Divinité bénéfique et souvent sollicitée, la lune est, de ce fait, en sabéen comme en arabe, une divinité nécessairement masculine, contrairement à *shams*, « la » soleil, responsable de la sécheresse.

Les Arabes de la région nord de l'Arabie, la zone aride dont le point d'orgue, si j'ose dire, est le *rib'al khali*, le célèbre « Quart-vide », le « Désert des déserts », habitent pour l'essentiel le Hedjaz, le Nejd et le Yamama, fussent-ils bédouins, ou bien nomades semi-sédentaires de la steppe ou encore sédentaires définitifs fixés dans les cités caravanières entourant l'infertile désert. Les représentants de l'écologie végétale, animale et humaine de la zone aride sont respectivement le palmier-dattier, le chameau et le bédouin, qui témoignent tous les trois, par leur endurance, d'une capacité d'adaptation remarquable aux dures conditions de la géographie. Leur existence à tous les trois est une perpétuelle lutte pour la vie que le bédouin soutient, quant à lui – avec l'aide du chameau et plus tard du cheval –, par une incessante mobilité à la recherche de points d'eau et de pâtures, et aussi par la guerre permanente qu'il mène avec les siens contre d'autres tribus, avides d'herbe fraîche pour les troupeaux : ce sont donc d'incessantes *razzias*, attaques brusques et guets-apens, pour se procurer de quoi vivre. La guerre prend ainsi l'aspect d'une institution naturelle entre des groupes humains auxquels l'individu doit nécessairement appartenir, non seulement s'il veut vivre, mais aussi s'il entend survivre. Nulle organisation politique évoluée ne voit le jour dans cette Arabie du Nord contrairement à ce qui s'était produit au Sud où, au fil des millénaires qui avaient précédé

L'espace et le temps

l'apparition de l'Islam, une civilisation raffinée s'était établie dans les quatre royaumes, civilisation qui connaîtra son apogée vers 300 avant J.-C. avec l'unification de ces Etats. En face de cette entité prospère ouverte notamment, par le port de Qana', sur l'océan Indien, la mer Rouge et le Golfe (plus tard arabo-persique) et qui contrôle les deux détroits d'Ormuz et d'Aden – faisant ainsi de toute cette zone maritime une sorte de « mare nostrum » –, l'Arabie du nord n'avait à aligner que quelques villes-oasis, relais des caravanes, sises en marge du désert – telle Yathrib par exemple –, toutes bourgades soumises aux caprices du climat et menacées par les agissements incontrôlables des pilleurs. Ces villes tiraient l'essentiel de leur prospérité soit du fait qu'elles étaient situées sur le chemin des lourdes caravanes venant du Sud et se rendant au Nord, vers les pays du « Croissant fertile » (Palestine, Syrie, Mésopotamie) – ce fut le cas de La Mecque et de Médine –, soit du fait que c'étaient des villes de pèlerinage, réputées parmi les tribus, et dont la plus célèbre était incontestablement La Mecque. Longtemps, l'Arabie Heureuse n'eut rien à craindre de personne, forteresse protégée par le sable et les mers, placée de ce fait en marge des grandes routes des conquérants. Mais les choses vont changer à partir du IIIe siècle après J.-C. L'Arabie du Sud était fragilisée par la complexité même de sa civilisation et d'un système économico-politique dépendant de beaucoup de facteurs extérieurs. Les bédouins avaient cessé d'être de lents chameliers pour devenir de rapides et brillants cavaliers, multipliant de plus en plus leurs incursions en bordure et à l'intérieur de terres restées longtemps inaccessibles. Les têtes de pont des caravanes arabes au sein du Croissant fertile – Pétra, Palmyre ou Al-Hadar (cité qui donnera son nom à la « civilisation » dite, d'un mot dérivé, *hadâra*) – se transforment en puissantes localités enrichies par le commerce des épices. Un nouveau Proche-Orient se dessine, dominé par la Perse d'une part, par Byzance de l'autre, cette grandiose métropole devenue le centre de la chrétienté par le transfert du pouvoir impérial de Rome à Constantinople à la suite de la conversion de Constantin précisément. Une force inattendue entre en scène : la religion. L'Arabie, qu'elle soit du Nord ou du Sud, est désormais encerclée par deux empires rajeunis et vigoureux : la Byzance chrétienne et la Perse zoroastrienne qui, tout en se combattant l'une l'autre, prétendent, chacune pour son compte, à la suprématie et à la domination de toute la région. Perses et Byzantins, autour desquels gravitent des populations sujettes ou vassalisées, veulent retenir sous leur coupe, directement ou indirectement, le plus de territoires possibles. Leur face à face, tour à tour violent ou pacifique, va donner naissance à des courants de pensée, à des coutumes, à des structures institutionnelles ou sociales en quoi plus tard l'Islam puisera.

Byzance gardait, bien sûr, en héritière de Rome, la maîtrise de la presque totalité du bassin méditerranéen. Les Balkans dans leur ensemble, avec la Grèce et l'Asie mineure, constituaient le noyau, essentiellement grec, du Bas-Empire. La Syrie prolongeait, au sud-est, les possessions du Basileus vers l'Egypte et l'Afrique, où se repliait l'antique royaume chrétien d'Aksoûm, allié de Byzance. L'Italie, la Sicile jusqu'à Ravenne, siège d'un exarque, demeuraient dans l'orbe de Constantin. L'Espagne wisigothique, province jadis romaine, avait acquis son indépendance. Sur les provinces européennes de l'Empire s'exerçait la puissante pression des populations tribales slaves et germaniques, païennes ou teintées d'arianisme, et, sur les autres provinces non européennes, celle des berbères idolâtres d'Afrique ou des Arabes du *limes* syro-palestinien. A l'intérieur de l'Empire, c'était l'orthodoxie romaine qui régnait, qui inspirait les institutions et en gouvernait l'esprit. En face de ce christianisme officiel défini par le concile de Chalcédoine, des Eglises séparées s'étaient constituées, sous le signe du monophysisme. L'Egypte et la Syrie eurent ainsi leurs Eglises propres de même que l'Arménie la sienne, également monophysite, portant le nom d'Eglise grégorienne en mémoire de saint Grégoire le Grand, son fondateur. Autour de ces Eglises se développait, malgré les persécutions, un sentiment national – copte, syrien ou arménien – sous la bannière de la même croyance. Ces trois Eglises s'élevaient avec véhémence contre le christianisme byzantin, alors en communion avec Rome et qui se qualifiera plus tard de « melkite » (du mot arabe *malik* : roi), l'Eglise de Constantinople étant celle du Basileus.

A l'est de l'Euphrate, c'était un tout autre monde qui s'ouvrait. Successeurs des Parthes, qui avaient réussi à stopper l'expansion romaine, les Sassanides gouvernaient un territoire immense qui se perdait dans les steppes de l'Asie centrale, en direction de la Chine. Le zoroastrisme était la religion officielle de l'Empire. Mais de nombreuses sectes chrétiennes étaient déjà installées en Perse, rivales entre elles, loin de Byzance qui ne pouvait s'opposer, et pour cause, à ces dérives. De bonne heure, cependant, le nestorianisme avait pris figure en Perse d'Eglise nationale particulière aux Araméens et envers laquelle les pouvoirs publics ne manquaient pas de marquer une certaine bienveillance, l'éloignant ainsi encore plus de Constantinople. Mais bientôt les nestoriens se trouveront en concurrence avec les monophysites jacobites qui avaient une puissante implantation en Mésopotamie. Les deux camps vont se livrer une lutte à mort qui ne s'arrêtera que le jour de leur mise au pas lors de la conquête de toute la région par l'Islam. Toutefois, et malgré la puissance du christianisme et son développement spectaculaire dans l'Empire perse, la religion de Zoroastre avait résisté aux infiltrations et à l'émiettement des partisans de l'Evangile grâce à l'opiniâtreté d'une classe puissante de prêtres-mages qui, en conservant à l'Etat son caractère religieux, avaient pu en préserver la vigueur politique.

Qu'en était-il, pendant ce temps, de l'Arabie au sein de tous ces flux et reflux ? A cette question, laissons répondre l'historien Edmond Rabbath : « Entre ces deux panneaux de l'Ancien Monde (Byzance, la Perse), à l'angle où ils entraient en contact, l'Arabie subsistait, inaccessible et méprisée. C'est dans l'une de ses plus chaudes cités caravanières, qui s'échelonnaient non loin de la mer Rouge, et contribuaient à la circulation des marchandises entre la Méditerranée et l'Asie, au milieu des discussions d'affaires et parmi les livres de commerce, que naquit l'Islam au VIIe siècle. Telle la tempête qui, soudain, surgit des sables, il s'élança à peine formé à la conquête du monde, pour détruire l'Empire millénaire des Perses, s'emparer des provinces sémitiques de Byzance et insuffler aux vieux concepts de la civilisation antique une âme neuve, qui a fini par détacher l'Orient de l'ordre fondé par Rome et le christianisme [1]. » Mais nous sommes encore loin d'en être là.

La Péninsule arabique subit, à partir de l'an 300 après J.-C., le contrecoup de la conversion au christianisme du Négus d'Ethiopie, Ezânâ. Le christianisme, dans ses positions universalistes, ne pouvait pas fermer les yeux sur l'Arabie si proche de lui et qui, religieusement et politiquement, échappait jusqu'ici à son emprise. Or l'Arabie était déjà pénétrée par une autre religion monothéiste : le

---

1. Edmond Rabbath, *L'Orient chrétien à la veille de l'Islam*, tome 1. Publications de l'Université libanaise, Librairie Orientale, Beyrouth, 1980.

judaïsme. Le royaume himyarite du Sud se trouva naturellement bien disposé à l'égard de la croyance mosaïque, dès lors que le christianisme était associé à ses deux ennemis traditionnels : l'Ethiopie et, derrière elle, en ombre menaçante, Byzance. Le christianisme faisant de rapides avancées au Sud, on n'allait pas tarder à assister à une véritable bataille idéologique entre les deux religions de l'Ancien et du Nouveau Testament désireuses, l'une et l'autre, de gagner « la bataille d'Arabie ». C'est pourtant le judaïsme qui, face au christianisme conquérant, marqua un point décisif avec l'accession au pouvoir du roi judaïsant himyarite Youssouf As'ar qui tentera systématiquement de propager autour de lui sa croyance. Le conflit avec le christianisme aboutira à une véritable tragédie que l'histoire locale retiendra sous le nom de « massacre de Najrân », la plupart des habitants de cette ville christianisée, près de vingt mille, ayant été jetés vivants dans un brasier et les rares survivants ayant été passés par le fil de l'épée. Le Coran lui-même gardera mémoire de ce massacre, allant jusqu'à évoquer la malignité du Démon : « Le Démon est un ennemi pour vous. Considérez-le donc comme un ennemi. Il n'appelle ses partisans que pour en faire les hôtes du Brasier » (XXXV, 6). Le Coran ne se satisfait pas de cette seule allusion. Il consacre au massacre des Najrânites une sourate dans sa quasi-intégralité : la DXXX^e, *Al-Bouroûj*, « Les Constellations », dans laquelle il exalte l'attachement des chrétiens de Najrân à leur foi et leur refus d'obtempérer à la mise en demeure que leur avait adressée le roi himyarite juif Zou Nou'ass d'embrasser la religion mosaïque s'ils ne voulaient pas être mis à mort. Ils choisiront la mort. Le Coran magnifie leur attitude, leur promet le Paradis et voue leurs persécuteurs à l'enfer. On a, dans cette sourate, une démonstration de l'intérêt particulier que l'Islam a toujours porté aux chrétiens dans le cadre de sa doctrine générale qui proclame, principe intangible : « Pas de contrainte en matière de religion. » Ajoutons qu'il y eut une réplique chrétienne aux atrocités commises à Najrân : vers 520 après J.-C., une expédition éthiopienne traversa le détroit de Bab el-Mandeb avec l'appui de Byzance et des Eglises monophysites, détruisit les forces du dernier roi judaïsant himyarite, et mit fin définitivement à l'existence et au rayonnement du Sud. Ce fut un événement considérable que l'extinction de cette civilisation qui, sémitique comme celle des Phéniciens ou des Carthaginois, avait, par un réseau étendu et complexe de relations internationales, politiques autant que commerciales, affirmé le génie négociant, diplomatique et moral de tout un peuple dont la reine de Saba, quel que soit son statut historique, reste le plus expressif des symboles. La mainmise des Ethiopiens sur l'Arabie du Sud dura un demi-siècle environ, fortement ponctuée par la révolte d'Abraha, riche soldat éthiopien qui tua le vice-roi himyarite représentant le Négus et monta – parce que deux Mecquois avaient profané en la souillant d'ordures l'église de Sana'a – une expédition armée contre La Mecque, que renforça la présence d'un éléphant, animal inconnu des Arabes et, de ce fait, terrifiant. L'année de cette expédition – qui verra la défaite d'Abraha – sera baptisée spontanément l'« Année de l'Eléphant » et son souvenir rappelé dans le Coran, dans la courte sourate intitulée justement « L'Eléphant » (CV) :

*N'as-tu pas vu
Comment ton Seigneur a traité
les hommes de l'Eléphant ?*

*N'a-t-il pas détourné leur stratagème,
envoyé contre eux des bandes d'oiseaux
qui leur lançaient des pierres d'argile ?*

L'espace et le temps

*Il les a ensuite rendus semblables
à des tiges de céréales qui auraient été mâchées.*

Nous sommes en 569 de l'ère chrétienne. Quelques mois plus tard, le 20 août de l'an 570, un enfant venait au monde : il s'appelait Muhammad b. Abdallah b. 'Abd al-Muttalib. Les deux événements resteront mystérieusement noués dans l'inconscient collectif des musulmans qui verront dans la défaite des Abyssins, venus détruire le temple de la Ka'aba à La Mecque, l'un des signes avant-coureurs de l'apparition prochaine de leur Prophète. La Tradition raconte qu'au surgissement de l'armée d'Abraha, avec, devant elle, l'éléphant richement caparaçonné, Abd al-Muttalib, le grand-père de Muhammad, gardien du temple de la Ka'aba, avait conseillé aux habitants de la ville de se réfugier sur les collines entourant le sanctuaire. Puis, se dirigeant lui-même vers la porte du temple, il prit de ses mains l'anneau de métal pendu au milieu de la porte, et lança cet appel : « O Dieu, ton serviteur protège sa propre maison. Toi, protège la tienne ! » Aussitôt, l'éléphant s'agenouilla devant l'enceinte de la cité et, malgré les incitations de son cornac et les coups de barre de fer qu'il reçut sur la tête, il ne consentit à se relever que pour suivre l'armée d'Abraha dans sa retraite. Les énigmatiques oiseaux *abâbil* dont parle le Coran se seraient relayés, dès lors, au-dessus de l'armée en déroute, pour lui lancer les cailloux qu'ils tenaient dans leur bec. Des esprits forts ont cru bon de remarquer que la déconfiture de la troupe éthiopienne pouvait être due à une épidémie de variole, ou de tout autre mal contagieux, qui laisse sur le visage des traces semblables aux marques laissées par une volée de petites pierres. Mais laissons là les esprits forts.

Après l'occupation éthiopienne du Sud viendra son occupation par les Perses qui, elle aussi, durera un demi-siècle environ. Elle sera la dernière en date de l'antiquité pré-islamique, l'ultime invasion du Yémen devant être celle de l'armée arabe sous la bannière de l'Islam au VIIe siècle.

L'occupation éthiopienne avait donné une puissante impulsion au christianisme monophysite tout en provoquant une émigration importante des juifs de toute la région vers la principale cité du Nord, et la plus proche, Yathrib, ville où, précisément, Muhammad aura affaire un jour aux descendants de ces mêmes juifs. L'occupation perse va, de son côté, permettre au judaïsme et peut-être au christianisme nestorien, opposé au monophysisme, de reprendre des forces, tout en introduisant dans la conscience religieuse arabe des notions de zoroastrisme. Spectre religieux passionnant. L'Arabie de l'époque avait une ouverture au monde, dans la diversité de ses credo, qui ne manque pas de nous étonner encore aujourd'hui. Sait-on, par exemple, que la ville de Najrân fut une ville sainte pour tous les chrétiens du Proche-Orient, sacralisée justement par ses martyrs, dont le chef, al-Hârith b. Ka'b, sera canonisé par la suite sous le nom de saint Arethas ? De cette ouverture, il faut voir, me semble-t-il, un admirable écho dans le Coran, au verset 17 de la sourate XXII, qui témoigne d'un intérêt étendu à toutes les croyances des hommes, ces mêmes croyances sur le sort desquelles Dieu se prononcera quand sonnera l'heure.

Le déclin du Sud va donner la possibilité aux bédouins de l'Arabie centrale et du Nord d'acquérir une dimension historique. C'était l'époque de leurs grands engagements comme cavaliers sur des chevaux de selle, pour les brusques et violents combats des *ayyam al-Arab* (« les Journées des Arabes »), l'âge du fameux « equus caballus », nouvelle chevalerie chantée par tous les grands poètes *djahilytes*. Les historiens ont souvent noté

L'espace et le temps

le fait que si c'est le chameau qui a été l'animal le plus important de l'Arabie pré-islamique, c'est le cheval qui va occuper le devant de la scène lorsque l'histoire arabe se développera sous la bannière de l'Islam. Ce sont, en effet, les unités de cavalerie commandées par des chefs bédouins qui firent, dans un premier temps, la conquête de la Syrie et de la Mésopotamie puis, dans un second temps, celle de l'Afrique et de l'Espagne. Le cavalier arabe va nourrir tout l'imaginaire à venir : la poésie amoureuse, le récit romanesque, l'épopée dite justement « chevaleresque ». Muhammad lui-même aura son cheval favori.

Les bédouins, qui jouent donc un si grand rôle dans la montée de l'Islam et son extension, ne sont pas particulièrement appréciés par le Coran. Cela tient au fait que les quelques notions de morale intertribale, qui faisaient office de contrepoids aux luttes intestines qui les déchiraient – et qui se réglaient dans le cadre d'une desdites fameuses « Journées » – s'étaient singulièrement estompées avec le temps. L'honneur (*ird*) de la famille ou du clan, le devoir d'hospitalité (*dyafa*), le droit de voisinage (*djiwâr*), la trêve des mois sacrés (*achhor al-horom*), qui leur tenaient lieu de droit commun – le tout se résumant, au dire de l'arabisant Goldziher, dans la caractéristique centrale de la *muruwwa* (*vir-tus*) – se révélaient de moins en moins susceptibles de maintenir entre eux un semblant d'équilibre dans le pullulement de leurs intérêts contradictoires. Ce sont pourtant ces bédouins-là, comme le remarque dans ses *Prolégomènes* Ibn Khaldoun (1332-1406) – qui ne les aimait guère pourtant – qui vont infuser du sang frais à des sociétés vieillies et vermoulues, sur lesquelles viendra s'établir l'Islam. Avaient-ils une religion ? Ils pensaient, semble-t-il, que l'organisation humaine – à défaut d'ordre proprement dit – était dirigée non par une divinité, mais par l'action d'un Temps impersonnel, *ad-Dahr*, ou d'une fatalité. Et c'est en plein cœur de la *bâdia*, leur espace inaltérable, que vont prendre figure les deux villes qui serviront de scène à la geste muhammadienne et devenir par la suite – avec al-Qôds, Jérusalem – les villes centrales et saintes de l'Islam, je veux parler de La Mecque et de Yathrib. Commençons par évoquer cette seconde ville.

Campée au Nord sur la route des caravanes se dirigeant vers la Syrie, caravanes provenues de ce Sud désormais géré par les représentants de pouvoirs étrangers, Yathrib était le théâtre des inimitiés sans fin de deux tribus, pourtant cousines par leur origine commune au Yémen et qui, détachées du tronc des Kahtân, avaient fini par s'installer dans cette bourgade : les Aws d'une part, les Khazradj de l'autre –, tribus toutes deux païennes. Nombre d'affrontements avaient opposé les deux clans, dont le plus sanglant, peu de temps avant l'Hégire, avait été la bataille de Bu'ath, aux portes de la ville, et dont les Aws étaient sortis vainqueurs, ce qui eut pour effet d'exciter contre eux la longue rancune de leurs adversaires. Aussi ceux qui régentaient la ville et ses déchirements, puissamment établis, eux, à l'abri d'imposants bastions et possesseurs de la plupart des terres dans la cité même et à son extérieur, c'étaient les trois clans juifs des Bani-Nadir, des Bani-Khaïnouqa et des Bani-Koreïza, tous trois pénétrés du sentiment de leur supériorité intellectuelle tiré de leur qualité de détenteurs d'un Livre révélé à quoi venait s'ajouter leur prépondérance économique. En tout état de cause, leurs liaisons permanentes avec leurs coreligionnaires du Yémen ainsi qu'avec les principaux centres de la diaspora au Proche-Orient apportaient un appui supplémentaire à leur pouvoir social. L'époque de leur immigration reste obscure. D'après le Talmud, des communautés juives se trouvaient déjà en Arabie à une époque correspondant aux premiers siècles

L'espace et le temps

de l'ère chrétienne. Il pourrait s'agir des communautés de Yathrib et de ses environs, Khaïbar, Fadak, Makna, Taïma et autres bourgades du Wadi al-Quora où des colonies mosaïques prospères, attachées à l'exploitation des oasis, étaient très anciennement connues. Mais Renan émet une opinion différente : il professe que les juifs d'Arabie, au Hedjaz comme au Yémen, étaient des Arabes convertis au judaïsme [1]. Quoi qu'il en soit, à l'époque qui nous occupe, les juifs de Yathrib partageaient le pouvoir politique avec les Aws et les Khazradj, mais n'en restaient pas moins très profondément marqués par leur particularisme communautaire : « indissolubles », dit Renan. Toutefois, c'était des juifs, des *kohanim* (prêtres), qui présidaient aux prières intercaniques de l'*istiqâ'* (rogations), destinées à amener la pluie ; et ils étaient souvent choisis comme arbitres – suprême honneur – des joutes poétiques en langue arabe. La situation des juifs en Arabie était bien meilleure que celle de leurs coreligionnaires dans l'Empire byzantin où, vivant en groupes compacts refermés sur eux-mêmes, ils étaient l'objet de persécutions parmi les plus sanglantes de leur histoire. Des lois sévères étaient édictées contre eux. L'avidité du gouvernement impérial, les exactions des fonctionnaires et le fanatisme des populations les poussaient à des révoltes incessantes. Pour s'en débarrasser une fois pour toutes, l'empereur Maurice essaya de les convertir par la force. Phocas, après lui, en fit de même. En 609, des baptêmes forcés de juifs se produisirent, sur commande, à Jérusalem et dans plusieurs autres villes. Cette violence fournit une aide précieuse, chaque fois, aux envahisseurs perses. De fait, les émeutes qui en résultèrent désorganisaient les opéra-

---

1. Ernest Renan, « Judaïsme, race ou religion ? », conférence faite à Paris le 27 janvier 1883 (cf. « Œuvres complètes »).

tions militaires des Byzantins et le pouvoir impérial découvrit même, en 613, un vaste complot fomenté par les juifs de Tyr, au Liban, pour soutenir l'invasion perse. Du coup, Héraclius se livra sur eux à de terribles représailles. Mais l'année suivante, les Perses étant vainqueurs, les juifs firent cause commune avec eux lors des massacres de Jérusalem. Ils se livrèrent à une infernale « chasse aux moines » et rachetèrent à leurs alliés victorieux les captifs chrétiens qu'ils mirent à mort. Ainsi étaient les mœurs de l'époque : il conviendra de s'en souvenir dans la suite de ce livre.

Contrairement à Yathrib, il y avait peu de juifs à La Mecque. Seuls y venaient, épisodiquement, quelques marchands originaires de l'autre cité, pour leurs affaires. En revanche il semble qu'un assez grand nombre de chrétiens habitait dans la ville, dont une majorité d'artisans : forgerons, dinandiers, selliers, etc. Ils y accueillaient parfois leurs coreligionnaires de passage, négociants ou anachorètes. La Mecque était une ville qui était alors en train de prendre de plus en plus d'importance. Centre d'échanges sur la « route parfumée », et centre religieux – à en juger par son nom antique de *Makorba* qui signifie peut-être « temple » ou « sanctuaire » –, La Mecque était une sorte de « république commerciale » et, à la naissance de Muhammad, la stabilité du gouvernement y était, depuis plus d'un siècle, une réalité tangible. Le pouvoir, d'essence aristocratique, ou plus exactement ploutocratique, y était placé entre les mains de la haute lignée koreïchite. En réalité, presque tous les habitants de la ville appartenaient à la tribu de Koreïch et se flattaient de procéder d'une souche unique. Les chefs des clans les plus notables étaient d'opulents marchands qui avaient établi, dans la plupart des domaines de leur activité, un véritable monopole commercial. Il est probable que les querelles entre les Byzantins et les Perses avaient détourné le trafic du golfe Persique vers l'Arabie occidentale. La Mecque avait pu prendre ainsi le contrôle du mouvement caravanier tout au long de la côte ouest de l'Arabie, entre le Yémen au sud, et la Damascène au nord. Au sud, les routes commerciales se prolongeaient vers l'Ethiopie et, selon les moussons, vers l'Inde. Au nord, l'Empire byzantin était avide des produits venus de l'Asie profonde. De tout cela, les divers clans des grands Koreïchites savaient tirer le meilleur profit possible, et pas toujours par les moyens les plus honnêtes. Le clan de Muhammad, celui de Hachem, était, quoique koreïchite, un clan relativement faible, ce qui ne l'empêchait pas de s'opposer avec détermination aux gros marchands et à leurs monopoles. Le Coran stigmatise, non sans âpreté, ces négociants-là, nullement disposés à aider de leur richesse les pauvres et les déshérités de leur propre parentèle : c'était là une intolérable rupture de solidarité tribale, et, à la limite, une forme de déshonneur. Aussi ne serait-il pas déraisonnable de rechercher dans cette revendication l'une des causes de l'hostilité très forte manifestée par la ploutocratie marchande à la prédication muhammadienne, et c'est sans doute là aussi qu'il convient de découvrir l'explication de l'appui sans faille apporté au Prophète par l'ensemble de son clan qui, d'être inférorisé, s'était trouvé naturellement solidaire des plus démunis. Il est juste de noter, à ce propos, qu'on ne faisait aucune distinction citadine à La Mecque entre la classe aristocratique et les gens de la plèbe et qu'il suffisait à ceux-ci – pauvres ou étrangers – d'obtenir la protection d'une noble famille pour avoir un droit complet de séjour, assorti de tous les avantages de la citoyenneté. Les « faibles » ne sont donc pas les plébéiens, à proprement parler, mais ceux qui, n'ayant pas réussi à obtenir l'indispensable protection, formaient une sorte de prolétariat avant la lettre, perpétuellement menacé. Masse d'ilotes venue s'agglutiner aux couches les plus misérables de la population indigène – bédouins en rupture de ban, Syriens, Iraniens ou Abyssins, Noirs d'Afrique échoués comme épaves sur cette côte d'Arabie, esclaves des deux sexes et captifs de guerre –, c'est dans cette couche-là d'une société orgueilleusement pyramidale que Muhammad éveillera les premiers signes d'intérêt et, prêchant la cause des déshérités et des laissés-pour-compte, rencontrera quelques-unes des premières adhésions à son message : le christianisme romain, lui aussi, était, comme chacun sait, né des bas-fonds de la capitale de l'Empire. Mais La Mecque ne se préoccupait guère de la montée des problèmes ethniques sociaux : sa prééminence résidait, et sans doute à ses propres yeux, dans le fait qu'elle était en train de forger l'identité des Arabes et leur première unification. Durant les mois sacrés, bien des tribus se précipitaient vers la ville en trois occurrences particulièrement appréciées et naturellement fédératives : Oukaz, le célèbre souk aux grandes joutes poétiques où les meilleurs aèdes, représentants directs du clan tribal auquel ils appartenaient, rivalisaient d'éloquence par des *qacida* flamboyantes ; le *Haram*, c'est-à-dire l'enceinte sacrée et sa Ka'aba, le « Cube », où l'idolâtrie polythéiste allait à quelques bétyles, dont la célèbre « Pierre noire » – islamisée par la suite – ainsi qu'à une triade de déesses : *al-Lât, al-Uzzâ* et *Manât*, « filles d'Allah » ; le Mont-Arafat, situé à la sortie du territoire sacré de la ville et qui semble avoir été, avant l'Islam, un lieu de pèlerinage et de sacrifices propitiatoires aux astres divins producteurs de pluie. C'est donc une *Arabia sacra* qui commençait à se constituer autour de la grande bourgade et dont l'Islam, qui en fera son propre tremplin, va accélérer la formation. D'autant plus que les conceptions religieuses issues de la Bible ou des Evangiles n'étaient pas inconnues des Arabes d'*Uum al-Quora*, la « Mère des villes » où, je l'ai dit, des marchands juifs et chrétiens faisaient souvent halte et dont partaient les caravanes qui plaçaient les Mecquois, en route vers la Syrie, la Mésopotamie ou le Yémen, en contact avec les grands récits du monde monothéiste. Sans adhérer, et pour cause, à la notion du Dieu unique – ce sera là l'œuvre inspirée par Dieu à son Prophète et l'effort spécifique demandé à Muhammad –, les Arabes n'en prétendaient pas moins, avant, bien avant la légitimation de leur prétention par le Coran, descendre en ligne directe d'Ismaël et se rattacher par lui à Abraham. Pour le moment, dans la conscience peu religieuse des Mecquois, portés à un éclectisme intéressé, ce ne sont que mythes sans consistance et approches peu convaincantes du divin, formes vides. Il faudra le souffle brûlant de Dieu pour animer ces mythes et porter la lettre morte à la plus vive des incandescences spirituelles. J'ajoute ici qu'ayant dit auparavant toute l'importance que l'on peut accorder à la diffusion conquérante de l'Islam par les bédouins, ce sont tout de même les sédentaires – ceux de La Mecque puis ceux de Médine – qui aideront, les premiers, fût-ce en la combattant comme le firent les Mecquois, à l'élaboration d'une idéologie religieuse et au façonnement des concepts appelés à structurer cette idéologie.

J'ai parlé de « gouvernement » à La Mecque. Ce pouvoir est exercé par une sorte de sénat ou Grand-Conseil, *Dar an-Nadwâ*, qui se réunissait seulement quand les affaires de la cité l'exigeaient. Les autres cas étaient réglés par les conseils familiaux, *madjlis* ou *nadi al-quawm*, qui se tenaient sur le parvis de la Ka'aba et où les notables des principaux clans tenaient le haut du pavé. On agissait généralement par la persuasion, le rapport des forces en présence conduisant les uns et les autres au consensus. On se serait cru dans une sorte de

Rome antique où la sagesse des uns, le respect dû à l'âge et à l'expérience des autres, le recours à la tradition ainsi qu'aux dits des Anciens, constituaient les points d'appui de discussions visant à des solutions habilement équilibrées. Mais le plus prestigieux des pouvoirs, qui revenait exclusivement au clan de Koreïch, consistait dans le service du *Beït al-Haram* (« la Maison-tabou » ou « la Maison sacrée »), en qui la « Pierre noire » était scellée. Le mot *beït* pourrait d'ailleurs signifier la pierre elle-même, dans la mesure où celle-ci était considérée comme le siège de la divinité, puissance protectrice du lieu. L'enclos sacré, le *Haram*, constitue à La Mecque une *bathâ*, un « espace en creux », au fond d'une vallée solennelle et aride où des montagnes noires faites de rudes rochers de quartz ou de silex – déchiquetés l'hiver par de soudaines et violentes trombes d'eau – délimitent l'espace réservé. Les bétyles étaient normalement des rocs : outre *al-Hajar al-Aswad*, « la Pierre noire », enchâssée près de l'angle oriental de l'édifice actuel, on peut citer « la Pierre fortunée », *al-Hajar al-Ass'ad*, incluse dans l'angle sud de l'édifice, et qui regarde vers le Yémen, terre de bonheur et de fortune. Au nord-est se trouve le roc appelé « station d'Abraham », *Maquâm Ibrahîm*. Dans la tradition coranique, ce roc est lié à la construction de la Ka'aba : Abraham, bâtisseur de ce haut lieu, y aurait posé ses deux pieds afin de parvenir à poser la dernière pierre de l'édifice. A la périphérie de l'ensemble se trouvent encore les rocs sacrés d'*As-Safa* et d'*Al-Marwa* entre lesquels s'empressent les pèlerins d'aujourd'hui sur les pas de Hâdjar – ou Agar –, la mère d'Ismaël, courant affolée d'un point à l'autre en quête d'une eau improbable afin de sauver son fils et de se sauver elle-même des tortures de la soif –, ce qui provoquera, sur l'intervention de l'ange Gabriel, l'éclosion d'une source au nom mystérieux, *Zemzem*, puits où les pèlerins

L'espace et le temps

n'ont cessé de puiser et de boire jusqu'à nos jours. Tous ces lieudits ont été récupérés par l'Islam qui en modifiera profondément le signe et le sens, comme l'ont fait pour leurs propres signes les deux autres religions abrahamiques qui, elles aussi, ont sacralisé des endroits et des pierres, les inscrivant dans une fondation nouvelle. L'Esprit, dit-on, souffle où il veut. Il paraît souffler plus volontiers là où l'usure des choses, par des dévotions antécédentes, même non agréées, a rendu ces choses et ces lieux plus transparents et plus poreux à la pénétration symbolique. L'importance de la Ka'aba pour l'Islam, qui veut se rattacher directement – par-delà toutes les autres révélations – à Abraham, « l'ami de Dieu », c'est qu'elle porte témoignage de l'implantation première de la foi unitaire en terre d'Arabie. Relisons, d'après le Coran, l'inscription d'Abraham dans le site mecquois où il a choisi de mettre à l'abri – de quelle menace ? – sa *dhurriya* (famille) :

Abraham dit :
« Mon Seigneur !
Fais de cette cité un asile sûr.
Préserve-nous, moi et mes enfants,
d'adorer les idoles,
– O mon Seigneur !
car elles ont égaré un grand nombre.

Quiconque me suit est des miens,
mais pour quiconque me désobéit,
tu es celui qui pardonne, tu es miséricordieux.

Notre Seigneur !
J'ai établi une partie de mes descendants
dans une vallée stérile, auprès de ta Maison sacrée,
– O notre Seigneur !...
afin qu'ils s'acquittent de la prière.

Fais en sorte
que les cœurs de certains hommes s'inclinent vers eux ;
accorde-leur des fruits, en nourriture.
Peut-être, alors, seront-ils reconnaissants.

O notre Seigneur !
Tu connais parfaitement ce que nous cachons
et ce que nous divulguons.
Rien n'est caché à Dieu sur la terre et dans le ciel.

Louange à Dieu !
Dans ma vieillesse il m'a donné Ismaël et Isaac !
– Mon Seigneur est celui qui exauce la prière –

Mon Seigneur !
Fais que je m'acquitte de la prière,
moi, ainsi que ma descendance.
Exauce ma prière, ô notre Seigneur !

Notre Seigneur !
Accorde ton pardon
à moi-même, à mes parents et aux croyants
le Jour où apparaîtra le compte final ! »

(XIV, 35-41.)

L'Islam de la révélation muhammadienne est entièrement présent dans ces versets : la foi totale en Dieu, dispensateur des biens de ce monde, le refus catégorique de toute idolâtrie, la confiance dans la miséricorde divine, l'omniscience d'Allah, la vertu de la prière qui est, elle-même, une grâce accordée par Dieu, le rayonnement de l'exemplarité, la protection donnée par la Maison sacrée d'Allah, la compassion pour les parents et pour la communauté des croyants, la crainte du Jugement dernier.

*

La représentation coranique d'Abraham comme sacralisateur du site mecquois et fondateur du rite paraît plus tard dans le Coran, dans la sourate II, *al-Baqara*, en 125 :

Nous avons fait de la Maison
un lieu où l'on revient souvent et un asile pour les hommes.
Prenez donc la station d'Abraham
comme lieu de prière.

Nous avons confié une mission à Abraham et Ismaël.
« *Purifiez ma Maison*
pour ceux qui accomplissent les circuits ;
pour ceux qui s'y retirent pieusement,
pour ceux qui s'inclinent et se prosternent. »

La purifier de quoi ? Du culte des idoles, évidemment : *asnam* et *awthân*. Le premier de ces termes, tous deux présents dans le Livre, désigne l'idole anthropomorphique, voire la statue de métal, tandis que le second désigne l'idole brute et aniconique de pierre ou de bois, le bétyle ou l'arbre sacré dans lesquels logeaient les *rabb* et les *rabbât* de l'ère pré-islamique, qui font alliance avec leurs fidèles et consentent ainsi à devenir leurs *awliya*, leurs très hauts répondants. Ce sont ces *rabb* et *rabbât* qu'Abraham a mission de déloger pour restituer les lieux à leur vocation originelle. Car – et c'est là une subtilité qui mérite d'être notée – les Mecquois ne seront pas accusés par le Coran d'être des mécréants absolus, mais, mal dirigés et peu clairvoyants, de s'adonner à une sorte de culte vain et privé de substance.

La principale divinité qui doit être délogée est *Al-'Uzza*, « la Toute-Puissante », adorée dans beaucoup de lieux d'Arabie, mais aussi dans toute la steppe euphratique jusqu'à Palmyre. On l'a parfois assimilée à la Grande Aphrodite. Elle symbolise également la planète Vénus dans l'un de ses deux rôles, celui, redoutable, d'Etoile du Matin. Toutes ces divinités, si craintes par les Mecquois, sont, aux yeux de la nouvelle foi, démunies de tout pouvoir : « Ce ne sont que des noms, *asma'*, dont vous et vos pères les avez nommées », énonce le Coran dans sa sourate *An-Nadjm*, « L'Etoile », verset 23. *Al-'Uzza* et les autres Seigneurs et Dames vont désormais voir leurs jours comptés.

Car à La Mecque – mais sans doute aussi dans toute l'Arabie – une patiente révolution se préparait qui frayait la voie à la Révélation. Koreïch voit désormais de haut les divisions des uns et les dissidences des autres. Les Koreïchites ont dorénavant la plupart des fils entre leurs mains et sans doute savent-ils obscurément que leur destin sera de plus en plus celui de l'ensemble d'une nation dont ils estiment qu'il leur revient de prendre la tête. Même si la coupure entre riches et pauvres se fait plus insistante, la clientèle des Koreïchites s'accroît de jour en jour et nombre d'individus font irruption dans leur cercle d'autorité, rompant toute attache tribale. Les idiomes locaux disparaissent peu à peu au profit du dialecte koreïchite qui se hausse peu à peu au niveau d'une langue enfin « nationale ». La poésie, à Oukaz et dans les autres grandes foires du Hedjaz, ne s'exprime plus que dans cette langue.

Les dieux de La Mecque ont reculé et ils vont reculer de plus en plus jusqu'à s'évanouir totalement. La multiplication même des idoles dans l'enceinte de la Ka'aba – chaque tribu venant y placer la sienne – amène à une réaction de sens inverse, ces centaines de divinités se résorbant finalement en une sorte de panthéon vague et inconsistant, à la surface duquel apparaît déjà le sentiment lancinant du Dieu unique. En contact avec le monothéisme juif et chrétien et sans nullement adhérer à la foi de Moïse ou de Jésus, les Arabes se sentent de plus en plus concernés par l'idée – l'intuition – d'un Seigneur absolu qui serait le maître du ciel et de la terre. Des hommes de réflexion et de méditation, marginaux à la société païenne, et qu'on appelle des *hanîfs*, nom repris dans le Coran, propagent – à la manière d'Ibrahim *al-hanîf* (XVI, 118-120 ; III, 65-67) – le rappel d'un monothéisme exempt des erreurs d'interprétation et de comportement dans lesquelles seraient tombés, selon eux, les juifs et les chrétiens : ces *hanîfs*, répandant le nom d'Allah, invitent les esprits à s'incliner devant la conception d'un seul Dieu, invisible. En simplifiant beaucoup, on peut dire que ces hommes pieux et droits ont joué le même rôle dans l'avènement de l'Islam que celui qu'ont pu avoir les Esséniens par rapport au christianisme. « Tout – écrit Edmond Rabbath – annonçait la Révélation, qui ramasserait en un corps de doctrine ces éléments épars d'une unité en fusion. C'est dans ce brasier saturé d'idées et de sentiments nouveaux que l'Islam couvait. Il ne manquait plus qu'un chef, pour en faire jaillir la flamme. Ce fut Mahomet et son Coran [1]. »

*

Et les chrétiens – quel est le rôle, quelle est la nature de leur présence dans ce Proche-Orient éruptif et qui se prépare à de plus grandes éruptions encore ?

On les voit s'entre-déchirer, souvent à l'ombre des persécutions du pouvoir. Certes, depuis Constantin, l'Orient qu'administraient quatre Patriarches – ceux d'Antioche, d'Alexandrie, de Constantinople et de Jérusalem – restait lié au siège de Saint-Pierre à Rome : cela jusqu'au Ve siècle, quand les luttes « christologiques » donnèrent naissance à des schismes qui morcelèrent la chrétienté orientale en autant d'Eglises qu'elle comptait de nationalités différentes.

La croyance officielle à Constantinople était bien la croyance romaine sur le Christ fait homme pour le salut du genre humain, mais les discussions populaires allaient bon train sur sa « nature » : humaine ? divine ? humaine *et* divine ? humaine *et/ou* divine ? Déjà, au siècle précédent, Grégoire de Nysse, mort vers 395 et qui sera considéré plus tard comme l'un des Pères de l'Eglise, était exaspéré par le « byzantinisme », à savoir la passion mise par tout un chacun à se prononcer, à tort ou à raison, sur les nuances les plus subtiles de la question

---

1. *Op. cit.*

religieuse : « Si tu demandes à quelqu'un – énonce-t-il – combien cela fait d'oboles, on te dogmatise sur l'Engendré ou l'Inengendré. Si tu demandes le prix du pain, on te répond : le Père est plus grand et le Fils lui est subordonné. Si tu demandes : le bain est-il prêt ? On te répond : le Fils a été tiré du néant. »

Climat favorable donc à toutes les spéculations, même les plus affinées, et qui aboutira à des conceptions nouvelles, traitées d'hérétiques par le pouvoir central. Trois d'entre elles méritent cependant de retenir notre attention :

1. L'*arianisme*, fondé par Arius, prêtre d'Alexandrie. Ce Libyen d'origine enseignait, au IVe siècle, que Dieu est unique et inengendré, mais que son médiateur auprès du genre humain, le Verbe, est créé sans être éternel. Le concile de Nicée, en 325, avait condamné l'arianisme et proclamé que le Christ est de la même essence divine que le Père. Le champ de l'arianisme se déplacera d'Orient en Occident et s'étendra parmi les populations germaniques, chez qui, d'ailleurs, il finira par s'éteindre.

Du concile de Nicée et du dogme réaffirmé solennellement de la Trinité, d'autres questions vont surgir : le Christ est-il doué d'un corps réel ? Et dans son corps existe-t-il une âme comme chez les hommes ? En d'autres termes : si le Christ est Dieu, comment peut-il être, en même temps, le « Fils de l'Homme » et de quelle manière la nature humaine s'est-elle unie en lui à la nature divine ? C'était poser là le problème des deux hypostases et, selon la réponse fournie, on aboutissait à l'un ou l'autre des deux grands schismes qui ont déchiré la chrétienté d'Orient.

2. Le second schisme nous intéresse particulièrement dans le cadre de ce livre : c'est le *nestorianisme* – on va voir pourquoi. Disciple de l'Ecole d'Antioche, dont la doctrine traditionnelle appelait à distinguer aussi nettement que possible les deux natures du Christ,

l'humaine et la divine, le prêtre Nestorius, Syrien d'origine, devenu Patriarche de Constantinople, soutiendra publiquement dans ses sermons que les deux natures, dans le Christ, devaient être séparées. L'union entre elles ne s'accomplit que par la volonté du Fils de Dieu et c'est la nature humaine, et elle seule, qui a subi les souffrances de la crucifixion : « Ce n'est pas Dieu qui a été crucifié – disait Nestorius – mais il a été uni à la chair qui a été crucifiée. » Cette doctrine donnait lieu à l'abandon du dogme de la Rédemption, pilier central du christianisme, et c'est vraisemblablement sous sa forme nestorienne que Muhammad aura connaissance de la doctrine chrétienne, parvenue à lui par le détour du Yémen.

La doctrine nestorienne sera condamnée par le troisième concile œcuménique réuni à Ephèse en 431. Exilé, Nestorius ira mourir en Arabie mais, en Perse, ses disciples constitueront une puissante Eglise.

3. La troisième hérésie sera le *monophysisme*. Son origine est à chercher en Syrie où l'on était porté à accentuer la prédominance de la personne divine dans la personne du Christ. Un vieil ascète, du nom d'Eutychos, s'en fit le propagateur ardent. Il prêchait qu'après l'Incarnation il ne subsistait qu'une seule nature dans le Christ, celle de Dieu, par laquelle le Christ ne pouvait être consubstantiel aux hommes. Toutefois, l'organisateur véritable de l'Eglise monophysite est l'homme extraordinaire que fut Jacques ou Yacoub Zanzolas qui, protégé par l'impératrice Théodora – dont l'époux Justinien persécuta les hérétiques –, parcourut l'Orient en tous sens, ordonnant des prêtres, sacrant des évêques, et constituant ainsi les cadres du monophysisme en Syrie et en Egypte, pays qui auront bientôt leurs Eglises nationales, l'Eglise égyptienne prenant le nom d'Eglise copte orthodoxe, l'Eglise syrienne, réformée par Jacques Baro-

daï, dit Barochée, devenant, quant à elle, l'Eglise jacobite ou syriaque orthodoxe. Cette même doctrine monophysite, reprise par Dioscure et ses moines, fut condamnée par le concile de Chalcédoine, en 451, lequel frappa les monophysites d'anathème. Mais ce credo, fortement implanté en Syrie et en Égypte, sera l'occasion de violentes luttes avec le pouvoir central de Byzance. L'empereur Héraclius, à la veille de la conquête arabe, tentera une suprême conciliation : il donnera son soutien au *monothélisme*, « moyen terme entre le monophysisme hérétique et le duophysisme catholique », doctrine affirmant l'existence d'une « volonté unique » dans le Christ – à ne pas confondre avec le « mono-énergisme » qui, lui, insiste (étrange nuance) sur l'existence d'une « énergie unique ». Le VIe concile œcuménique, réuni à Constantinople en 680-681, alors que l'Egypte et la Syrie étaient irrémédiablement « perdues », finit par prononcer la condamnation du monothélisme. La tentative d'Héraclius avait donc, elle aussi, échoué. Les Arabes n'auront plus qu'à paraître pour cueillir, comme fruits mûrs, les deux provinces rebelles.

En effet, parmi les constantes de la vie arabe, chez les sédentaires aussi bien que chez les nomades, il y a le fait que l'Arabie a toujours maintenu le contact avec les pays voisins, pour pousser sur leurs territoires le surplus de ses populations prolifiques et affamées, ou, au contraire, pour se fournir auprès de ces pays en denrées certes nécessaires à son existence mais aussi en idées. Ainsi la Péninsule aura-t-elle toujours constitué un réservoir inépuisable de masses humaines qui débordaient vers l'extérieur, alors qu'en sens inverse, un autre courant, immatériel celui-là, venait de la périphérie pour se déverser – indications religieuses et subtilités morales – au cœur du quadrilatère arabe. Echanges d'hommes et d'idées, les deux courants s'entrecroisaient activement, accompagnant le mouvement économique. C'est principalement par cette voie, avec le commerce comme véhicule, que les religions monothéistes avaient pénétré la Presqu'île, comme, avant elles, certains concepts et croyances de l'Antiquité gréco-latine, et d'autres vues dérivées du paganisme syro-mésopotamien. Le judaïsme, quant à lui, se fixa et se figea, dès son apparition en Arabie, dans les quelques groupements qui l'avaient colporté avec eux ou qu'il avait réussi à gagner à sa cause : au Yémen principalement et à Yathrib, comme on l'a vu. En ce qui concerne le christianisme, il était fortement présent dans l'Hadramaout, à Oman, à Yamama, avec la puissante tribu des Banou-Hanifa. Dans le Nejd, province de l'Arabie centrale, le christianisme était pratiqué par la tribu princière de Kinda, *Kinda-el-muluk*, la « Kinda des rois », dont le plus célèbre poète de l'Anté-islam, Imrou'l Qaïs – qui sera tout à la fois aimé et abhorré par Muhammad – était issu. Il y avait même, à côté de la plèbe clientéliste dont nous avons parlé, quelques chrétiens prestigieux à La Mecque, tel l'oncle de Khadidja, la première épouse de Muhammad, Waraka b. Naufal, qui se serait fait initier aux Ecritures, et Osmâne b. al-Howaïreth, du clan koreïchite des Bani-Assad, qui aurait été un ami personnel du Basileus. Des Ethiopiens se trouvaient également dans la ville sacrée, membres de la milice des Ababich, mercenaires à la solde des Koreïchites et probables restes de l'armée vaincue de l'Eléphant. Il y avait les Coptes d'Egypte, hommes et femmes, qui fournissaient aux familles patriciennes des serviteurs fidèles. Et, mis à part les commerçants de passage, maîtres de caravanes venus de Syrie ou d'ailleurs, il y avait enfin des moines et des « missionnaires » qui quittaient pour un temps leurs monastères du Nord et venaient se mêler aux Arabes de l'opulente cité pour y apporter à de riches bourgeois courtoisement indifférents la prédication de l'Evangile. Etonnante ville que La Mecque, ai-je dit, bariolée, ouverte, accueillante, hétéroclite ! On y signale même la présence d'un stylite, émule de saint Siméon l'Ancien, qui haranguait à la même époque, du haut de sa colonne, les populations arabisées d'Alep, au nord de la Syrie. Etonnante ville où, dans l'enceinte de la Ka'aba, on trouvait, à côté des idoles des tribus, à l'intérieur même du temple sacré, une représentation de Jésus et de la Vierge Marie ! Les nombreuses tribus chrétiennes d'Arabie n'hésitaient pas à faire, durant les mois du *hadj*, le pèlerinage de La Mecque, si grand était le prestige de la Ka'aba. C'était là, à l'abri du sanctuaire, après les rites accomplis, qu'elles renouvelaient les conventions les liant entre elles et, à l'ombre de la Pierre noire ou à l'autel du sacrifice, qu'elles resacralisaient les liens affectifs unissant les membres de la communauté arabe. Dans un de ses vers, le poète chrétien Adi b. Zayd va même jusqu'à proférer son serment « au nom du *Rabb* de La Mecque et du Crucifix ! ». Ce caractère panarabe de la Ka'aba prendra fin avec le triomphe de Muhammad qui, à la veille de sa mort et lors du « Pèlerinage de l'Adieu », en interdira formellement l'accès aux non-musulmans. De « sanctuaire national des Arabes », selon l'expression du père Henri Lammens, la Ka'aba deviendra, au terme d'une décennie extraordinaire, « le buisson ardent de l'Islam universel ».

3

Portrait de Muhammad

Avons-nous de Muhammad, physiquement parlant, quelque image transmise comme, par cent voix, nous ont été légués ses faits, dits et gestes ? On a, à ce sujet, un certain nombre d'indications, bien souvent marquées par dévotion du signe de l'excès, mais aussi, pour certaines d'entre elles, étonnamment objectives, ayant su échapper à l'aura valorisante pour nous fournir le détail juste, le trait irremplaçable.

Outre ce qu'on peut glaner comme renseignements dans la *sîra* – la biographie prophétique – d'Ibn Hichâm ou dans le *Tarîkh* d'at-Tabarî, il y a de quoi faire son profit de la lecture du petit livre qu'a consacré au fondateur de l'Islam l'un de ces érudits papirophages dont la vie ne quittait l'ombre des bibliothèques que pour s'établir au pied des piliers de la mosquée, là où des groupes venaient chaque soir faire cercle autour de lui pour l'entendre discourir. Abd-al-Raoûf Muhammad al-Mounâwî nous est connu par le *Dictionnaire biographique* établi par Muhammad ibn Fadlallah al-Mouhibbî, qui vécut entre 1651 et 1699. L'une des plus longues notices de cet important ouvrage, qui mentionne mille deux cent quatre-vingt-neuf personnages ayant fait date dans l'histoire de l'Islam, nous informe que ledit Abd-al-Raoûf, descendant lui-même d'une illustre lignée de savants, de commentateurs et d'hagiographes, naquit au Caire en 952/1545 [1] et qu'il fut « un grand imam, conducteur de la prière et l'un des témoins probants de la vérité de la foi autant par sa conduite au quotidien que par l'illustration que lui ont procurée ses œuvres présentes partout et jusqu'au Maroc ». Il mourut le 13 safar 1031, soit le 29 décembre 1624. Ayant beaucoup lu et beaucoup appris auprès de maîtres aussi réputés qu'il le sera lui-même par la suite, il allait d'un savant à l'autre et ce, jusque dans l'âge mûr, pour recueillir sur les lèvres des uns et des autres les leçons qui lui importaient. Ce docteur de l'Islam, bientôt saisi par la grâce mystique, voulait rejoindre au plus près, par la confrontation permanente des textes et des dits, la « véritable nature des choses et des faits ». Intéressant personnage donc, symbolique de milliers d'autres qui feront de l'Islam un passionnant vivier. Châfi'ite – l'un des quatre grands rites sunnites – de stricte observance, il laisse à la postérité, en qualité d'auteur et de compilateur, plus d'une centaine d'ouvrages. Celui dont est tiré, savamment balancé, le portrait muhammadien qu'on va lire, repris dans ses traits essentiels, a été traduit par René Khawam sur le manuscrit original. Voici donc, brossée par al-Mounâwî, l'image du Prophète d'après les sources existantes : « Muhammad – que le salut et la bénédiction de

---

1. Il est bien entendu que chaque fois que deux dates sont citées en apposition, la première concerne la chronologie musulmane, qui prend son départ en 622, An I de l'Hégire, Muhammad ayant alors quitté La Mecque pour s'établir à Médine et cette date instituant le calendrier islamique. La seconde date mentionnée restitue la chronologie chrétienne traditionnelle.

Portrait de Muhammad

Dieu soient sur lui ! – était de taille moyenne, ni trop grand, ni trop petit, mais dépassant légèrement la stature normale. La distance entre ses deux épaules était grande. Il avait le teint éclatant, la tête de grandes dimensions, le front large, les sourcils allongés, séparés l'un de l'autre en leur milieu par une surface nette comme de l'argent pur, des yeux noirs, grands et beaux où pétillait une flamme, les dents écartées qui éclataient de lumière comme des grêlons. Ses cheveux n'étaient ni frisés, ni crépus, mais entre les deux. Il avait le plus beau des cous qu'on ne pouvait qualifier ni de long ni de court : il ne l'exposait pas au soleil ni au vent, en sorte que l'on croyait voir le col d'une aiguière d'argent avec des reflets d'or. Il avait la poitrine large et le corps uni, sans bourrelets nulle part, [et qui] ressemblait à la blancheur éclatante de la lune, avec une ligne de poils qui reliait le haut de la poitrine au nombril sans qu'il y en ait d'autres sur le haut du corps ou sur le ventre. Il avait trois grains de beauté à la base du cou, dont l'un était caché par le voile et les deux autres apparents. Ses épaules avaient de grandes dimensions, avec des poils touffus. L'extrémité des os était toujours épaisse et entre les deux omoplates se trouvait le sceau de la Prophétie, juste à la descente de l'épaule droite. Sur ce sceau, il y avait un grain noir virant vers le jaune et, tout autour, des poils en touffe comme une crinière de cheval. Le haut de ses bras et de ses avant-bras était épais, ses poignets longs. Il avait la paume vaste, avec des bords arrondis et ses doigts ressemblaient à des baguettes d'argent. L'intérieur de sa main était plus doux que la soie, pareil à celui d'un marchand de parfums. Quand il posait la main sur la tête d'un enfant, on reconnaissait celui-ci parmi tous les autres, comme si l'on avait placé sur sa tête des feuilles d'églantier.

« En dessous de la tunique, il avait la cuisse et la jambe de corpulence moyenne, avec l'extrémité saillante. Sa chair était ferme, comme s'il se trouvait encore en son premier âge, les années n'ayant pas de prise sur lui. Il marchait comme de l'eau qui coule sur une pente. Il se penchait en avant quand il esquissait un pas et progressait doucement, sans se balancer. Quand il tournait la tête en arrière, il le faisait avec tout le corps sans bouger le cou. Sa peau avait la blancheur de la perle et le parfum de musc. Celui qui l'a décrit ainsi a ajouté : "Je n'ai vu personne qui lui ressemblât, ni avant ni après l'avoir rencontré." »

C'est entendu : nous sommes en face d'un poème, d'une manière de photographie « retouchée » à l'ancienne. Et pourtant, il est quasiment probable que nous nous trouvons par-ci par-là devant un élément saisi sur le vif, un signalement que la dévotion, pour grande qu'elle fût, n'aurait osé imaginer. Je suis tenté, quant à moi, de penser qu'une lecture réaliste de ce portrait est possible, lecture qui ne tiendrait compte que des aspects concrets distinguant un corps d'homme – pilosité, grains de beauté, façon de marcher, etc. – et qu'on peut au demeurant faire confiance, s'agissant de tous ces points, aux transmetteurs.

« Tu es d'un caractère magnifique », assure, parlant de Muhammad, le Coran en LXVIII, 4. C'est, semble-t-il, le caractère d'un homme qui, au premier degré, aura été désireux de se fondre autant que faire se peut dans les us et coutumes des siens, pour bien marquer qu'il était l'un des leurs. Plus tard, beaucoup plus tard, l'homme deviendra, sa victoire métaphysique prenant appui sur ses victoires militaires et ses spectaculaires réussites personnelles, le dominateur de la cité, le maître des choses d'ici-bas, l'arbitre et le décideur, « Le » Prophète. Mais ce Prophète est aussi, est d'abord un homme de l'intériorité, un vérificateur de l'invisible, un veilleur des limites. C'était, nous dit-on, un être silencieux et discret. Volontiers, il gardait les yeux baissés, mais la colère ou la compassion s'inscrivaient facilement sur ses traits : son interlocuteur voyait clairement ce qu'il pensait. Dans une société souvent fruste et violente, il évitait le recours à l'insulte, à la grossièreté et, comme le recommandera bien plus tard Paul Valéry, il semble avoir su d'intuition qu'« entre deux mots, il [fallait] choisir le moindre ». Hagiographie ? Contagion des autres « sagas » prophétiques ? Il aurait, dans sa jeunesse, pasteur comme bien d'autres hommes de Dieu, gardé des moutons. Il trayait ses brebis ; il réparait lui-même ses sandales et raccommodait ses habits, marchait parfois pieds nus, pauvre parmi les pauvres. Il allait aux funérailles et n'hésitait pas à manger avec les indigents, choisissant généralement de prendre place à côté d'un esclave. S'il savait parler au plus grand nombre, il savait aussi écarter les importuns : c'était, dirions-nous aujourd'hui, un « diplomate ». Il riait rarement, mais savait sourire et même n'hésitait pas à plaisanter : un homme somme toute agréable à fréquenter, ce qui n'est pas si courant quand la grandeur est là qui plane déjà au-dessus de l'Elu et l'interpelle. Revenons, pour le citer encore, au si précieux al-Mounâwî : « Quand le Prophète donnait une poignée de main à quelqu'un, il ne desserrait l'étreinte que lorsque son partenaire le faisait. Il ne s'asseyait qu'après avoir mentionné le nom de Dieu, la plupart du temps en posant d'abord la main sur le sol. Il tenait compagnie à ses épouses d'une manière parfaite et les traitait équitablement en ce qui concernait la nourriture et l'argent du ménage. Quant à l'affection, il disait : "O Dieu, notre Dieu, ce mot désigne ce que j'ai en propre. Ne me blâme pas pour ce que Tu possèdes, Toi, et que je ne possède pas." Il parlait le premier à ceux qu'il rencontrait sur son chemin, même les enfants. Il honorait le visiteur en lui passant le coussin qu'il employait lui-même, en étendant sur le sol son vêtement pour le faire asseoir dessus. Quand l'autre refusait, il insistait jusqu'à son acceptation. Dans un état de satisfaction ou de courroux, il ne parlait que selon la vérité. Quand il prêchait, ses yeux devenaient rouges et sa voix s'élevait, comme s'il adressait un avertissement à toute une armée. Dans la joie, son visage s'illuminait comme une parcelle brillante de lune. [...] Il ne rendait jamais le mal pour le mal, mais pardonnait et oubliait les offenses. » Et ceci, qui est plus subtil : « Toutes les qualités d'une conduite méritoire et d'une politique parfaite furent rassemblées et poussées vers lui, alors qu'il était issu d'un peuple démuni de l'écriture et de la lecture, qu'il avait vécu dans un pays marqué, avant l'Islam, par l'ignorance. » Après tout, n'est-ce pas Dieu lui-même qui, par l'appel à la pertinence psychologique et s'adressant à son Prophète, lui dit explicitement : « Si tu avais été rude, et dur de cœur, ils se seraient écartés de toi » (III, 159) ? Ce certificat divin sera pour Muhammad, toute sa vie, un point de repère et une ligne de conduite. Ne savait-il pas admirablement persuader ? Il avait, de toute façon, le sens de la formule : « Il faisait toujours – nous assure-t-on – marcher devant lui ses Compagnons et défendait que quelqu'un s'attardât derrière, en disant : "Laissez mon dos aux Anges." » Et, de fait, quand le tout de la face est tourné vers les hommes, ces solliciteurs rebelles, à qui confier son dos sinon à cette force issue de Dieu et qui pousse, lumineuse et obscure, l'homme de la Prophétie en avant ? Il montait à cheval. Il mangeait. Il s'habillait. Il avait un métier. Il passait des contrats. Il avait des plaisirs qu'il revendiquait et des attachements auxquels il tenait. C'était – la prophétie l'isolant de toute approche familière – l'un des nôtres pourtant, un vivant qui respire.

Il mangeait, comme les gens de son époque et de son milieu : avec les doigts. Il prenait ses repas assis tout droit et non couché sur le côté à la façon de certains : « Je mange dans la position du serviteur, je m'assieds dans la position du serviteur », et il invoquait le nom d'Allah au début et à la fin de chaque repas. Qu'aimait-il à manger ? Presque tout, ne refusant rien, se satisfaisant de peu au demeurant, écartant de lui discrètement les mets qu'il appréciait moins. Il avait du goût pour les viandes : chameau, mouton, gallinacés, graisse et foie de brebis rôtie, gîte, et, plus rarement, se laissait aller à savourer poissons et oiseaux. Il ne consommait – outre les mets tabous – ni lézard ni rate. Son plat favori était le *tharîd*, une sorte de panade, le pain étant trempé dans l'huile ou mélangé à du beurre. Il aimait aussi la chicorée blanche, la blette, la *ridjla*, à savoir le pourpier potager, le concombre-serpent. Il appréciait aussi les dattes, qu'elles fussent fraîches ou séchées, savourait, comme tous les hommes des tribus, le lait et le miel, mais pas ensemble : « Deux aliments riches dans un même récipient – dit-il à quelqu'un qui lui en proposait – c'est trop. » Il estimait par-dessus tout l'eau fraîche et buvait chaque fois en trois gorgées successives. Ayant bu le premier, il passait l'eau à son voisin de droite, mais si son voisin de gauche était plus âgé ou plus considérable, il disait au premier : « C'est à toi de boire maintenant, toutefois tu es libre de refuser. » Encore une fois, nous surprenons Muhammad en flagrant délit de diplomatie active.

Tous ces détails valent par leur ton de vérité. Ce n'est pas souvent qu'on a la chance de connaître d'un grand inspiré, d'un visionnaire par qui l'Histoire s'apprête à changer de cours, les menus faits qui font la texture d'une vie. On est toujours heureux d'apprendre que le génie s'aligne à nos traits, qu'il partage avec nous appétences, dégoûts et parfois faiblesses. Ce n'est pas rien de savoir que Muhammad aimait par-dessus tout le *tharîd*, lui qui, haut la main, annonce par ailleurs l'avènement déjà visible du règne de Dieu, la fin des temps et le début de l'éternel.

Marié à Khadidja, sa première épouse, il s'intégra à des caravanes allant vers la Syrie, vendit et acheta des denrées, gagna de l'argent, pratiqua autour de lui toutes les formes de générosité, comme pour délivrer l'argent de son odeur, cette mauvaise odeur que l'argent, contrairement à ce qu'en dit l'adage, ne manque pas d'avoir. « Fais peu de cas des biens de ce monde, Dieu t'aimera, énonce l'un de ses *hadîth*(s) ; fais peu de cas des richesses qui sont dans les mains des gens, ils t'aimeront. » Merveilleuse observation psychologique, et combien paradoxale à prime abord, d'un homme « inculte », d'un négociant formé par le désert ! Il dit aussi : « Si vous voyez quelqu'un qui fait peu de cas des biens de ce monde, approchez-vous de lui, car il va à la rencontre de la Sagesse. » Il dit : « Personne, parmi les riches et les pauvres, au Jour de la Résurrection, ne souhaitera autre chose que de pouvoir dire qu'il a tiré de ce monde simplement sa subsistance quotidienne. » Il dit : « Celui qui aime les biens de ce monde qu'il possède ne peut que nuire aux biens qu'il possède en l'autre monde. Préférez ce qui demeure en permanence à ce qui va au néant. » Il dit : « Dieu ne m'a pas révélé : "Amasse les richesses et sois de ceux qui font du commerce" mais il m'a révélé : "Proclame les louanges de ton Seigneur et sois de ceux qui se prosternent pour l'adorer." » Il dit : « Aucun jour ne se lève sur l'un des serviteurs de Dieu sans que deux Anges ne fassent des invocations à son sujet. L'un dit : "O Dieu, notre Dieu, donne-lui de vendre ses produits rapidement." L'autre dit : "O Dieu, notre Dieu, suspends la vente de ses produits et que lui soit évité le désastre." » Il dit : « Les clefs qui ouvrent les celliers des biens de subsistance sont devant le Trône céleste. Celui qui en donne beaucoup aux autres en reçoit beaucoup ; celui qui en donne peu en reçoit peu. » Et aussi, d'une manière encore plus polémique, face à cette bourgeoisie de La Mecque qui bientôt le honnira et complotera sa mort : « Si tu vois arriver la pauvreté chez toi, dis : "Que soit le bienvenu dans ma maison le signe distinctif des Justes." Si tu le vois te quitter, dis : "J'ai commis une faute dont le châtiment va venir plus vite que prévu." » Il dit à cette bourgeoisie opaque et têtue : « Bonnes gens, n'avez-vous pas honte ? Vous amassez ce que vous ne pouvez conserver, vous bâtissez ce que vous n'habiterez pas. » Il lui dit aussi, à cette bourgeoisie calculatrice, faite de négociants et, au sens propre du terme, de « marchands du temple », dans une langue utilitaire qu'elle est à même de comprendre : « Bonnes gens, prenez la pitié envers Dieu comme un commerce : du bénéfice vous en reviendra sans que vous achetiez un fonds de marchandise. » Et, plus douloureusement : « Gardez-vous bien de ce monde, de la douceur de son allaitement et de l'amertume de son sevrage. » Et aussi : « O fils d'Adam, contente-toi de retenir de ce monde ce que tu peux manger. C'est déjà trop pour quelqu'un qui est promis à la mort. » Que comprennent les orgueilleux Mecquois à ce vœu, humble vœu que Muhammad s'adresse d'abord à lui-même et qui semble défier tous ces « importants » imbus de ce qu'ils sont : « Meurs pauvre plutôt que riche » ? Oui, très vite, ceux-là comprendront que l'homme à abattre est ce possédé des mauvais génies, les *djinns*, ce contempteur du pouvoir inaltérable de l'or, ce – le terme est encore à inventer – « révolutionnaire », aussi impudent qu'imprudent et qui, suprême outrage et inadmissible outrecuidance, osera un jour énoncer : « Les orgueilleux seront rassemblés au Jour de

la Résurrection sous la forme de fourmis très petites. »
Les fourmis, on le sait, n'aiment que thésauriser. Les fourmis humaines verront leur vraie place au Jour d'Allah.

*

Muhammad aimait les parfums. Un *hadîth* lui fait dire : « Ce que j'ai le plus aimé au monde, ce sont les femmes, les parfums et la prière. » Intuition aiguë à travers laquelle toute une civilisation déjà se devine, qui sait mêler le plus spirituel de l'être, et aussi le plus fervent de l'âme, à l'on ne sait quel consentement apaisé dans l'ici-bas. Lui-même, nous apprend la tradition, se parfumait avec un mélange de musc et d'ambre, s'exposait aux émanations émises par le camphre et le bois d'aloès et se frottait trois fois les cils de chaque œil avec de l'antimoine. Pour se vêtir, il choisissait de préférence le lin, la laine et le coton, privilégiant la tunique au détriment du manteau. Cependant sa *bourda*, manteau de cérémonie rayé, est restée dans la mémoire collective. Ce manteau pour les jours de fête était de couleur verte, couleur qui deviendra, mise en apposition avec le noir, la couleur symbolique de l'Islam. Il porta aussi des vêtements de soie, étoffe dont il appréciait la douceur et qui, d'après le Coran, revêtira les Elus au Paradis. Et il utilisa aussi, nous affirment certains traditionnistes, la robe de dessus à manches très amples appelée « robe du roi de Perse Khousraw » (Chosroès) avec des parements brodés ou, plus léger, le manteau persan qu'il porta le jour de l'Hégire pour traverser, avec Abou-Bakr, la distance entre La Mecque et Yathrib. Son turban était généralement blanc, mais il en avait aussi un autre, noir. Il le portait sans bonnet le dépassant et d'une manière assez lâche, semble-t-il, de façon à ne pas gêner la tête tout en la protégeant de la chaleur ou du froid. Tabarî, l'illustre Tabarî [1], le chroniqueur renseigné entre tous, nous rapporte que le turban du Prophète était de laine et mesurait sept empans en longueur et un empan en largeur. Le Prophète possédait même un turban appelé « Le Nuage », dont il fit don à Ali, son cousin et son gendre. C'était pour lui une occasion de sourire : « Ali est venu me trouver avec le Nuage. »

Le symbolisme du turban, qui joue un si grand rôle dans les manifestations visibles – rituelles fussent-elles ou spectaculaires – de l'Islam, n'est pas de nature décorative. L'origine même du mot évoque le *tourab*, la terre ou le sable, ainsi que la *turbah*, la tombe, – et c'est l'étymologie du mot « tourbe » qui se profile derrière la désignation arabe. Le turban est symboliquement le linceul dans lequel l'homme sera enseveli après sa mort. Qui porte son turban autour imagine sa tête attirée en permanence vers la terre dont elle finira, le jour venu, par être l'habitante désertée :

Pères profonds, têtes inhabitées
Qui sous le poids de tant de pelletées
Etes la terre et confondez nos pas...

énonce avec une calme amertume Paul Valéry. Mais laissons là *Le Cimetière marin* et son chant de sérénité. La mort est la grande alliée des prophètes et elle est pour Muhammad celle dont jamais l'ombre ne le quitta. Dans le Coran, c'est Dieu qui parle et c'est un Dieu de vie : mais c'est la mort, chacun le sait, qui garde, par la volonté d'Allah, tous les seuils.

---

1. Muhammad b. Djarîr al-Tabarî mourra à Bagdad en 310/923. Il est notamment l'auteur d'un grand ouvrage *Tarîkh ar-rusul-wal-mulûk* (« Histoire des Prophètes et des Rois »). Cette chronique célèbre, rédigée à la fin du IXe siècle, constitue la seule somme historiographique qui soit parvenue jusqu'à nous.

L'un des rites du pèlerinage nous fournit un détail intéressant – et incontestable – sur un détail physique de Muhammad. Le rite est celui de *tahliq*, « rasage » de la tête, ou du *taqsir*, « raccourcissement » des cheveux, obligatoires – l'un ou l'autre – durant la période du *hadj*, le Grand Pèlerinage, ou de la *oumra*, le Petit Pèlerinage : « Ne vous rasez pas la tête avant que les bêtes d'offrande n'aient atteint le lieu de sacrifice », dit la sourate *al-Baqara* (II, 196). D'après les *Maghâzî* d'al-Wâqidî, mort en 823 de l'ère chrétienne, l'obligation de se raser complètement la tête aurait été préférée par le Prophète au simple raccourcissement. L'enjeu d'un rasage complet serait lié à la présence d'un "toupet frontal", *nâciya*, que les hommes comme les femmes se glorifiaient d'avoir le plus long possible. La *nâciya*, placée sur le devant du crâne, semble remonter à une origine très lointaine et, considérée comme la source même de la vitalité, elle n'est pas sans évoquer la force placée dans sa chevelure par le Samson biblique : elle était la marque de l'homme de pleine appartenance tribale, l'ornement des jeunes gens et le signe de l'individu libre dans la mesure où il était interdit aux esclaves de la porter. On la coupait en temps de deuil, on la retirait, pour l'humilier, à l'ennemi capturé qui se trouvait ainsi réduit symboliquement à l'impuissance. Selon le récit de Wâqidî, Muhammad, à l'issue du sacrifice accompli à Mina en l'an 632, donc peu avant sa mort, aurait fait raser son toupet frontal et l'aurait offert au puissant chef de guerre qu'était Al-Khalid b. al-Walîd, qui l'en aurait sollicité. Dans un autre récit de Wâqidî, le Prophète aurait jeté ses cheveux coupés sur un « acacia vert » qui se trouvait non loin de lui et une femme se précipita pour s'en emparer : elle aurait conservé précieusement le toupet prophétique jusqu'à sa mort. Mais il existe un troisième récit de l'attribution de ce toupet, qui me paraît le plus émouvant, le plus vraisemblable et sur lequel, le moment venu, je reviendrai. Cela dit, le Coran dans sa sourate *Ar-Rahmân*, le « Miséricordieux », ne paraît nullement accorder d'importance à cette pilosité dont certains parent leur vanité :

*Les pécheurs seront reconnus à leurs marques
et on les saisira par les cheveux et les pieds.*

énonce-t-il, peut-être ironiquement en LV, 41.

L'homme Muhammad nous est-il maintenant plus familier ? Il faudrait ici, pour compléter ce premier portrait, évoquer, fût-ce sommairement à ce stade, son attachement aux femmes : ces femmes qui jouèrent un rôle déterminant dans sa vie, comme Khadidja, sa première épouse qui fut la première à croire en sa mission, ou comme Aïcha, la plus jeune de ses conjointes, qu'il aima entre toutes et entre les bras de qui il rendit le dernier souffle. Oui, il faudrait pouvoir analyser subtilement la nature de sa relation avec celles, toutes les femmes, que le Coran surnomme splendidement « Les Gardiennes du Mystère » : je tenterai de le faire plus loin dans le respect du secret des cœurs, encore plus déterminant quand il s'agit d'un être de cette ampleur. Frithjof Schuon, relayé par Seyyed Hossein Nasr, croit pouvoir résoudre le problème : « Il y eut dans cette vie [celle du Prophète] des guerres et, se détachant de ce fond violent, une grandeur d'âme surhumaine ; il y eut aussi des mariages, et par eux une entrée délibérée dans le terrestre et le social – nous ne disons pas : dans le mondain et le profane –, et *ipso facto* une intégration de l'humain collectif dans le spirituel. [...] Sur le plan de la piété, signalons l'amour de la pauvreté, les jeûnes et les veilles ; d'aucuns objecteront sans doute que le mariage et surtout la polygamie s'opposent à l'ascèse, mais c'est là oublier d'abord que la vie conjugale n'enlève pas à la pauvreté, aux veilles et aux jeûnes de leur rigueur et ne les rend ni faciles ni agréables, et ensuite, que le mariage avait chez le Prophète un caractère spiritualisé ou "tantrique", comme du reste toutes choses dans la vie d'un tel être, en raison de la transparence métaphysique qu'assument alors les phénomènes ; vus de l'extérieur, la plupart des mariages du Prophète avaient du reste une portée "politique", – la politique ayant ici une signification sacrée en connexion avec l'établissement sur terre d'un reflet de la "Cité de Dieu" – et enfin, Muhammad a donné assez d'exemples de longues abstinences, dans sa jeunesse notamment où la passion est censée la plus forte pour être à l'abri des jugements superficiels [1]. » Seyyed Hossein Nasr reprend à son compte, la nuançant, cette même argumentation : « Les mariages du Prophète non plus ne sont pas du tout les signes d'une complaisance vis-à-vis de la chair. Pendant sa jeunesse, temps où les passions sont les plus fortes, il vécut avec une seule femme (Khadidja) qui était beaucoup plus âgée que lui et il supporta aussi de longues périodes d'abstinence. Devenu prophète, ses mariages furent, pour la plupart, des mariages politiques contractés en vue de consolider, dans la structure sociale prévalant en Arabie, l'existence de la communauté musulmane récemment fondée. Pour lui, la polygamie – et il en est ainsi pour l'Islam en général – ne représentait pas tant un plaisir qu'une responsabilité et un noyau propre à réaliser l'intégration de la société nouvellement fondée. » Et l'érudit iranien d'ajouter : « Le problème sexuel dans son ensemble est d'ailleurs envisagé en Islam sous un autre angle que dans le Christianisme et l'on ne saurait le juger selon les mêmes normes. Les nombreux mariages du Prophète, loin de représenter de sa part une faiblesse envers la "chair", symbolisent sa nature patriarcale et sa

---

1. Frithjof Schuon, *Comprendre l'Islam*, Gallimard, 1961.

fonction, qui ne sont pas celles d'un saint retiré du monde mais celles d'un homme qui sanctifie la vie même du monde en la vivant et en l'acceptant dans le but de l'intégrer à un ordre de réalité plus élevé[1]. » Pour clore provisoirement cette question, dont l'Occident si souvent a prétendu tirer argument contre l'Islam, rappelons la position muhammadienne sur toutes les affaires de la vie, grandes fussent-elles ou moins grandes : « Je n'ai jamais vu une chose sans voir Dieu en elle » ou, autre version, « sans voir Dieu plus près de moi qu'elle ».

*

C'est le sens de l'espace probablement qui est le point le plus aigu de la conscience de l'homme du désert – et Muhammad est, par bien des aspects de sa personnalité, un homme du désert. Le désert joue, il faut le dire et le redire, le rôle de révélateur pour tous ces bédouins, négociants, caravaniers, qui ne subsistent et ne durent que de le vaincre et de le revaincre sans cesse. Il n'y a, pour s'en rendre compte, qu'à relire les grands poètes de la *Djahiliyya*, l'« âge de l'Ignorance », à savoir la grande période anté-islamique : leur poésie est souverainement fille des équipées qu'ils entreprenaient à dos de cheval ou de chamelle à la recherche de l'aimée, de la désirée entre toutes, pérégrinant d'un point à l'autre de l'Arabie avec leur tribu. « L'auteur d'une *qacida*[2], commente Gaston Wiet, commence toujours par parler de campements, de restes, de vestiges :

---

1. Seyyed Hossein Nasr, *op. cit.*
2. La *qacida* est le poème régulier qui peut obéir à des mètres différents et qui, pratiqué depuis la plus haute antiquité, continue de fasciner aujourd'hui encore ses lecteurs par son intuition de la vanité des choses et l'éclat de sa beauté verbale.

il pleure, se plaint, apostrophe le lieu de campement et incite son compagnon à s'arrêter pour en prendre occasion de parler des gens qui s'en sont éloignés. Car les habitants des tentes vivent sans cesse entre un campement et un départ, au contraire des gens qui habitent les maisons en terre ; ceux-là se déplacent de point d'eau en point d'eau, recherchent les pâturages herbeux et poursuivent les lieux que la pluie vient d'arroser, où qu'ils soient [1]. » J'aimerais retenir, de cette citation, le sens de la précarité du lieu, l'idée de l'inévitable nécessité de partir et de repartir – « l'homme n'est qu'un voyageur sur terre » –, la gloire de l'eau et son rôle central dans les allées et venues des hommes et dans leur géographie extérieure et intérieure : de tout cela, la geste muhammadienne se souviendra. De même qu'elle se souviendra que l'espace, cet espace finalement immuable ou presque, si l'on quitte des yeux la montée et la chute quotidienne des étoiles, ou si l'on consent à oublier que c'est du ciel que tombe la pluie qui transforme la sécheresse en verdoiement et les apparences de la mort en vie, de même, dis-je, qu'elle se souviendra, le moment venu, que l'espace – comme éternel derrière ses variations – fait le lit du temps, lui aussi comme éternel. Un homme du désert possède, à la façon d'un second instinct, le sens de l'éternité. Aussi bien le désert joue-t-il un rôle essentiel dans la naissance spirituelle de tous ces peuples que sont les Hébreux, les Cananéens, les Arabes. Rappelons-nous Moïse et son errance de quarante ans dans le désert du Sinaï, saint Jean-Baptiste et son existence hirsute aux marges du désert de Palestine parmi les cailloux, Jésus et sa retraite de quarante jours. Muhammad, quant à lui, reçoit le premier appel de Dieu pendant son séjour au désert, ce désert qui enserre La Mecque,

---

1. Gaston Wiet, *Grandeur de l'Islam*, La Table Ronde, 1961.

l'un des plus sévères du monde. Il n'y a jamais eu de naissance prophétique dans le verdoiement : c'est l'absence de monde – « la vraie vie est absente », dira Rimbaud qui s'en ira, lui aussi, vers le plus nu – qui est la clé de toute puissante imagination ontologique, c'est elle, cette absence, qui fait de nous des sublunaires frappant à une porte invisible et recherchant, sous le sable du rien, la dalle ou le tracé d'un seuil. Entre le désert et le sentiment de l'existence de l'Absolu, il y a – comme le creux induit le plein – un lien décisif. « Dieu est un désert debout », dira, magnifiquement, Maître Eckhart [1].

Mais revenons à ces poètes de la *Djahiliyya* qui fascinaient Muhammad, du moins certains d'entre eux, alors que, par le risque facile d'assimilation brandi par ses ennemis, il se défendait fougueusement d'être un poète. Voici, à titre d'exemple, la prise de possession de l'espace par sa chamelle, telle que la décrit Tarafa Ibn al-Abd, célèbre poète anté-islamique du VIe siècle qui vécut à la cour des princes lakhmides. Ce fragment de *mouallaqa* – à savoir de l'une des dix grandes odes d'avant l'Islam qui, par l'éclat de leur verbe et la beauté de l'entremêlement de leurs thèmes, avaient été jugées suffisamment représentatives du génie poétique arabe pour être « suspendues » (*mouallaqât*), écrites en lettres d'or, sur les murs de la Ka'aba –, je le donne à lire dans la traduction de Jacques Berque :

Et moi je fais passer le chagrin chaque fois qu'il m'assaille
sur mon ambleuse oscillante, qui va soir et matin/
Elle est sûre comme les ais d'une châsse funéraire
Je l'active sur la robe rayée du grand chemin/
Etalonne aux chairs drues
elle trotte comme l'autruche se pavane pour un mâle

---

[1]. Cf. à ce sujet, mon livre, *Réfraction du désert et du désir*, Babel, 1994 (*NdA*).

chauve et cendré/
elle défie à la course les plus racées
ses jambes se poursuivent l'une l'autre
sur la piste domptée [1].

C'est dans ce même poème, connu et aimé de tous les Arabes lettrés de l'époque, qu'on trouve cette belle profession de foi matérialiste – et désespérée – qui devait exprimer l'état d'esprit de beaucoup, état d'esprit contre lequel l'Islam naissant s'inscrira avec détermination quand il se formulera à son tour :

Ah ! toujours boire des vins
servir ma volupté, vendre, dissiper et l'acquêt
et l'héritage/
jusqu'au jour où ma famille unanime me frappera
d'interdit
m'isolera comme on isole un chameau goudronné
pourvu que ne m'en aient doléance
ni les fils de la poussière ni les hôtes
de ce vaste pavillon de cuir/
et si jamais, toi qui me censures, je me dérobais
au cri de la guerre
ne goûtais plus aux voluptés
pourras-tu m'assurer l'éternité ?
....
Mais le généreux s'abreuve de lui-même en sa vie
que nous mourions demain, sais-tu qui de nous deux
sera mort sur sa soif ?/
ne vois-je pas que la tombe du cupide
avare de son argent ne diffère
en rien de celle du fol, prodigue en son oisiveté :/
rien que deux tas de terre surmontés de sourdes
dalles taillées dans la roche ?/
Ne vois-je pas que la mort prélève le généreux aussi
bien qu'elle s'arroge le plus précieux
des biens du scélérat qui se cramponne ?
ne vois-je pas dans la vie un trésor qui diminue

---

1. *Les Dix grandes odes de l'Anté-Islam*, Les Mouallaqât, traduites et présentées par Jacques Berque, La Bibliothèque arabe, Sindbad, 1979.

chaque nuit
et le temps s'épuiser de la baisse des jours/
la mort, par ta tête ! si loin qu'aille s'égarer le jeune homme,
est une longe ballante dont une main tient l'autre bout/...

Matérialisme sans faille, ironique même, et réalisme agressif et accusateur. L'érotisme le plus cru est – comme il le sera plus tard, beaucoup plus tard, et dans une tout autre aire culturelle pour Georges Bataille – la seule réponse que fournissent tous ces poètes à « l'aigle lugubre de la mort » (Antar Ibn Chaddâd). Cet érotisme est loin d'être absent de la psychologie de l'*homo islamicus* et la puissance virile de l'homme est et restera, dans l'espace de l'Islam, comme il l'était dans celui de l'anté-Islam, l'une des signatures que celui-ci appose sur le monde. L'analyse que fait Muhy-Eddine Ibn Arabi de la capacité sexuelle du Prophète est, nous le verrons, des plus subtiles et elle éclaire fortement le sujet. C'est d'ailleurs sous cet éclairage ontologique qu'il faut peut-être savoir lire *Les Mille et Une Nuits*, l'un des chefs-d'œuvre de la civilisation qui prend ici sa source. Toujours dans la traduction de Jacques Berque, cette première formulation du désir extraite de la plus illustre des *mouallaqât*, celle d'Imrou'l-Qays, le Roi errant, dont Muhammad, qui l'admirait tout en s'en défendant, assura qu'il « [avait] planté la bannière de la poésie en enfer », – ce qui témoigne, fût-ce négativement, de l'importance essentielle du verbe poétique à la cime de la conscience arabe :

[...] Lors je vins, elle avait pour dormir ôté ses robes,
derrière les rideaux sauf l'ultime vêture/elle me dit
– « Par Dieu contre toi nulle dérobade, à moins que je
ne voie la folie te quitter. »/
Je la fais sortir, elle traîne derrière elle sur notre
double trace les franges de sa mante nomade/nous
passons l'aire du clan, et quand sur le côté nous
trouvons un creux sûr entre des bosses de sable grumeleux/

je l'attire par les deux tempes
elle sur moi se laisse aller, grêle de taille
pulpeuse à ses bracelets de cheville/
vers moi quand elle se tourne exhale son parfum,
brise d'est porteuse d'une odeur de girofle/
Je lui murmure – « Oh donne-moi... »
Sur moi se laisse aller
grêle de taille, pulpeuse à ses bracelets/
svelte, blanche, irrépandue,
gorge polie comme un miroir
....

sa chevelure pare son dos, charbonneuse, touffue
comme le régime impétueux du dattier/
torsadée vers le haut
elle noie les lacets dans ses nœuds et ses ondes,
sa taille est délicate comme une rêne évidée
elle s'éveille, épandeuse de musc sur le lit
de sa sieste
sans avoir à ceindre le peu qu'elle a sur elle gardé [1]...

Je voudrais aussi citer, dans ce puissant registre du désir, qui fait chanter toute l'époque, ce fragment du très aristocratique Amr Ibn Kalthûm :

Elle te laisse voir quand seul à seul tu l'approches
abusant les regards fielleux/
deux bras pareils au col
d'une chamelonne toute blanche
jouvencelle racée qui n'a jamais conçu/
un sein plus moelleux que bure d'ivoire
préservé des mains des toucheurs/
et ces reins tendres longs et vivaces
et ces rondeurs que leur voisinage alourdit/
et ces hauts de cuisses à resserrer la porte
et cette taille qui affole ma folie [2] *[...]*

Oui, le langage arabe inscrit sa constellation sémiotique dans l'espace du désir : espace vide, espace qui ne

---

1. Jacques Berque, *op. cit.*
2. *Ibid.*

demande qu'à être comblé par la fulguration. L'unicité de Dieu est à replacer à l'horizon de cet émiettement. C'est d'être ainsi en étroite corrélation avec la vérité nue du lieu, son dénuement et son dénudement qui rendent si évidente, quand elle se manifestera en opposition à toute cette horizontalité lourde, la dimension verticale de l'annonce prophétique, ce que Louis Massignon, évoquant le jet des minarets futurs, appellera d'une admirable formule la « sveltesse » de l'Islam. Il advient même que, dans ces poèmes, la Maison du dieu de la Ka'aba mecquoise soit invoquée. Ainsi peut-on lire dans la *mouallaqa* de Nâbigha al-Dhubyiâni, poète lui aussi du VIe siècle, ce serment :

Non, par celui dont j'oignis la Maison, par l'effusion
du sang sur les bétyles/
par le préservateur des oiseaux réfugiés
que frôlent les processionnaires de La Mecque entre
Ghîl et Sa'ad/
je n'ai rien dit de ce qu'on t'a livré !
Sinon, que ma main ne puisse à moi ramener
mon fouet/
que le Maître d'une punition ne punisse
propre à rafraîchir les yeux de celui qui m'a calomnié [1]...

On a longtemps pensé que les *mouallaqât*, à cause de leur diffusion dans l'ensemble de la société arabe de l'époque, villes et tribus, et du fait de la célèbre foire d'Oukaz dont on a vu qu'elle réunissait tous les ans près de La Mecque, durant plusieurs semaines, les aèdes les plus réputés de toute l'Arabie et leurs publics, on a longtemps pensé que c'était là, dans l'expression poétique, que s'était façonnée l'unité de la langue arabe en qui viendra, un ou deux siècles plus tard, se projeter le Coran. Il y a sûrement du vrai dans ce point de vue, une vérité

---

1. *Ibid.*

telle que, une fois le Coran installé dans la conscience et dans la culture d'une manière pratiquement hégémonique, et advenue la coupure radicale avec la poésie *djahilyte*, considérée désormais comme impure lors même qu'elle continuait d'être le formidable dépôt, de tout l'originel de la race, Omar, le troisième calife, revendiquera le retour et la résurrection du « diwan des Arabes », à savoir de ces grandes formulatrices d'une sensibilité inaltérée que sont les *qacida(s)* pré-islamiques. Là aussi, dans ces beaux poèmes profanes, s'exerce cette « mobilisation du mémorable », essentielle dès qu'il s'agit des Arabes, qui feront plus tard du *dhikr*, le rappel lancinant de Dieu, l'un des rites les plus significatifs de l'Islam. La *sunna* ou tradition, pour expliquer la « descente » du Coran par fragments sur Muhammad, dit magnifiquement du Livre qu'il s'est révélé « par étoilement » (*munajjaman*), par quoi s'expliquent et se justifient les reprises et les récurrences des thèmes, des rythmes et des mots au sein de la même sourate, ou d'une sourate à l'autre, comme l'œuvre régulièrement répétitive d'une éblouissante araignée métaphysique. J'aurai l'occasion de revenir plus loin sur le Coran et, notamment, sur le rapport qu'il entretient avec sa propre source installée dans l'Eternité, à partir de son inscription dans le temps et dans cette « langue arabe claire » qui le formule à l'intention de Muhammad et de la communauté des croyants, Arabes fussent-ils ou non. Langue sacrée puisque langue de la Révélation, l'arabe va jouer aux yeux des musulmans non arabes le rôle qu'a longtemps joué le latin pour l'Eglise : langue réservée en quelque sorte et contenant sur un plan symbolique sa part d'incommunicable et d'indicible.

On le voit, cette approche de la poésie anté-islamique n'est pas étrangère à la formation de Muhammad. Elle nous aura amené à envisager un certain nombre de questions fondamentales, les unes relatives à la langue, d'autres aux structures mentales. Or ce qu'il y a de plus remarquable dans cette poésie, c'est l'absence totale d'intuition religieuse : elle n'accueille aucun sentiment spiritualiste, bien sûr, mais ne porte pas non plus de trace de sentiment déclaré d'animisme ni, comme il arrive si souvent dans les cultes archaïques du Proche-Orient, de simple religiosité devant les forces déterminantes de la nature : « L'immense majorité des habitants [de la Presqu'île arabique] appartenait à un paganisme à base particulariste, et ce fait ne fut pas sans importance pour la prédication de Mahomet, qui n'a pas trouvé en face de lui, sauf peut-être à La Mecque, une hostilité cohérente. Ces Arabes adoraient des arbres et surtout des pierres, et l'on peut se demander si ce n'étaient pas plus des objets sacrés que des divinités [1]. »

Certaines inscriptions de l'Arabie méridionale font état de « El », la divinité commune à tout le panthéon sémitique, ainsi que du mystérieux « Rahmanân », prototype de l'épithète coranique *Rahmân*, traduite en français par « Miséricordieux ». « Rahmanân » pourrait avoir une origine plus largement sémitique et il n'est pas interdit de penser que l'idée d'un Dieu universel – dont Muhammad a lié la notion au *hanifisme*, c'est-à-dire à la religion inscrite naturellement dans la conscience humaine, religion de croyants « originels » en quelque sorte – remonte assez loin dans l'imaginaire de la région. Jean Starky écrit qu'au IIIe siècle, à Palmyre, « l'on commença à ériger des autels à Celui dont le nom est béni à jamais » : or Palmyre est une ville arabe. Ces dédicaces, quand elles sont rédigées en palmyrénien, ne donnent pas de nom à la divinité et le courant de syncré-

---

1. Gaston Wiet, *op. cit.*

tisme, signalé déjà à l'époque des Antonins, s'accentue davantage sous les Sévères quand, à Palmyre, les autels au dieu « non nommé » se multiplient. Un autre orientaliste, l'Américain Will Durant, rappelle la figure de Maxime de Tyr, un philosophe syrien qui déclarait au IVe siècle, pour justifier contre les chrétiens le culte des idoles, que derrière elles s'élève « Dieu le Père, créateur de tout ce qui est, plus vieux que le soleil ou le ciel, plus grand que le temps et l'éternité et tout le flux de l'être, qui ne peut être nommé par aucun législateur, son nom ne pouvant être prononcé par aucune voix, et lui-même ne pouvant être vu par aucun œil ».

Il n'en demeure pas moins vrai que c'est le Prophète, et lui seul, qui réussira de manière fulgurante, en moins de vingt ans, à faire adopter, par sa société d'origine, un certain nombre d'idées axiales liées à ses inspirations, et qui en viennent à se constituer en un système du ciel et de la terre. Parmi les notions qui se dégagent de son enseignement, il y a notamment celle de l'unicité de Dieu sur laquelle aucune transaction n'est possible. Cette notion sera bientôt adoptée par toutes les communautés d'Arabie, villes et tribus. Il arriva à Muhammad de se plaindre de la nature purement formelle de cette adhésion, de la part de ceux que le Coran appelle les *mounafiqoûn*, les hypocrites. Souvent les habitudes ancestrales, enracinées profondément dans les us et coutumes des hommes, entrèrent en conflit, fût-ce sournoisement, avec la Vérité annoncée par la Révélation. Il faudra du temps, des siècles dans certains cas, pour que disparaissent dans des âmes façonnées par un polythéisme « mou » les survivances les plus vives de celui-ci.

Après la mort du Prophète, l'expansion vertigineuse de l'Islam, ses conquêtes, son annexion d'autres peuples et d'autres cultures, vont créer l'un des plus formidables brassages que l'Histoire ait jamais connus, d'autant plus que les cultures ainsi rassemblées n'avaient pas au départ d'éléments spontanément concordants, ni entre elles et à leur propre niveau, ni avec la religion bientôt dominante. On verra pourtant l'Islam, de l'Indus à l'Ebre, parvenir à fonder, à travers bien des divergences, une homogénéité véritable, des ponts étant jetés d'une rive mentale à l'autre et des réseaux souterrains s'organisant et se complexifiant au fur et à mesure. Une haute et originale civilisation va voir le jour et s'inscrire au fronton de l'Histoire, avec, fondus l'un dans l'autre et dialoguant, les signes spécifiques de tous ces peuples auxquels un même rendez-vous aura été fixé à l'ombre illuminatrice de l'Islam.

4

La Mecque ou le combat à mains nues

Il y a aujourd'hui dans le monde un milliard de musulmans, soit le sixième de l'humanité. Et il y a dans le Coran une sourate, la XLVII, intitulée « Muhammad », où Dieu lui-même confirme son prophète dans son rôle d'« Avertisseur explicite ». Bien des traits caractéristiques de Muhammad, complétant ceux de l'hagiographie tels que nous venons de les passer en revue, sont dispersés dans l'ensemble du Livre. Du Prophète et de bien des épisodes de sa vie, celui-ci trace des représentations éloquentes, si éloquentes même qu'il semblerait figurer – outre sa qualité de porteur de l'énigme suprême de Dieu – une façon de miroir installé entre ciel et terre où l'on peut suivre les débats intellectuels et spirituels qui agitent un homme, Muhammad, et la société à laquelle il appartient, société qu'il veut amener à lui pour la conduire précisément vers Dieu. Puis, chaque fois, du journal des événements le Coran tire les leçons qu'il estime convenir et qui, pour beaucoup d'entre elles, deviendront règles de vie de la communauté tout entière, au-delà des manœuvres complexes des uns et des autres soit pour soutenir Muhammad soit pour le combattre au prix de leur vie. Dans l'histoire d'un grand inspiré, comme c'est ici le cas, ce ne sont pas tant les accidents de la biographie qui sont les plus significatifs, mais, dans le feu du don reçu du ciel et de l'activité mise en œuvre pour y répondre, c'est la clarté des leçons induites par l'expérience vécue et par sa projection métaphorique qui constitue l'essentiel.

Muhammad naît à La Mecque vers 571 et meurt à Médine en 632. En Gaule, à la même époque, c'est le règne tourmenté des Mérovingiens. Dagobert règne sur la Neustrie de 629 à 638. Héraclius est empereur des Romains de 610 à 641. Chosroès II, roi d'Iran, est au faîte de sa puissance, prenant Antioche en Syrie en 610 et, quatre ans plus tard, Jérusalem en Palestine. Maurice (582-602), Phocas (602-610) et Héraclius (610-641) sont, l'un après l'autre, empereurs à Byzance. L'empereur Justinien avait achevé la construction de Sainte-Sophie en 532 et la basilique fut inaugurée en 537. Augustin avait écrit *La Cité de Dieu* en 420, saint Benoît fondé sa règle et créé le monastère du Mont-Cassin autour de 530. Le pape régnant à Rome est Grégoire le Grand, qui meurt en 604.

Né donc, selon la Tradition, en « l'année du *Fîl* », soit de « l'Eléphant », entre 570 et 571, date à laquelle l'Abyssin Abraha, venu menacer La Mecque, fut repoussé grâce au concours du Ciel, Muhammad, dont le prénom signifie « Le Très Loué » ou « Le Glorifié », appartenait également, comme je l'ai déjà dit, au Bani-Hachem, l'un des clans koreïchites les moins favorisés par la fortune. La *sîra* (Ibn Sa'ad notamment) s'arrête longuement sur le *nassab* prophétique, la généalogie, si importante pour les Arabes, qu'il fait remonter jusqu'à

Ismaël, fils d'Ibrahim (Abraham) et de son esclave égyptienne, Hagar, chassée par Sara, épouse d'Ibrahim et mère des Hébreux (*Genèse*, XVI). Les Hashémites jouissaient pourtant de la considération générale du fait qu'ils exerçaient l'importante fonction de la *sadâna*, la garde de la Ka'aba. Leur infériorisation sociale n'en apparaissait que plus sensible dans un milieu où l'argent était roi, cet argent qui coulait entre les mains des Bani Makhzoûm et des Omeyyades, maîtres effectifs du pouvoir politique et dont l'un des membres, Mouawiya b. Abou-Soufiâne, sera plus tard à Damas le fondateur de la glorieuse dynastie portant son nom clanique.

Le grand-père de Muhammad, Abdul'-Mottaleb, avait eu dix fils parmi lesquels se distingueront al-Abbâs, ancêtre des non moins glorieux Abbassides de Bagdad, Abou-Taleb, père d'Ali, futur gendre du Prophète et quatrième calife, Hamza, qui tombera sur le champ de bataille d'Ohod, et, moins heureusement, Abou-Lahab, qui détestait son neveu dont il sera l'un des plus violents détracteurs jusqu'à sa mort.

Le père de Muhammad, Abdallah, mourut avant la naissance de son fils. La *sîra* (Ibn Hichâm et Ibn Sa'ad notamment) raconte à ce propos qu'Abou-Taleb, son père, avait fait le vœu d'immoler à Allah, seigneur de la Ka'aba – survivance sans doute des sacrifices humains en l'honneur des dieux, si répandus dans toute l'Antiquité –, l'un de ses garçons au cas où il le gratifierait de dix fils, tant le nombre des descendants mâles constituait un attribut du prestige social. Ce dixième fils ayant vu le jour, Abou-Taleb réunit sa progéniture masculine et, d'accord avec elle, s'en remit au tirage au sort pour désigner la victime. Ce fut Abdallah sur qui le sort tomba. Mais au dernier moment, sur intervention des Koreïchites et grâce à un subterfuge imaginé par une *kâhina* (devineresse), l'on parvint à substituer à

Abdallah, pour la sinistre circonstance, un lot de cent chameaux.

Abdallah épousera Amina b. Wahb, du clan des Bani-Zohra. Elle était apparentée aux Ben Adi b. an-Nadjâr de Yathrib, la future Médine, d'où la brutale revendication qui sera formulée plus tard par les *Ansar*, partisans médinois, d'un Muhammad membre à part entière de leur(s) clan(s) par les liens du sang, toujours si complexes, des généalogies arabes.

Bien des récits fabuleux accompagneront l'apparition de l'enfant et sa progression. C'est ainsi que, d'après Ibn Hichâm, alors qu'Abdallah venait de mourir le jour même où naissait son fils Muhammad, un juif de Yathrib, saisi par la voyance, se serait exclamé, rempli d'épouvante : « O juifs ! Cette nuit même est apparue l'étoile sous laquelle est né Ahmad ! », autre nom de Muhammad. Une autre version, due à Ibn Sa'ad, place l'incident en Syrie, à l'âge où le futur Prophète commençait à voyager. Un juif de la région, apprenant le passage d'un jeune homme du nom d'Ahmad, au dos duquel était visible la tache (*shâmat*) distinctive du don prophétique, perdit, de désespoir, toute connaissance et, quand il revint à lui-même, il se mit à hurler avec douleur : « La prophétie a échappé des mains juives... Les Arabes ont triomphé et l'ont obtenue ! Etes-vous contents, ô gens de Koreïch ? Par Allah, il va nous dominer et son nom régnera d'Orient en Occident ! » Le plus intéressant, dans ce type de récits, c'est de voir comment, sous les couches sédimentaires, gisent des informations révélatrices d'une disposition d'esprit : plus tard, en effet, une fois installé à Médine, c'est avec les juifs que Muhammad aura les plus vifs débats et c'est aussi avec eux qu'il devra régler ses premiers comptes, parfois dans le sang. Un autre de ces signes concerne cette fois les chrétiens d'Abyssinie, – souvenir peut-être de l'impression déplorable laissée chez eux par « l'Année de l'Eléphant ». Pressentant les périls que l'enfant nouveau-né allait faire courir à leur religion, en la supplantant par l'Islam, ils auraient en vain conçu le projet de l'enlever. Enfin, autre récit, proprement miraculeux, évoqué par la *sîra* et lié à la notion de purification, essentielle pour l'Islam, récit qui semble vouloir expliciter le verset 1 de la sourate XCIV où Dieu s'adresse à son Prophète pour lui demander « N'avons-nous pas ouvert ton cœur ? » : « Alors qu'il faisait paître ses brebis, car nul prophète qui n'ait été berger – raconte Ibn Sa'ad –, deux hommes dont les vêtements étaient d'une blancheur éclatante, des anges certes aux yeux des pieux croyants, s'approchèrent de l'enfant et lui fendirent la poitrine pour en retirer quelque chose d'inconnu, – le penchant au mal sans doute. Plus tard, le voyant troublé, sa nourrice Amina, et son brave homme de mari, lui demandent : "O Muhammad, que t'est-il arrivé ?" Il répondit : "Deux hommes, avec un bassin et une cuvette d'or, sont venus, m'ont ouvert le ventre, ont pris tous mes intestins et les ont lavés dans ce bassin, puis ils me les ont remis dans le corps, en disant : 'Tu es né pur, maintenant tu es plus pur.' Ensuite l'un d'eux a plongé sa main dans mon corps, en a arraché le cœur, l'a ouvert par le milieu et en a enlevé le sang noir, disant : 'C'est la part de Satan, qui est dans tous les hommes ; mais je l'ai enlevée de ton sein. Ensuite, il m'a remis le cœur à sa place'." » Effrayés, la nourrice et son mari, décident de rendre le petit à sa mère.

Amina meurt à son tour, alors que Muhammad n'a que six ans. C'est donc le grand-père, Abdul-Mottaleb, qui prend en charge l'enfant deux fois orphelin, lequel vient ainsi s'adjoindre, parmi des dizaines de fils et petits-fils, à la grande famille patriarcale. Abdul-Mottaleb a une prédilection pour ce petit-fils dont il pressent peut-être la singularité. Mais lui-même meurt bientôt, en recommandant l'enfant à son fils Abou-Taleb, frère germain d'Abdallah. De ces années-là, où il est si ballotté d'une famille l'autre, et où, simultanément, il voit éclater partout autour de lui le pouvoir de l'or et de l'orgueil, le petit Muhammad restera marqué toute sa vie. Le Coran conserve la trace de son désarroi d'alors et, aussi, de sa sorte d'apaisement au vu de la générosité divine :

Ne t'a-t-il pas [Dieu] *trouvé orphelin et il t'a procuré un refuge*

Il t'a trouvé errant et il t'a guidé

Il t'a trouvé pauvre et il t'a enrichi

Quant à l'orphelin ne le brime pas

Quant au mendiant, ne le repousse pas

Quant aux bienfaits de ton Seigneur, raconte-les.

(XCIII, 6-11.)

Bientôt il voyagera. Avec son oncle, il visitera, au rythme des caravanes qu'ils accompagnaient l'un et l'autre, à travers tous les arides et splendides déserts de l'Arabie, le pays de Châm (la Syrie), et probablement le Yémen, peut-être même l'Egypte et la Mésopotamie. C'est au cours de ces déplacements qu'il semble avoir rencontré des moines, vivant en ermites ou en groupes dans les monastères de la steppe syrienne. La *sîra* évoque deux d'entre eux : Bahira, transformé par la légende en figure tutélaire à force d'être rappelée à l'ombre des commencements muhammadiens, et Nestor, « hérésiarque » nestorien comme son nom l'indique. D'autres chrétiens ont sans doute traversé les premières routes prophétiques : l'un d'entre eux n'a-t-il pas repéré, lui aussi, entre les épaules de l'adolescent, le « sceau de la Prophétie » ?

Muhammad, grandissant en âge et en sagesse, selon la formule consacrée, était connu, à La Mecque, pour sa droiture et sa loyauté qui allaient bientôt lui valoir de la part des Koreïchites le surnom d'*al-Amine*, « l'homme à qui on peut faire confiance ». Souvent, on s'en remettait à son arbitrage. C'est ainsi qu'un jour eut lieu un différend au sujet de la manière de poser la « Pierre noire » sur son socle. En effet, la Ka'aba tombant en ruine, les Koreïchites avaient décidé de la reconstruire. Le travail achevé, le problème surgit de savoir quel clan allait avoir l'insigne honneur de placer le bétyle au centre du Temple. Suivant le conseil d'un vieillard, les personnes présentes décidèrent de s'en remettre à la décision du premier survenant. Ce fut Muhammad, qui va donner ici pour la première fois la preuve de son étonnant savoir-faire : il demanda aux différents clans, nous dit-on, de lui confier un vaste manteau, posa la Pierre au milieu, et assigna à chaque famille le soin de tenir un bord du manteau et, à toutes, de soulever la Pierre ensemble. Celle-ci arrivée à la bonne hauteur, Muhammad s'en saisit et la posa lui-même à son exacte place (Ibn Hichâm).

D'autres traits de cette « honnêteté » profonde sont cités dans la *sîra*, alliés à des qualités d'urbanité qui attirèrent bientôt sur lui l'attention de la riche veuve et femme d'affaires dont il était l'employé : Khadidja. Elle était alors âgée d'une quarantaine d'années tandis que Muhammad n'en avait que vingt-cinq. Malgré la différence d'âges, ils se marièrent et ce fut une liaison heureuse qui dura jusqu'à la mort de Khadidja. Elle lui donna sept enfants dont ne survécurent que ses trois filles : Zeynab, épouse d'al-Kassem b. al-Rabi', qui combattra à la célèbre bataille de Badr contre son beau-père et sera fait prisonnier, Rouqayya, épouse de Osmâne b. Affâne, le futur troisième calife, et Fatima, épouse d'Ali, cousin du Prophète, qui succédera à Osmâne. Le garçon premier-né et mort en bas âge portait le nom d'al-Kassem, d'où la *kounia* muhammadienne, cette désignation coutumière encore en honneur aujourd'hui, et consistant à appeler le père par référence à son fils : de ce fait, Muhammad deviendra Aboul-Kassem, surnom qu'il gardera toute sa vie.

Les activités commerciales de Muhammad – il était le fondé de pouvoirs de Khadidja –, ainsi que ses voyages, le mettaient en contact avec beaucoup de monde, dont des juifs et des chrétiens de toute condition avec qui il échangeait, outre les marchandises, des idées et des opinions, écoutant leurs récits relatifs aux prophètes de leur tradition, et restant attentif aux polémiques surgies au sein d'une même famille spirituelle ou d'une famille à l'autre. Episodes bibliques et messianiques transmis par les gens de l'Ecriture ne pouvaient manquer de l'intéresser, de le préoccuper, de l'impressionner. Ainsi, avant même la « descente » du Coran, l'homme si jeune encore, et dont l'intelligence était vive, connaissait l'existence de la *Tawrât*, la *Thora* du Pentateuque, et celle de l'*Indjîl*, l'évangile, transmis dans ses versions les plus diverses. A-t-il entendu prêcher au souk d'Oukaz le religieux chrétien Qoss b. Sa'ida dont l'éloquence était connue et qui fascinait son auditoire ? C'est possible. En tout cas, Muhammad, dont la conscience était illuminée de grands récits et le subconscient lourd d'intuitions suspendues, était prêt pour la Révélation.

L'homme quittait périodiquement son foyer pour se retirer, loin des siens, vers une âpre colline où il se livrait à des retraites prolongées dans la grotte de Hira', loin des affreuses idoles de La Mecque. C'est là qu'il méditait pendant des jours et des nuits dans la solitude la plus totale. Puis, la nuit du 27 du mois de Ramadân...

Tout à coup, dans la grande solitude nocturne, sous les astres brûlant froid de l'Arabie, Muhammad entend une voix qui lui ordonne : « Lis ! » Il ne sait pas lire. La voix reprend :

Lis au Nom de ton Seigneur qui a créé !
Il a créé l'homme d'un caillot de sang.
Lis !...
Car ton Seigneur est le Très-Généreux
qui a instruit l'homme au moyen du calame,
et lui a enseigné ce qu'il ignorait.

Cette sourate, dont nous citons là le début (1-5), en forme de précipice, sera plus tard intitulée « le Caillot de sang » et elle aura dans le Coran à venir le numéro XCVI. Frappé de terreur, Muhammad court, d'après la tradition, se réfugier auprès de sa femme qui le réconforte et l'apaise. Elle consulte cependant son cousin le *hanîf* Waraqa b. Naufal qui « devenu chrétien – rapporte Ibn Ishâq – avait lu les livres et écouté les gens de la Thora et de l'Evangile ». Waraqa ne s'en émut guère, nous assure-t-on. Dans l'atmosphère de l'époque, baignée par tous les écrits testimoniaux, il lui sembla simplement que Dieu s'exprimait une nouvelle fois, et il se contenta de dire : « *Koddoûs, Koddoûs !* (saint, saint !). Par celui qui tient en sa main la vie de Waraqa, crois-m'en, ô Khadidja, je témoigne que c'est bien le *Namoûs* suprême (le *Logos*, le Verbe) qui lui est venu, le même qui a visité *Moussa* (Moïse). Il est assurément le Prophète destiné à cette *umma*. » Cette *umma*, c'était la communauté arabe vers laquelle Dieu, cette fois, tournait son regard. Le message porté par l'ange Djibrîl, Gabriel (car c'est lui, le messager divin, apprendra-t-on plus tard), le confirme : Dieu enseigne par le *calame*, la « plume », instrument par excellence de l'Ecriture sacrée.

Et c'est par ce calame qu'il va communiquer sa volonté, comme cela fut le cas auparavant pour *Moussa*, déjà cité, et *Issa* (Jésus). Gabriel est la « Force de Dieu », comme son nom l'indique. Il est, avec Mikhaël (« Qui ressemble à Dieu ? »), l'un des deux seuls anges nommés par la Bible, et, s'agissant des Envoyés directs d'Allah, par le Coran. La *sîra* raconte qu'après la visite de Khadidja, Waraqa rencontra quelque temps plus tard Muhammad au pied de la Ka'aba et lui dit : « Tu es le Prophète de cette *umma* et le *Namoûs* suprême qui a été donné à Moussa t'a été donné. Assurément, tu démentiras celui-ci, tu lui causeras du mal, tu l'expulseras... » Ainsi, à travers ce propos de la Tradition, trois faits sont soulignés : l'*arabité* originelle de la mission muhammadienne, la sympathie et la compréhension réciproque existant entre le christianisme et l'Islam – puisque Waraqa est chrétien – et, parce que la figure de Moïse, si vénérée par ailleurs dans le Coran, est ici, symboliquement, l'objet d'un désaveu, les difficultés qu'aura à affronter dix ans plus tard Muhammad avec les juifs.

Il a maintenant quarante ans. Durant un ou deux ans, la Révélation se tait. La secousse initiale ressentie par lui semble même oubliée, oublié l'ange. Il continue pourtant de se rendre à la haute grotte de Hira' : il y prie, il y médite, il est sans doute saisi de moments d'extase. Puis soudain, c'est de nouveau la voix :

O toi qui es revêtu d'un manteau !
Lève-toi et avertis !
Glorifie ton Seigneur !
Purifie tes vêtements !
Fuis l'abomination !
Ne donne pas en espérant recevoir davantage.
Sois patient envers ton Seigneur !

(LXXIV, 1-7.)

Au début, cependant, la prédication ne dépasse pas un cercle très étroit de disciples. Le noyau primitif se compose de Khadidja, du jeune Ali b. Abou-Taleb, le cousin bien-aimé qui, avec la fougue de l'adolescence, se déclare croyant, d'Abou-Bakr b. Kahâfa, commerçant enrichi qui se laisse très vite persuader de la véracité de la mission muhammadienne et qui ne se départira jamais d'une fidélité indéfectible à l'égard de Muhammad, obtenant de la sorte le beau surnom d'*al-Siddîq*, le « véridique ». Les réunions sont discrètes et se tiennent dans les faubourgs éloignés de la ville. Les premiers croyants, éblouis, écoutent le Maître leur lire les *ayât* inspirées. Ensuite, se mettant en rang derrière le Prophète, ils prient en répétant ses paroles et en imitant ses gestes.

Un épisode rapporté par la *sîra* mérite ici d'être rapporté dans toute sa verdeur. Craignant, à un moment donné, comme Muhammad lui-même, que l'être surnaturel que celui-ci apercevait au cours de ses visions ne fût point l'ange Gabriel, mais quelque figure djinnique ou diabolique, Khadidja eut recours à un stratagème. Comme l'apparition ne disparaissait pas quand elle était aux côtés de son mari, elle demanda une fois à celui-ci de plonger sa tête dans son giron et, brusquement, elle souleva l'étoffe : la vision brusquement s'évanouit. « C'est effectivement Gabriel, commenta-t-elle. Car pour préserver ma pudeur, il s'est effacé » (Ibn Hichâm).

Bientôt, un personnage considérable va entrer dans la petite assemblée : al-Arkâm, du clan des Makhzoumites, clan influent. Les réunions vont se tenir dorénavant dans sa demeure, proche de l'enceinte de la Ka'aba. Aussitôt, les conversions se mettent à affluer, de la part des humbles surtout : artisans, pauvres étrangers, esclaves, rebuts de toute nature, auxquels la neuve Parole apportait la promesse d'un monde meilleur. Bientôt, les commandements coraniques en faveur des déshérités

La Mecque ou le combat à mains nues

vont devenir de plus en plus pressants, faisant obligation aux plus riches, au-delà de leurs mimiques hypocrites, de faire preuve de véritable compassion, s'ils veulent échapper à la colère divine.

Vois-tu celui qui traite de mensonge le Jugement
C'est lui qui repousse l'orphelin
et qui n'encourage personne à nourrir le pauvre.

Malheur à ceux qui prient
tout en étant négligents dans leurs prières :
ils sont remplis d'ostentation
et ils se refusent à procurer aux hommes
le nécessaire.

(CVII, 1-7.)

Un idéal de justice sociale se profile, formulé par des versets magnifiquement eschatologiques et sombrement apocalyptiques :

Lorsque le soleil sera décroché
et les étoiles obscurcies ;
lorsque les montagnes se mettront en marche ;
lorsque les chamelles près de mettre bas
seront négligées ;
lorsque les bêtes sauvages seront rassemblées ;
lorsque les mers seront en ébullition ;
lorsque les âmes seront réparties par groupes ;
lorsque l'on demandera à la fille vivante
pour quel crime elle a été tuée ;
lorsque les pages des livres seront déployées ;
lorsque le ciel sera déplacé ;
lorsque la Fournaise sera attisée
et le Paradis rapproché :
toute âme saura ce qu'elle devra présenter.

Non !
Je jure par les planètes
qui glissent et qui passent ;
par la nuit quand elle s'étend ;
par l'aube quand elle exhale son souffle :
ceci est la parole d'un noble Messager

*doué de force
auprès du Maître du Trône inébranlable
obéi autant que fidèle !*

(LXXXI, 1-21.)

A cette date, Muhammad est plein de ses entretiens avec les *kitabiyoûn*, les Gens du Livre, les scripturaires : le Coran a toujours exalté – dans le cadre d'une civilisation qui jusqu'ici était purement orale – la valeur inégalable de l'écrit. En cette première étape de la Révélation, ni l'idée d'un pouvoir politique, ni l'ambition de former une entité à vocation étatique, la *umma*, n'ont encore effleuré l'esprit de Muhammad. Ce qu'il veut, c'est – tout en se conformant à la coutume des ancêtres et en accomplissant régulièrement les circonvolutions autour de la Ka'aba – restituer à celle-ci son caractère de *Beït al-Rabb*, « la maison du Seigneur ».

La *sîra* signale l'arrivée, à cette époque, d'une députation de vingt chrétiens originaires d'Abyssnie venus visiter La Mecque en dépit des mauvais souvenirs laissés, de part et d'autre, par « l'Année de l'Eléphant ». Elle fut accueillie avec égards et bienveillance, et elle rencontra, parmi d'autres, « l'Avertisseur » qui l'impressionna beaucoup, semble-t-il. Lecture fut faite de quelques sourates du Coran, notamment de la sourate XIX, consacrée à Marie (*Maryam*) : elle tira des larmes aux auditeurs. Et, malgré les efforts déployés par l'ennemi déclaré de l'Islam qu'était Abou-Djahl (« Le Père de l'Ignorance », comme le surnommeront ironiquement les musulmans) pour persuader ses hôtes abyssins du peu de crédit à accorder aux propos de Muhammad, présenté par lui comme un irresponsable, ceux-ci auraient certifié que les Evangiles prédisaient déjà la venue de cet ultime prophète. Une *âya* fait écho, selon Ibn Ishâq, à cette assertion, fustigeant l'incrédulité des gens de La Mecque face à la « soumission » hautement proclamée des étrangers :

La Mecque ou le combat à mains nues

Ceux auxquels nous avions donné le Livre avant lui,
croyant en celui-ci ;
Ils disent, quand on le leur lit :
« Nous croyons en lui ;
il est la Vérité émanant de notre Seigneur ;
nous étions déjà soumis avant sa venue. »

(XXVIII, 52-53.)

Le terme « soumis », dans ce verset, est la traduction de l'arabe *mouslimoûn* : il désigne tous les vrais croyants, au-delà de la spécificité de leur credo. Ces croyants constituent, pour l'inspiration coranique, le peuple sans frontière des « soumis à Dieu ». Ainsi, l'intrusion abyssine a-t-elle renforcé chez un Muhammad, tout bruissant encore de grands récits théologiques, la conviction que c'est auprès des chrétiens qu'il trouvera son meilleur soutien. Et cela aura une influence certaine sur bien de ses comportements à venir.

Quel peut être l'état d'esprit de Muhammad en cette période de sa vie ? Il observe, non sans étonnement, ni non plus sans une forme d'exaltant désespoir que, de toutes les régions de l'Arabie, La Mecque prolongée par son arrière-pays forme la seule région importante à n'avoir pas encore accueilli de « Messager d'Allah ». Il ne s'agit pas pour lui à ce moment-là, du moins pas encore, de s'adresser aux hommes du monde entier, ni même sans doute à tous les Arabes : la Révélation le conduit par la main pas à pas, en ouvrant devant lui des espaces de plus en plus vastes. Pour l'instant, il n'est concerné que par les agglomérations de la région du Hidjâz avec, à leur tête, « la mère des Cités ». Il a la conscience, une conscience chaque jour plus aiguë, d'être l'Envoyé d'Allah pour avertir la ville impie du châtiment qui l'attend si elle persiste dans son idolâtrie car Dieu ne châtie pas un peuple sans l'avoir préalablement « averti ». Muhammad est encore purement

« Mecquois » : il parle le même dialecte que ceux de la ville et vénère leur temple comme un centre spirituel. Pour étayer, en milieu mecquois, la prédication muhammadienne, le Coran n'hésite pas ici ou là à se référer aux *ahl-al Dhikr*, « les Hommes du Souvenir », les Anciens en quelque sorte, dont il évoque l'autorité : « Interrogez les Hommes du Souvenir si vous l'ignorez vous-même » (XVI, 43). Le Livre saint le présente même, dans bien des sourates – LXXXVIII, 21, et autres – comme un *Modhakkir* (un « Homme du Rappel », un « Commémorateur »). C'est dans cette perspective que s'inscrivent, tels qu'ils circulent dans les traditions locales propres aux Arabes, les récits bibliques concernant Moïse et le Pharaon, Loth et Sodome, Salomon et la Reine de Saba, Noé et le Déluge et, plus tard, quand la Révélation s'arrimera fortement au grand courant des fils d'Abraham, c'est par le biais remémoratif que se produira l'inscription d'Abraham au lieu archétypal de la conscience collective.

Les Mecquois, d'abord indifférents, ne réagirent – violemment – que lorsque Muhammad eut l'audace, en ces premières années de sa prédication, de s'attaquer aux divinités de la Ka'aba. Ce fut là le tournant décisif. Muhammad déclencha brusquement une campagne contre le régime établi, qui équivalait à une véritable déclaration de guerre. Riposte mecquoise quasi instantanée : un mystérieux groupe de conjurés, non identifiés, mit en pièces les sourates connues du Coran. La sourate XV se souvient du fait, et menace :

Nous avions fait descendre ainsi le châtiment
sur les conjurés
qui ont mis le Coran en pièces.

Par ton Seigneur !
Nous les interrogerons tous
Sur ce qu'ils faisaient.

*Proclame ce qui t'est ordonné
et détourne-toi des polythéistes.*

*Nous te suffisons, face aux railleurs
qui placent une autre divinité à côté de Dieu.
Ils sauront bientôt !*

(90-96.)

Le plus étonnant, c'est que les persécutions, qui n'en sont encore qu'à leur début, loin d'écarter les croyants de Muhammad, les renforcent au contraire dans leur détermination et amènent à l'Islam des recrues de plus en plus nombreuses. Les Koreïchites, qui sentent venir le danger, se contentent de distribuer par-ci par-là quolibets, injures et bastonnades, ce qui a pour effet immédiat de déclencher, en faveur de Muhammad, les mécanismes de la solidarité clanique. Désormais, la plupart des Hashémites, avec Abou-Taleb à leur tête, se tiennent derrière « l'Avertisseur », lui assurant un appui inconditionnel, encore qu'Abou-Taleb, qui nourrissait une affection particulière pour son neveu, persistât jusqu'à son dernier soupir dans son refus de renier les dieux. Etonnant paradoxe : le sentiment de la race et le devoir corollaire de protection du clan l'emportent, chez les Hashémites et notamment chez Abou-Taleb, sur tout le reste, ce reste-là fût-il essentiel. Les Koreïchites ont beau lui dire, d'après Ibn Hichâm : « O Abou-Taleb ! Le fils de ton frère a outragé nos idoles, blasphémé notre religion, ridiculisé nos idéaux, désavoué nos pères. Tu dois l'empêcher de nous nuire, ou cesser de t'interposer entre nous et lui », le vieux chef reste inébranlable et finit, en accord avec la tolérance proverbiale de la cité, par opposer une fin de non-recevoir aux ennemis de son neveu.

La colère des Koreïchites va monter de plus en plus, excitée par des ralliements spectaculaires à la cause de Muhammad dont celui de Hamza b. Abdul-Mottaleb, personnage socialement important et qui, de plus, était son oncle. Bientôt, des cas de tortures de musulmans seront signalés. La *sîra* rappelle volontiers l'histoire du noir Bilâl, esclave islamisé d'un riche marchand qui lui fit subir les pires souffrances physiques. Abou-Bakr parvint à l'acheter et à l'affranchir : il sera le fameux premier *muezzin* du Prophète et de l'Islam. Toutefois Muhammad et ceux des siens qui jouissaient de la protection de leur clan durent, à un moment donné, accepter cette évidence : seuls eux avaient encore droit de cité à La Mecque –, mais pour combien de temps encore ? Les autres musulmans qui ne bénéficiaient pas du même privilège devaient fuir.

Où fuir ? La *sîra* nous relate les circonstances du choix qui fut fait finalement de l'Abyssinie. Ecoutons Ibn Hichâm, repris par Tabarî : « Quand le Messager d'Allah eut considéré les maux qui frappaient ses compagnons, alors que lui-même demeurait en sérénité, grâce à la protection d'Allah et à celle de son oncle Abou-Taleb et que, par la suite, il se sentit impuissant à les défendre, il leur dit : "Si vous gagnez le pays des Abyssins, vous y trouverez un roi chez qui nul n'est opprimé : c'est une terre de vérité. Vous y resterez jusqu'au jour où Allah vous accordera le salut." »

Les *Mouhadjiroûn*, à savoir les « émigrés » – quatre-vingt-trois hommes, plus les femmes – sortirent subrepticement de La Mecque, par groupes successifs, et traversèrent comme ils purent la mer Rouge. Le premier à suivre le conseil muhammadien fut le gendre de l'Envoyé d'Allah, Osmâne b. Affâne, le futur calife. L'épisode de ce départ collectif est d'importance : c'est la *Hidjra al-Oûla*, la Première Hégire. Mais c'est aussi le premier contact de l'Islam avec un Etat étranger, chrétien de surcroît, dont l'armée avait, cinquante ans auparavant, tenté de s'emparer de La Mecque. Les Koreïchites ne se montreront pas indifférents à cette émigration massive :

La Mecque ou le combat à mains nues 107

ils se seraient même mis à la poursuite des fuyards alors que ceux-ci avaient déjà rejoint la haute mer. Cela explique que, quelque temps après, ils décideront d'envoyer une ambassade auprès du Négus – *al Nadjachî* – pour tenter de les récupérer.

Le choix de l'Abyssinie, pays chrétien, par Muhammad marque la prédilection qu'avait celui-ci pour les fidèles de *Issa b'nou Maryam* (Jésus, fils de Marie). La *sîra* exalte l'hospitalité et l'asile que le Négus accorda aux musulmans au risque de mécontenter ses puissants voisins et de troubler les excellentes relations commerciales qu'il entretenait avec eux. Cependant, deux Koreïchites de marque, munis de riches présents, Abdullah b. Rabi'a et Amrou b'al-Aç, le futur conquérant de l'Egypte, furent délégués par La Mecque auprès du souverain abyssin : ils eurent beau plaider et discourir pour obtenir l'extradition des émigrants, tout ce que leur accorda le Négus, en fin de compte, ce fut l'instauration d'un débat contradictoire, dont la *sîra* nous donne la description détaillée. L'argument des ambassadeurs mecquois est que les *Mouhadjiroûn* ont abandonné la foi de leurs pères pour une religion factice « que nous ne connaissons pas et que vous ne connaissez pas ». Le Négus, « assisté des évêques, portant les Evangiles », précise Ibn Ishâq, invita les musulmans à prendre la parole. Voici, rapporté par Ibn Hichâm, le propos que tint Dja'far b. Abou-Taleb : « O Roi, s'écria-t-il, nous formions une peuplade plongée dans l'ignorance, adorant les idoles, nous nourrissant de charognes, nous vautrant dans la luxure, sans nulle attention aux liens de parenté, ni à ceux du voisinage, le fort s'engraissant aux dépens du faible. Nous croupissions dans cet état jusqu'au jour où Allah nous a envoyé son Apôtre, qu'il a choisi parmi les nôtres, et dont nous connaissions les ancêtres. Nous le connaissions déjà depuis longtemps comme un homme véridique, fidèle et pur. Il nous a appelés à Allah, pour attester sa divinité unique et l'adorer, rejeter les idoles et les bétyles que nous vénérions à l'imitation de nos pères. Il nous a commandé de dire toujours la vérité, de tenir nos engagements, de secourir nos parents, d'aider nos voisins, de fuir à jamais la voie du péché, de nous abstenir de toute effusion de sang. Il nous a formellement interdit de nous livrer à la débauche, de proférer un faux témoignage, de dépouiller l'orphelin de son avoir, d'attenter à l'honneur des femmes. Il nous a commandé de n'adorer qu'Allah, et lui seul, de ne lui associer aucune autre divinité, de prier, de distribuer l'aumône, de pratiquer le jeûne. Nous avons cru en lui ; nous avons obéi aux prescriptions qu'Allah a révélées par sa bouche... Et nous nous sommes interdit ce qu'il nous a interdit. Notre peuple nous opprime, nous persécute, nous oblige à renoncer à notre religion, à cesser d'adorer Allah pour revenir au culte des idoles... C'est alors que nous sommes venus rechercher un asile dans ton royaume, que nous t'avons préféré à tout autre, que nous avons sollicité ta protection, dans l'espoir, ô Roi, que chez toi nous ne serons pas opprimés... » Et Dja'far se mit à psalmodier avec ferveur les versets de la sourate *Maryam* :

[...] Mentionne Marie, dans le Livre.
Elle quitta sa famille
et se retira en un lieu vers l'orient.
Elle plaça un voile entre elle et les siens.

Nous lui avons envoyé notre Esprit :
il se présenta devant elle
sous la forme d'un homme parfait.

Elle dit :
« Je cherche une protection contre toi,
auprès du Miséricordieux ;
si toutefois tu crains Dieu ! »

La Mecque ou le combat à mains nues

Il dit :
« Je ne suis que l'envoyé de ton Seigneur
pour te donner un garçon pur. »

Elle dit :
« Comment aurais-je un garçon ?
Aucun mortel ne m'a jamais touchée
et je ne suis pas une prostituée. »

Il dit :
« C'est ainsi :
Ton Seigneur a dit :
« Cela m'est facile. »

Nous ferons de lui
un Signe pour les hommes ;
une miséricorde venue de nous.
Le décret est irrévocable

Elle devint enceinte de l'enfant
puis elle se retira dans un lieu éloigné.

(XIX, 16-22.)

Le Négus, nous dit Ibn Hichâm, fondit en larmes : « Ce que je viens d'entendre – dit-il –, et ce que le Christ nous a enseigné, coule de la même source. Allez en paix ! Je ne vous livrerai pas. » Ibn Hichâm ajoute même que le Négus, à cette occasion, aurait embrassé l'Islam. Du moins, c'est cela que Muhammad aurait cru par la suite.

Pendant que se déroulaient ces événements en Abyssinie, un autre événement, extraordinaire, vint à se produire à La Mecque : Omar, le prestigieux Omar b. al-Khattab, du grand clan des Makhzoumites, touché par une grâce aussi soudaine que définitive, avait embrassé l'Islam. Ce « saint Paul de l'Islam », comme l'appelle Renan, était une âme pleine de passion et d'intransigeance. Le départ pour l'Abyssinie des *Mouhadjiroûn*, parmi lesquels il comptait des amis, l'avait affecté. Un jour, ayant entendu que Muhammad, auteur de tous ces maux, tenait une réunion clandestine dans un des faubourgs de la ville, à Safa plus précisément, où s'était regroupé le dernier carré de musulmans, dont Abou-Bakr et Hamza b. Abdul-Mottaleb, il prend son sabre et, au comble de la fureur, décide d'aller mettre fin à la carrière et, du même coup, à la vie du perturbateur. « Où cours-tu ainsi, ô Omar ? lui demande un de ses amis qu'il croise en cours de route. – Je cherche Muhammad, ce sabéen », répond Omar, révélant ainsi la confusion que faisaient beaucoup en ces premiers temps de la Révélation entre la prédication musulmane et les conceptions religieuses de certaines minorités présentes à La Mecque. Et il ajoute : « Je veux tuer celui qui a brisé l'unité de Koreïch, ravalé ses croyances, dénaturé sa religion et blasphémé ses dieux ! – Tu ferais mieux d'aller voir ce que font les membres de ta famille, lui dit son interlocuteur. – Qui sont ces membres de ma famille ? demande Omar, au plus haut point du courroux. – Ton cousin et frère de circoncision, Saïd b. Zayd, et sa femme, ta propre sœur, Fatima b. al-Khattab. » Omar s'élance vers la demeure de sa sœur. « Il y avait là outre Fatima – raconte Ibn Ishâq – un pauvre homme de Zuhra, du nom de Khabbab, qui venait souvent réciter le Coran aux deux époux : il se trouvait avec eux à ce moment-là, ayant apporté quelques pages sur lesquelles était transcrite la sourate *Tâ-Hâ* (XX) qui venait juste d'être révélée et que tous trois lisaient ensemble. Lorsqu'ils entendirent la voix d'Omar qui, en avançant vers la maison, prononçait avec colère le nom de sa sœur, Khabbab se cacha dans un coin et Fatima prit le manuscrit qu'elle enfouit sous sa robe. "Qu'étiez-vous donc en train de lire ?" demanda Omar. Ils tentèrent de le persuader qu'il avait été l'objet d'une illusion auditive. "J'ai parfaitement entendu, dit-il, et l'on m'a certifié que vous êtes devenus tous les deux des disciples de Muhammad." Et le voici malmenant son beau-frère et sa sœur, qui se mit à saigner : "Oui – déclarèrent-ils tous deux avec détermination –, nous sommes désormais musulmans et nous croyons en Dieu et en son Envoyé. Fais donc de nous ce qu'il te plaira." Voyant le sang couler, Omar fut pris de remords : "Donnez-moi donc le texte que je vous ai entendu lire afin que je voie ce que Muhammad vous a apporté." Comme eux, Omar était de ceux, rares, qui savaient lire. "J'ai peur de te le remettre", lui dit sa sœur. "Ne crains rien", dit-il en déposant son arme à terre et en jurant ses dieux qu'il rendrait le manuscrit après l'avoir lu. S'étant lavé et purifié, à la demande de Fatima, il se mit donc à lire et ce qu'il lisait le bouleversait : "Quelle beauté, s'écria-t-il, quelle grandeur dans ces paroles !" Khabbab, sorti de sa cachette, lui dit alors : "Omar, j'ai l'espoir que Dieu t'a choisi par la grâce de la prière de son Prophète, qui, pas plus tard qu'hier, a prié pour ta conversion !" "Où se trouve en ce moment Muhammad ? – demanda soudain Omar –, car je veux aller le trouver et entrer en Islam." On lui indiqua la maison d'Arkam, près de la porte de Safa. Omar s'y rendit aussitôt. Avertis par l'un des leurs, les musulmans attendaient avec angoisse sa visite, mais ils furent frappés par le calme de sa voix. – "Qu'est-ce qui t'amène ici, ô fils de Khattab ? lui demanda Muhammad. Je n'imagine guère que tu puisses revenir sur tes pas tant que Dieu ne t'aura pas envoyé quelque calamité." "O Envoyé d'Allah, dit humblement Omar, je suis venu à toi pour déclarer ma foi en Dieu, en son Envoyé et en cela que celui-ci a apporté de la part de Dieu." "*Allahou akbar* [Dieu est le plus grand !]", s'écria le Prophète d'une voix telle que tous ceux qui se trouvaient dans la maison surent qu'Omar était entré en Islam, et tous s'en réjouirent. » Ce *Allahou akbar* deviendra par la suite, avec le *La Ilaha illa'Llah*, le cri de ralliement de tout l'Islam.

Il n'était pas question pour Omar, étant donné son

caractère, de garder son islam secret. Aussitôt connue, la conversion du redoutable Makhzoumite causa une sensation énorme, en raison du profond déséquilibre qu'elle provoquait dans le rapport des forces en présence. Plus tard, un *hadîth* d'Abdallah ibn Massoûd, reproduit par Ibn Hichâm, affirmera : « L'islam d'Omar fut une conquête (*fath*), son émigration (avec Muhammad à Médine) une victoire, et son émirat (califat) une miséricorde. » A travers sa personne, l'Islam effectuait une large percée dans le seul clan aristocratique qui pouvait rivaliser avec celui de la maison des Omeyyades, jusqu'ici virulents ennemis de Muhammad. Pourtant, cette conversion, pour importante qu'elle fût, n'allait pas avoir beaucoup d'effet dans l'immédiat sur la multiplication des adhésions. L'Islam était dans l'impasse. Des menaces de mort étaient proférées à l'encontre de « l'Avertisseur », accusé de desservir les intérêts économiques de la ville, liés en grande partie à la fréquentation du Temple de la Ka'aba et de ses dieux, que Muhammad mettait violemment en cause. Or c'est dans ce contexte que va se situer, nous dit-on, un épisode célèbre : celui des « versets sataniques ».

Que s'est-il donc passé ? Les Koreïchites, pour parvenir à obtenir de la part de Muhammad quelque accommodement à l'égard des dieux, lui offrirent toutes les richesses qu'il pouvait convoiter – femmes, argent, protection –, à condition qu'il acceptât que fût rendu alternativement le culte aux idoles nationales, une année durant, par le Prophète et l'ensemble des musulmans, et une autre année à Allah, par l'ensemble des Mecquois. Après tout, les divinités du panthéon arabe ne pouvaient-elles pas jouer « le rôle d'intercesseurs auprès d'Allah » ? Esprit de transaction bien propre à cette cité commerçante qu'est La Mecque. Les pressions de toute nature se faisaient de plus en plus grandes sur Muhammad qui ne cessait

La Mecque ou le combat à mains nues

d'entendre retentir à son oreille le commandement : « Tu n'adoreras qu'Allah... » Mais laissons at-Tabarî, reprenant le récit d'Ibn Ishâq, nous raconter l'affaire : « Lorsque l'Envoyé d'Allah se fut aperçu que son peuple était divisé, à cause de ce qu'Allah lui révélait, il ressentit un grand abattement et il souhaita alors que d'Allah descendît une parole, susceptible de le rapprocher de son peuple qu'il aimait... et qu'en sa faveur fût atténué ce qu'il y avait de violent dans ce qui lui avait été révélé... » C'est dans cet esprit qu'il se serait imaginé un jour, alors qu'il récitait la sourate LIII, qu'une *âya* supplémentaire lui était descendue du ciel :

Par l'étoile lorsqu'elle disparaît !
Votre compagnon n'est pas égaré ;
il n'est pas dans l'erreur ;
il ne parle pas sous l'empire de la passion

(1-3)

....

Avez-vous considéré al-Lat et al'Uzza,
et l'autre, Manat, la troisième

(19-20)

et, ici, le verset tout à fait inattendu :

Ce sont les sublimes déesses
Et leur intercession est certes souhaitée.

L'événement aurait suscité à La Mecque une émotion indescriptible. Koreïch se serait dit disponible pour une négociation et un arrangement. L'éclair d'une « horrible » inspiration, la communauté mecquoise se serait ressoudée. L'unité nationale se serait reconstituée mais, cette fois, autour de Muhammad qui se serait ainsi trouvé investi de pouvoirs sur les croyants et sur les païens en même temps. La nouvelle, stupéfiante, aurait même atteint les *Mouhadjiroûn* d'Abyssinie, qui se seraient apprêtés au retour. Or, très vite, Muhammad se serait repris : non, il ne pratiquera pas alternativement les deux cultes, non, il ne se prosternera pas, lui et les siens, devant les idoles, non, il ne voulait pas d'une religion qui ne fût pas liée au seul Allah. L'*âya* 52 de la sourate XXII lui aurait expliqué plus tard que c'est toujours le sort des prophètes de tomber parfois dans les rets de Satan :

Nous n'avons envoyé avant toi ni prophète, ni apôtre
sans que le Démon intervienne dans ses désirs.
Mais Dieu abroge ce que lance le Démon.
Dieu confirme ensuite ses Versets.
Dieu est celui qui sait, il est sage.

Le Ciel aurait apporté de la sorte une réponse immédiate à ce qui n'aurait été qu'une dérive démoniaque et, du coup, auraient été rejetées durement par Muhammad toutes les propositions lénifiantes de Koreïch. Une sourate de six versets, « les Incrédules », a affirmé, par la suite, définitivement et sans appel :

« O vous, les incrédules !
Je n'adore pas ce que vous adorez ;
vous n'adorez pas ce que j'adore.

Moi, je n'adore pas ce que vous adorez ;
vous, vous n'adorez pas ce que j'adore.

A vous votre religion ;
à moi, ma Religion. »

Aujourd'hui beaucoup de ceux qui se sont penchés sur cet incident de parcours pensent qu'il est loin d'être vérifié et que, de toute façon, il ne tire pas à conséquence. A la suite de l'exégète contemporain Muhammad al-Tâhir Ibn Achoûr [1], ils soulignent la fragilité de la source d'al-Tabari, sans doute intrigué, lui et ses successeurs, par le sens du passage du Coran que je viens

---

1. Muhammad al-Tâhir Ibn Achoûr, *Tafsîr al Tahrîr wa al Tanwîr*, 30 tomes en 15 volumes, MTE, Tunis, 1984.

de citer et qui évoque les interférences provoquées par le Démon dans le discours des prophètes. Comment, dans cette sourate LIII, « L'Etoile », sourate où se seraient glissés les « versets sataniques », les Koreïchites auraient-ils pu accepter sans réagir les versets 19-23 qui, à propos des trois divinités mecquoises, énoncent clairement :

Avez-vous considéré al Lat et al Uzza,
et l'autre, Manat, la troisième
....
Ce ne sont vraiment que des noms
que vous et vos pères leur avez attribués.
Dieu ne leur a accordé aucun pouvoir.

Aussi, pour se venger de l'agression verbale dont leurs divinités étaient l'objet, auraient-ils substitué une « forgerie » inventée de toutes pièces à la version véridique des faits.

Quant à l'hypothèse avancée par Tabarî d'une « tentative » du Prophète de « s'attirer la sympathie » de ses contribules –, elle est en contradiction aussi bien avec le contenu de la sourate qu'avec l'ensemble de son attitude durant sa prédication mecquoise. Reste qu'il n'est pas impossible, étant donné l'atmosphère passionnée qui régnait alors dans la grande bourgade sacrée, que certains aient eu l'impression, au moment où Muhammad prononçait le nom des trois déesses, de l'entendre procéder à une forme d'amalgame qui répondait à leurs propres vœux. Et pourtant – il faut se le murmurer avec beaucoup de prudence –, le trouble d'un instant, « l'instant de la distraction », comme dit l'Islam, est toujours possible...

Quoi qu'il en soit de la véracité de l'épisode, les ponts vont dorénavant être coupés, de par la volonté de Muhammad, avec les Koreïchites. La réaction de ceux-ci sera immédiate et elle sera inédite. Elle consistera dans la mise en quarantaine non pas du seul Muhammad, mais de tout son clan avec lui. Mise en quarantaine effectuée en bonne et due forme et consignée dans une sorte de pacte d'honneur, connu sous le nom de la *sahifa* (le « Texte »). Ibn Ishâq raconte : « Lorsque les Koreïchites se rendirent compte que les compagnons du Messager d'Allah avaient trouvé en Abyssinie où ils s'étaient réfugiés calme et sécurité, et que le *Nadjashi* avait étendu sa protection à ceux qui étaient venus vers lui, qu'Omar avait embrassé l'Islam et qu'il avait, avec Hamza b. Abdul-Mottaleb, pris le parti du Messager d'Allah, et que l'Islam avait commencé à se répandre dans les tribus, alors ils se liguèrent par une convention écrite, en vertu de laquelle ils prirent l'engagement de ne point contracter de mariages avec les Bani Hachem et les Abdul-Mottaleb, ni de passer avec eux d'actes de vente ou d'achat. »

A partir de là, les musulmans reprirent le chemin des abris. Les *Mouhadjiroûn*, revenus d'Abyssinie, se virent obligés d'y retourner précipitamment. La solidarité clanique va nouer à nouveau l'ensemble des Hachémites derrière Muhammad, sauf le cas isolé d'Abou-Lahab b. Abdoul-Mottaleb, oncle du Prophète et lui aussi, comme Abou-Jahl, implacable ennemi de l'Islam. Abou-Lahab, surnom que lui avait donné le Prophète, signifie « le Père des flammes » : le Coran le voue, en effet, lui et sa femme – une « activiste » – à l'Enfer. Il est même l'un des seuls personnages de la geste muhammadienne dont le Livre saint a retenu le nom. Une courte sourate, « La Corde » (CXI), lui est entièrement dédiée :

Que les deux mains d'Abou-Lahab périssent
et que lui-même périsse !

Ses richesses et tout ce qu'il a acquis,
ne lui serviront à rien.

Il sera exposé à un feu ardent
ainsi que sa femme, porteuse de bois,
dont le cou est attaché par une corde de fibres.

La Mecque ou le combat à mains nues

Les « assiégés », privés notamment de vivres, auraient pu succomber si leur détermination et leur cohésion n'avaient été si fortes et si, d'autre part, dans le cadre mystérieux des solidarités intertribales et interclaniques, des brèches ne s'étaient ouvertes de temps en temps dans le rigoureux dispositif mis en place. Après tout, les Mecquois n'étaient pas gens de si forte conviction qu'il fallût que les musulmans, réduits à l'état de parias et refoulés dans un faubourg étriqué de la ville, camp de concentration avant la lettre, dussent payer un prix aussi élevé pour leur malencontreuse obstination ! Désormais, les Mecquois mèneront surtout contre Muhammad une forme de guerre « idéologique », l'accusant d'avoir pris le « parti de l'étranger » comme nous dirions aujourd'hui. Ses ennemis l'accusaient notamment d'emprunter ses idées à un jeune esclave chrétien du nom de Djabre, avec lequel, d'après la *sîra*, il avait de fréquents entretiens. C'était, de leur part, affirmer que nul Ange n'avait interpellé Muhammad, que le Coran n'avait rien d'original et qu'il était puisé chez les Scripturaires honnis, juifs ou *Roûm* byzantins. Mais le Coran réagit aussitôt à ces insinuations :

Nous savons qu'ils disent :
« C'est seulement un mortel qui l'instruit ! »

Mais celui auquel ils pensent
Parle une langue étrangère
alors que ceci est une langue arabe claire.

(XVI, 103.)

Non, Muhammad n'est pas un plagiaire –, accusation stupide qui sera d'ailleurs périodiquement reprise par les détracteurs du message coranique. Plus que jamais, la volonté de l'Apôtre se durcit et se bande contre ceux qui veulent, par tous les moyens, le mettre à bas, le mettre en bas. Ne l'accusent-ils pas justement de recruter ses partisans dans les couches inférieures de la société ? Ils ricanent, en désignant les pauvres : « Ceux-là sont ses amis, tels que vous les voyez ! Est-ce à ces gens-là qu'Allah a fait don du droit chemin et de la vérité ? Si Muhammad était vraiment porteur d'un bien, c'est à nous que ce bien s'adresserait en priorité ! » Le Coran leur répond :

Dis :
« Je ne vous dis pas :
« je possède les trésors de Dieu » ;
– car je ne connais pas le mystère incommunicable –

Dis :
« je ne vous dis pas :
« Je suis un ange »
– car je ne fais que suivre ce qui m'a été révélé » –
..
Avertis ceux qui ont peur
d'être rassemblés devant leur Seigneur
qu'ils ne trouveront, en dehors de lui,
ni protecteur, ni intercesseur.
Peut-être craindront-ils Dieu ?

Ne repousse pas
Ceux qui prient matin et soir leur Seigneur
et qui recherchent sa Face.

(VI, 50-52.)

Dernier effort des ennemis de Muhammad : tenter une nouvelle fois de le séduire. Ils vont voir, à cet effet, Abou-Taleb, proposant à son neveu tout ce que la vie profane peut proposer de meilleur, à condition qu'il mette fin à sa campagne contre les dieux de la Ka'aba. « O mon oncle, répondit l'Envoyé d'Allah, un seul mot qu'ils diront fera d'eux les rois des Arabes et leur assurera la soumission des *Adjam* (les "Perses", autrement dit les "barbares") – "Par ton père, dit alors Abou-Jahl, si c'est même de dix mots qu'il s'agit, nous les dirons !" Et Muhammad d'énoncer distinctement : "Il n'y a de

La Mecque ou le combat à mains nues 119

Dieu que Dieu", et vous rejetterez ce que vous adorez d'inférieur. – Comment, s'écrièrent-ils, tu veux, ô Muhammad, absorber tous les dieux en un seul Dieu unique ? » Et ils s'éloignèrent en répétant : « Nous resterons fidèles à la religion de nos pères, jusqu'à ce qu'Allah tranche entre nous ! » (Ibn Hichâm). Le Coran fait allusion à cette rencontre :

Les incrédules disent :
« C'est un sorcier, un grand menteur !
Va-t-il réduire les divinités à un Dieu unique ?
Voilà une chose étrange ! »
Les chefs du peuple se sont retirés en disant :
« Partez !
Soyez fidèles à vos divinités !
Voilà une chose souhaitable. »

(XXXVIII, 4-6.)

L'exclusion des musulmans par les Mecquois finit par prendre fin au bout de deux ans, de par la décision des seuls Mecquois, hommes de souffle court. Torturés par le remords, quelques-uns d'entre eux s'étaient précipités vers la Ka'aba pour déchirer le pacte injuste, la *sahifa* déposée là. Aussitôt les musulmans furent invités à regagner leurs foyers sous les ovations de leurs ennemis de la veille. L'Islam, sorti indemne de l'épreuve, avait donc vaincu : rien désormais ne saura arrêter sa fulgurante progression.

Mais des malheurs personnels vont frapper durement Muhammad, et transformer sa destinée. Khadidja, la chère, l'admirable Khadidja meurt, jetant le Prophète dans le plus profond désarroi. Quelques semaines plus tard, c'est Abou-Taleb, son protecteur naturel, qui s'éteint, le laissant plus faible et plus exposé que jamais. Muhammad est maintenant à la merci de la colère ou de l'exaspération de n'importe lequel de ses concitoyens. Deux ou trois ans s'écoulent ainsi, dans la précarité la plus grande et pour lui-même et pour la petite communauté fidèle. C'est dans cet esprit que, selon le mot réaliste de la *sîra*, il « s'offrit aux tribus ». Il se rendit à Taïf, non loin de La Mecque, dans l'espoir d'y être accueilli à bras ouverts : il y fut reçu à coups de pierres et c'est un adolescent chrétien qui, le prenant en compassion, vint le rafraîchir en lui portant un plateau de raisins (Tabarî). Le fait que le jeune Addas fût chrétien témoigne par un trait complémentaire de la sympathie que la *sîra* ne cessera de manifester à l'égard des « Nazaréens », les disciples de Jésus-Christ. Pour retourner à La Mecque, Muhammad sera obligé de solliciter – suprême humiliation – la protection d'un compatriote puissant, selon l'antique coutume arabe du *djiwâr*, le « voisinage ». C'est pendant cette période incertaine et angoissée que la *sîra* place le miraculeux « Voyage nocturne », l'*Isra'* et le *Mi'radj*, dont le Coran, dans la sourate XVII intitulée *al-Isrâ'* justement, ou encore *Banou-Israïl* (« Les fils d'Israël »), nous raconte la merveilleuse équipée. Cet épisode est évoqué brièvement, elliptiquement, dans le premier verset de la sourate en question :

Gloire à celui qui a fait voyager de nuit son serviteur
de la Mosquée sacrée à la Mosquée très éloignée
dont nous avons béni l'enceinte,
et ceci pour lui montrer certains de nos Signes...

La tradition rapportera par la suite que, monté sur Al-Bourâq, décrit par Ibn Abbas, l'un des Compagnons du Prophète, comme une sorte d'équidé ailé à la tête humaine et que guide l'ange Gabriel, Muhammad fut transporté de nuit du sanctuaire de La Mecque – « la Mosquée sacrée » – au sanctuaire de Jérusalem – « la Mosquée très éloignée », soit à l'autre bout de l'axe abrahamique puisque le premier temple de la localité sise au nord de l'Arabie aurait été, lui aussi, bâti par

Ibrahim, « l'Ami de Dieu » : ce premier « temps » de l'équipée est dit al-Isra'. De là, dans un deuxième « temps », al-*Mi'radj*, le Prophète fut élevé au ciel où, après avoir rencontré ses grands prédécesseurs, Adam, Noé, Abraham, Moïse et Jésus, il fut conduit au pied du Trône de Dieu. C'est durant cette chevauchée mystique, sur laquelle je reviendrai plus loin, que fut dictée à Muhammad – sourate XVII, verset 78 – l'obligation d'accomplir des prières au déclin du soleil, au début de la nuit et à l'aube. Le récit de l'*Isra'* et du *Mi'radj* troubla certains musulmans de la première heure, mais renforça la foi des autres, notamment celle d'Abou-Bakr. Quant aux exégètes musulmans, c'est de façon diverse, et parfois contradictoire, qu'ils commenteront l'événement. Ce qu'il convient de retenir à ce stade, c'est que ce « voyage », réel fût-il ou symbolique, exprime l'insistance avec laquelle le Coran inscrit la mission prophétique dans la continuité du monothéisme abrahamique.

*

Au cours de l'année qui suivit celle que les historiographes appellent « l'Année de la tristesse » – ou encore « l'Année des deuils » – Muhammad, pour la Fête des sacrifices, se rendit à la vallée de Mina, non loin de La Mecque, afin d'y rencontrer, comme à son habitude, des pèlerins, pour leur délivrer son message : le Prophète s'adressait ainsi à quiconque voulait l'écouter, évoquant la Révélation, récitant le Coran à des auditoires improvisés. Cette fois-ci, sur la route du retour, il rencontra dans la bourgade d'Aqaba six hommes de la tribu de Khazradj, originaires de Yathrib, qui avaient déjà entendu parler de lui et de sa mission. « Après qu'il leur eut déclaré qui il était, raconte Ibn Ishâq, leurs visages reflétèrent un intérêt immédiat et ils l'écoutèrent attentivement. Chaque membre de leur tribu était au courant de la menace souvent proférée par les juifs de leur ville : "Un prophète sera envoyé prochainement. Nous le suivrons et nous vous exterminerons comme les antiques peuples de 'Ad et d'Iram furent massacrés !" Lorsque le Prophète eut fini de parler, ils se dirent cntre eux : "Il s'agit à coup sûr du prophète dont les juifs nous ont annoncé la venue. Qu'ils ne soient donc pas les premiers à le reconnaître !" Puis, lui ayant posé une ou deux questions auxquelles il répondit volontiers, chacun des six hommes attesta la véracité de son message et promit de remplir les conditions de l'islam. "Nous avons quitté notre peuple, dirent-ils, car il n'y a pas de peuple aussi déchiré que lui par l'inimitié et le mal ; et il se peut que Dieu fasse son union par ton entremise. Nous allons maintenant revenir auprès des nôtres et les convaincre d'accepter ta religion comme nous venons de l'accepter ; et si Dieu les rassemble autour de toi, aucun homme alors ne sera plus puissant que toi." »

De fait, les deux grandes tribus de Yathrib, les Aws et Khazradj, en situation de lutte endémique, comme on l'a vu, recherchaient un arbitrage extérieur, capable de maintenir en équilibre leur *modus vivendi* demeuré aléatoire, face, notamment, aux trois tribus juives qui jouaient de ces contradictions pour mieux asseoir leur autorité. Dans le processus qui allait aboutir à l'alliance de Muhammad et des Médinois, deux autres rencontres seront nécessaires. Le nom de Muhammad est bientôt connu de tous à Yathrib. L'année suivante, une seconde entrevue eut lieu, à la même époque et au même endroit. Du côté musulman, il y avait, pour accompagner l'Envoyé d'Allah, les deux fidèles, Abou-Bakr et Ali. La députation médinoise était composée cette fois de douze membres, représentant les Aws et les Khazradj : l'ensemble des Médinois fit immédiatement profession de foi et prêta le serment traditionnel de fidélité, la *bay'a*, à Muhammad. C'est la première allégeance, la *Bay'a al-Oula*, dite aussi *Bay'at an-Nissa*, la Bay'a « des femmes » selon les traditionnistes, du fait que le serment prêté ne mettait pas encore à la charge des Médinois l'obligation de défendre l'Apôtre par les armes.

La troisième rencontre sera décisive. Elle interviendra peu après et aura lieu également à Aqaba. La délégation médinoise comprenait soixante-quinze membres, tous des Khazradj, mais les Aws se rallieront sans difficulté à l'accord intervenu. Muhammad arrive au rendez-vous avec Abou-Bakr et Ali auxquels était adjoint son oncle al-Abbâs, le nouveau chef du clan après la mort d'Abou-Taleb : c'est en cette qualité que celui-ci assume la représentation musulmane, alors même qu'il est loin encore de s'être rallié aux idées et aux convictions de son neveu. Les pourparlers commencent dans le plus pur style tribal. Al-Abbâs s'inquiète de savoir si les Khazradj pourraient envisager un jour de livrer Muhammad à ses ennemis : « Mieux vaut en ce cas, leur dit-il, le laisser là où il est en sécurité, au sein de sa *achira* (son clan). »

Muhammad prend alors la parole pour réciter les fragments du Coran et il finit en demandant aux Khazradj « d'entrer dans l'islam ». Le résultat est immédiat ; ils font le serment de défendre l'Envoyé de toutes leurs capacités : « Par celui qui t'a envoyé [proclamer] la vérité, nous te défendrons aussi vigoureusement que nous défendrons nos familles », lui dit Ibn Ma'arouri. Mais Abou al-Haïtham, un autre membre du groupe, s'inquiète pour l'avenir : « O Envoyé d'Allah, entre nous et les autres des liens existent, que pourtant nous brisons. Si Allah te donne la victoire, reviendras-tu à ton peuple en nous abandonnant ? »

Les « autres », ce sont, bien entendu, les Koreïchites pour lesquels le départ de Muhammad pour Yathrib et le refuge qui lui est accordé dans cette ville est une forme de *casus belli*. Muhammad aussitôt répond : « Vous êtes des miens et je suis des vôtres ; je serai l'ami de votre ami et l'ennemi de votre ennemi... » Ils lui demandèrent alors d'étendre les mains, et ils lui donnèrent la *bay'a*.

L'alliance ainsi nouée va entraîner des conséquences incalculables. Elle sera déterminante dans la formation de la *umma* islamique, à laquelle elle imprimera dès le départ son lien d'indissociabilité organique avec la religion qui en constituera la raison d'être. C'est à partir de là également que l'Islam prendra peu à peu son puissant essor et que, du vivant de son chef, il s'étendra à l'Arabie entière. Toutefois, les motivations politiques sont présentes dans la négociation, et déterminantes quant à leurs résultats : le premier et le plus manifeste de ceux-ci est la remise, par les Khazradj et les Aws, hier encore ennemis, des rênes du pouvoir à leur hôte, un transfuge koreïchite, contre qui sa propre ville était dressée. Des lignes de clivage se dessinent qui vont marquer les premières années de la prise de pouvoir muhammadienne : l'hostilité conjuguée des Mecquois et des juifs qui vont faire front commun contre la bourgade devenue le fief du Prophète de l'Islam, avec les guerres, les alliances et les violences qui vont s'ensuivre, et aussi, pour mieux résister à toutes les difficultés rencontrées, l'organisation politique de la société médinoise, germe de la future *umma*.

La deuxième conséquence du pacte sera la transplantation à Yathrib de la communauté islamique de La Mecque. Liquidant rapidement leurs biens, les croyants partent avec femmes et enfants vers la nouvelle patrie que la diplomatie de l'Apôtre leur a aménagée. En vain les Mecquois essaient d'arrêter le flot des départs, tantôt par la persuasion, tantôt par la contrainte : rien n'y fait. Les Mecquois sont d'autant plus inquiets qu'ils sentent que le renforcement de Yathrib, ville-carrefour, risque de

La Mecque ou le combat à mains nues 125

constituer un danger pour leurs caravanes et leur commerce. De sorte que leur principal souci sera désormais de tenter de s'emparer de Muhammad, devenu l'ennemi absolu.

Celui-ci va quitter La Mecque nuitamment, accompagné du seul Abou-Bakr. Pour échapper à leurs poursuivants éventuels, ils se cachent tous les deux pendant trois jours dans la célèbre caverne du *Ghâr*. D'après certains récits de la *sîra*, les pourchasseurs des deux hommes s'avancent vers la grotte pour la fouiller : aussitôt une araignée voile l'entrée de celle-ci en tissant une immense toile et des colombes se mettent à roucouler non loin de là. Les Mecquois, devant cette ample quiétude, estiment qu'ils ont fait fausse route et poursuivent leur chemin sans insister. Muhammad et Abou-Bakr arrivent à Yathrib le 12 du mois de *Rabi' al-awwal*, correspondant au 24 septembre 622. Le Prophète n'est ainsi allé que d'un lieu à un autre lieu, distants seulement de trois cents kilomètres environ. C'est le début de l'ère islamique, la *Hidjra*, l'Hégire, migration spirituelle, mutation humaine et sociale, dont l'effet ne cessera de se poursuivre et de grandir jusqu'à nos jours.

Quand l'homme âgé d'une cinquantaine d'années et que ses proches menacent, se préparant même à l'exécuter traîtreusement sur sa couche à la faveur de la nuit, quand cet homme à qui l'ange Gabriel parla au nom de Dieu, sort subrepticement d'une ville (qui deviendra sainte aux yeux de l'Islam) pour se diriger vers une autre ville (qui, elle, l'est presque déjà), ces quelques pas de Muhammad dans le désert, on peut y rêver comme à un franchissement irréversible. Le symbole n'en échappera d'ailleurs pas aux premiers interprètes de la *sîra* qui verront bien que cette émigration d'un point de l'espace à l'autre postule et désigne une transformation radicale des signes et des contenus, ce que nos modernes sémiologues appelleraient sans doute une « migration du sens ». En l'honneur de Muhammad, et pour mieux se lier à lui, Yathrib va changer de nom : elle s'appellera désormais *Madinat an-nabi*, la « Cité du Prophète », ou encore *al-Madina al-Fâdila*, la « Cité Vertueuse », ou encore *al-Madina al-Munawwara*, la « Cité Illuminée » ou, plus simplement, comme de nos jours : *al-Madina*, la Médine, Ville absolue.

Cette ville, la première de l'Islam, restera fidèle à Muhammad comme Muhammad lui restera fidèle. Il vivra, combattra et mourra à Médine. « Sa gloire et la grandeur de l'Islam seront l'apanage de Médine », assurent les auteurs de la *sîra*.

Il l'a vu à l'horizon lumineux.
(LXXXXI, 23.)

5

Médine ou le triomphe d'Allah

L'Hégire est donc la grande coupure, mais c'est aussi un seuil. C'est l'entrée dans l'univers des combats en pleine lumière, des adhésions de plus en plus massives à la nouvelle Loi, de la réduction par la force chaque fois que nécessaire de conspirations et d'alliances hostiles à l'Islam, c'est la dénonciation violente des hommes du double jeu et des attardés sur la route, c'est l'ébauche d'un Etat, Etat-cité pour le moment, mais qui deviendra Empire ; ce sont les grandes manœuvres diplomatiques venues relayer l'effort de guerre, c'est le surgissement définitif du Héros absolu, la puissance et la gloire tombées sur un homme simple, immense et simple, un homme que Dieu guide à travers les mille embûches et tracas de cette vie par les sentiers invisibles de l'éternité affleurante. Muhammad arrive à Médine à point nommé, dans le temps juste. Même le père Henri Lammens, qui ne l'aime guère et qui n'aime pas l'Islam, est obligé de constater cette convergence entre une époque, un lieu et un destin. « L'Hégire – écrit-il – coïncida avec une de ces périodes de réaction, d'abattement moral, où la Péninsule travaillée, excédée par les discordes, paraissait attendre un maître [1]. » Plus subtilement, Snouck Hurgronge note de son côté : « Du point de vue religieux, cet acte (l'Hégire) signifie que le Prophète, obéissant aux ordres de Celui qui l'a envoyé, abandonnait les membres infidèles de sa tribu à la colère divine, tandis que lui-même et ses adhérents échappaient à l'éventuel châtiment, ainsi que cela était arrivé dans les temps anciens à Noé avant le déluge, à Lot à la veille de la destruction des cités de la plaine, à Moïse après qu'il eut multiplié les avertissements au Pharaon. Suivant la coutume arabe, pareille émigration mettait fin à toutes les obligations, valait renonciation à tous les droits dérivant automatiquement de la parenté [2]. »

Un homme libre illuminé par la plus complète des grâces : ainsi apparaît Muhammad à son entrée dans la ville, alors que, depuis des jours, les *Ansâr*, ses « partisans » médinois – premier sens du mot *ansar* – l'attendaient à la porte de la cité, leurs yeux rivés sur l'horizon où, du sud, il devait déboucher, accompagné du fidèle Abou-Bakr. Ces partisans ne rentraient chez eux qu'au milieu de la journée lorsque la lumière du soleil devenait insupportable. Une fois, racontent les traditionnistes Ibn Hichâm, Ibn Hazm et Maqrizi, ils entendirent un juif s'écrier, croyant voir surgir Muhammad au loin : « O fils de Kaïla [nom d'un ancêtre commun des Aws et des Khazradj] voici [l'homme de] votre destin ! » Dans la mesure où ce propos est authentique – et l'on ne voit pas pourquoi il ne le serait pas –, il traduit, dès le départ, l'état d'esprit particulariste où se trouvaient les juifs à l'égard du Prophète, qu'ils considéraient d'ores et déjà comme étant le chef des seuls Arabes de la ville et auquel ils entendaient rester indifférents. Les Médinois au début

---

1. Henri Lammens, *Le Berceau de l'Islam*, Rome, 1914.
2. C. Snouck Hurgronge, in « Selected Works », Brill, Leiden, 1957.

prennent Abou-Bakr pour l'Envoyé d'Allah à cause de son âge : ce n'est qu'en voyant celui-ci déployer les plus grandes marques de sollicitude envers son cadet, comme, par exemple, de déployer un pan de son manteau au-dessus de sa tête pour lui procurer de l'ombre, qu'ils finirent par identifier Muhammad.

Coupure, ai-je dit. A Yathrib, bientôt Médine, l'évolution religieuse de l'Islam va donc se développer en une histoire politique, dont le déroulement est caractérisé par un changement général de la conduite muhammadienne. Jusque-là et, précisément, jusqu'avant le pacte d'Aqaba, «il était interdit [au Prophète] de faire la guerre, rapporte Ibn Ishâq, ni de verser le sang ; il lui était seulement ordonné d'appeler à croire en Allah, d'inciter à la patience contre le mal, de pardonner à l'ignorant... ». Mais, à partir de l'Hégire, les choses iront autrement : la tournure des versets, leur ton, leur contenu vont se radicaliser. L'ordre d'Allah intervient tout d'un coup, qui « autorise » la guerre sainte, le *djihâd*, contre l'ensemble des infidèles. Guerre qui, de toute façon – il convient de le souligner – se veut pour l'essentiel *défensive* et clairement protectrice de tous les lieux où Dieu est adoré. Quoi qu'il en soit, «ce fut – assure Ibn Ishâq – la révélation de la première *âya* autorisant à faire la guerre et à rendre légitime l'acte de verser le sang» :

*Toute autorisation de se défendre est donnée
à ceux qui ont été attaqués
parce qu'ils ont été injustement opprimés.
– Dieu est puissant pour les secourir –
et à ceux qui ont été chassés injustement
de leurs maisons,
pour avoir dit seulement :
« Notre Seigneur est Dieu ! »*

*Si Dieu n'avait pas repoussé
certains hommes par d'autres,
des ermitages auraient été démolis,*

*ainsi que des synagogues, des oratoires
   et des mosquées
où le nom de Dieu est surtout invoqué.
Oui, Dieu sauvera ceux qui l'assistent
Dieu est, en vérité, fort et puissant.*

(XXII, 39-40.)

Une autre *âya*, encore plus décisive, confirmera ce premier ordre :

Combattez-les [les ennemis de l'Islam] *jusqu'à ce qu'il n'y ait plus de sédition
et que le culte d'Allah soit rétabli.*

(II, 193.)

Revenons un peu en arrière. Lorsque Muhammad et Abou-Bakr eurent quitté la « Grotte de l'araignée » dont il a été question, ce dernier offrit au Prophète le meilleur des deux chameaux qu'avait amenés un bédouin fraîchement converti à l'Islam, sur l'ordre du *Siddîq*. « Je ne monterai pas un chameau qui ne m'appartient pas, dit Muhammad. – Mais il est à toi, ô Envoyé d'Allah ! répondit Abou-Bakr. – Non, dit le Prophète, mais dis-moi le prix auquel tu l'as payé. » Abou-Bakr n'osa insister davantage pour faire cadeau à Muhammad de l'animal et en indiqua le prix. « Je te l'achète », dit le Prophète et il remit la somme indiquée à Abou-Bakr. En fait, Muhammad, ayant été seul responsable de l'Hégire, voulait sans doute que cette solitude dans la décision lui appartînt jusqu'au bout. C'est lui désormais à qui il revient de tout assumer, dans une grandeur qui n'est pas sans rappeler celle de Moïse dans le poème d'Alfred de Vigny : la rupture avec tous les liens antécédents ne peut être, symboliquement, que de la seule décision de l'homme de Dieu et elle ne saurait être partagée avec personne, même avec le plus fidèle des compagnons. L'Hégire est donc l'occasion solennelle pour Muhammad d'indiquer que le franchissement du seuil de l'Histoire et de la transhistoire est son œuvre. La chamelle qu'il acheta ce jour-là à Abou-Bakr s'appelait *Qoswâ'* et elle restera, avec son cheval, l'autre monture favorite du Prophète.

Peu après l'aube du vingtième jour qui suivit leur départ de la caverne, les deux voyageurs, accompagnés d'un guide, atteignirent la vallée de 'Aqiq et, l'ayant traversée, ils gravirent les pentes noires et accidentées qui s'étendaient de l'autre côté. Le soleil était au zénith, la chaleur intense. Lorsqu'ils parvinrent au sommet de la pente, « le pays bien arrosé entre deux étendues de pierres noires », ce lieu dont Muhammad avait tant rêvé, était là, devant eux, « oasis où se mêlaient le gris-vert des bosquets de palmiers et le vert plus tendre des vergers et des jardins », avec, au point extrême de l'oasis, Qoûba, où l'attendaient beaucoup d'émigrants venus de La Mecque. Plusieurs jours auparavant, les nouvelles en provenance de cette dernière ville et concernant la disparition du Prophète, ainsi que la récompense offerte pour le retrouver, étaient arrivées jusqu'à Médine : les gens de Qoûba guettaient donc son arrivée non sans inquiétude ni impatience, ayant pris entre-temps toutes les dispositions pour le protéger en cas de tentative d'enlèvement. Beaucoup d'autres visiteurs se présentèrent pour saluer l'Envoyé ou faire sa connaissance, dont de nombreux juifs de Yathrib attirés par la curiosité. Parmi ces visiteurs, un homme qui, selon les apparences, n'était ni arabe ni juif. D'origine perse, il se nommait Salmân. Il était né dans le village de Jayy, non loin d'Ispahan, de parents zoroastriens, puis, devenu chrétien, il avait, jeune encore, gagné la Syrie. Par la suite, il avait vécu en Iraq où il fut le disciple de plusieurs sages nazaréens jusqu'au jour où l'un d'entre eux, à l'article de la mort, lui eut déclaré que le moment était venu où un nouveau prophète allait apparaître : « Il sera envoyé avec la religion d'Abraham et se manifestera en Arabie où il émigrera de son foyer natal vers un lieu situé entre deux coulées de lave, une contrée de palmiers. Ses signes seront évidents : il mangera d'une nourriture offerte, mais non si celle-ci est donnée en aumône, et, entre les épaules, il y aura "le sceau de la prophétie". » Salmân résolut donc de rejoindre le prophète annoncé et paya un groupe de marchands pour qu'ils l'emmènent avec eux en Arabie. Mais, près du golfe d'Aqaba, au nord de la mer Rouge, les marchands le vendirent comme esclave à un juif qui le revendit à l'un de ses cousins de la tribu des Bani-Qurayza à Yathrib. Ayant entendu parler de l'arrivée prochaine de Muhammad à Médine, Salmân fut instantanément persuadé que c'était là le prophète qu'il appelait de ses vœux. Il sortit furtivement de la maison où il servait et, de nuit, se rendit à Qoûba. Il le trouva assis au milieu de nombreux compagnons et, bien que sa conviction fût déjà faite, il s'approcha de l'hôte central et lui offrit un peu de la nourriture qu'il avait apportée, précisant qu'il la donnait en aumône. Muhammad dit à ses compagnons d'en manger, mais lui-même n'y toucha pas. Salmân souhaitait voir aussi le « sceau de la Prophétie », mais n'y parvint pas. Il rentra cependant à Yathrib, le cœur plein de joie et d'espoir : le premier de tous les étrangers, il avait reconnu celui dont on lui avait dit qu'il allait venir. Affranchi par la suite, et passé à l'Islam, Salmân Pâk – « Salmân le Pur » – aurait indiqué à Muhammad les antécédents bibliques de certaines des fulgurantes intuitions de celui-ci et l'aurait rassuré, chaque fois qu'un doute s'emparait de son esprit à cause du « susurrement d'Iblîs » au tréfonds de sa conscience, quant à la véracité de sa mission. La *sîra* affirme d'ailleurs que Muhammad finit par convertir son démon personnel, ce génie malfaisant qui accompagne les pas de chacun. Salmân al-Farsi, Salmân le Persan, témoin du mystère jaillissant de la Prophétie, sera perçu par la mystique soufie comme l'un de ses inspirateurs illuminants.

Faisant son entrée à Médine, Muhammad se vit tout de suite entouré des représentants des grandes familles, venus le solliciter d'être leur hôte d'honneur. Il comprit tout de suite à quoi il s'exposait et que des rivalités redoutables risquaient de surgir à la suite du choix qu'il ferait. Il confia à la chamelle qui le portait, lui ayant laissé la bride, le soin de résoudre toute seule le problème : « Laissez-la suivre son chemin – recommandat-il à la foule – elle est guidée. » « Elle est guidée », répétait-il, et c'était dire qu'elle était dirigée par Allah. Finalement, elle s'arrêta, regarda autour d'elle, s'agenouilla : l'endroit ainsi désigné recevra bientôt les fondations de la première mosquée, qui sera en même temps la demeure de Muhammad sur terre et son lieu ici-bas d'éternité.

A Médine, les musulmans étaient légion. Outre les *Mouhadjiroûn*, arrivés de La Mecque, les Aws et les Khazradj avaient tous épousé la foi nouvelle. Parmi eux, cependant, se forma – comme il était naturel – une fraction de résistants, musulmans d'apparence seulement, que le Coran (je crois l'avoir déjà dit) stigmatisera en maints versets du nom de *mounafiqoûn*, « hypocrites ». Leur opposition sournoise ne cessera pas de se manifester et, du fait notamment de leurs nombreuses collusions avec les juifs et les ennemis mecquois de l'Islam, elle occasionnera au Prophète bien des soucis, jusqu'au triomphe final de celui-ci où les hypocrites eux-mêmes finiront par se dissoudre.

Ces *mounafiqoûn* avaient pour chef Abdallah b. Ubaiy, cheikh du clan khazradjite, envers lequel le Prophète, dans sa très grande habileté, n'hésita pas à manifester beaucoup d'égards, allant même, à la stupéfaction des croyants, jusqu'à prier, le jour venu, sur sa tombe. Médine valait bien une oraison.

En l'an 1 de l'Hégire intervient un événement fondamental. Pour créer entre tous les habitants de la cité, anciens et nouveaux, un sentiment de fraternité et de solidarité indissolubles, Muhammad va établir et proclamer un texte déterminant – connu sous le nom de *sahifa* ou « *'ahd* de Médine » – convention, contrat social ou pacte – qui constitue déjà l'ébauche d'une véritable constitution : le document – donné ici en traduction – est tiré des annales d'Ibn Hichâm. Emanant de Muhammad lui-même, cette « constitution » englobe Arabes et Juifs, autochtones et émigrés, clans et familles. Elle déclare expressément que ces éléments hétérogènes, opposés jusque-là, doivent se fondre dans un tout devant former une communauté unique, une « *umma* », selon le terme employé. En voici les principales dispositions :

« *Au nom de Dieu, celui qui fait miséricorde, le Miséricordieux*

Ceci est un écrit de la part de Muhammad le Prophète – que la prière et la paix d'Allah soient sur lui – entre les croyants et les Musulmans de Koreïch et de Yathrib, ainsi qu'avec ceux qui les ont suivis, puis se sont joints à eux et ont combattu avec eux. Ils formeront une umma *unique, en dehors du reste des hommes.*

Les Mouhadjiroûn de Koreïch resteront en l'état, et se cotiseront entre eux et paieront la rançon de leurs prisonniers, conformément à la coutume et à la justice parmi les croyants.

Les croyants craignant Dieu s'uniront contre celui d'entre eux qui aura commis une violence ou tenté de commettre une injustice, un crime, une agression, ou de semer le trouble parmi les croyants ; et leurs mains à tous se lèveront contre lui, fût-il même le fils de l'un d'eux. Nul croyant ne tuera un autre croyant, à cause d'un mécréant ni ne soutiendra un mécréant contre un croyant.

La dhimma *d'Allah* [à savoir la « protection accordée à l'infidèle au nom de Dieu] *est indivisible ; la* dhimma *octroyée par le plus*

humble d'entre [les croyants] sera obligatoire [à l'égard des autres croyants].
Les croyants sont solidaires les uns des autres, en dehors des autres hommes.
La paix parmi les croyants est indivisible ; nul croyant ne conclura de paix, au cours d'un combat mené pour la cause d'Allah, sans le concours des autres croyants, sur la base de l'égalité et de la justice entre eux.
Et quelle que soit la cause d'un différend [qui se produirait entre eux], la solution n'en pourra venir que d'Allah et de Muhammad. »

Apparaissent clairement formulée dans ce texte (qui remonte, il convient de ne pas l'oublier, au VIIe siècle après J.-C.) des conceptions promises à un grand destin : celles, notamment, de justice et d'égalité. Y apparaissent aussi des conceptions propres à l'Islam et qui, elles aussi, font partie de sa philosophie politique autant que de son humanisme : c'est la très importante notion de *dhimma*, impliquant un engagement de conscience, qui jouera un rôle essentiel dans le traitement réservé par la suite aux Gens du Livre. Autre notion importante, contenue dans le terme de *dhimma* : le droit de tout combattant musulman d'accorder à tout soldat ennemi une garantie de sécurité opposable à tous les autres musulmans.

Parmi les bénéficiaires des droits édictés par la « constitution de Médine » figurent les juifs qui, pourtant, n'ont pas embrassé l'Islam ni n'ont manifesté l'intention de le faire :

« *Celui qui, parmi les juifs, se ralliera à nous, recevra notre aide et nos soins sans qu'il soit opprimé ni que quiconque [s'il est opprimé] puisse prendre le parti de l'oppresseur.* »

Les juifs sont inclus dans la *umma* :

« *Les juifs formeront avec les croyants une* umma *; aux juifs leur religion et aux musulmans la leur [...] hormis celui qui aura opprimé, ou commis un crime, auquel cas ne mériteront d'être punis que lui-même et les gens de sa maison.* »

Il est clair, à la lecture de ces quelques extraits, que la « constitution de l'an 1 » propose une alliance pure et simple entre les trois groupes que constituent les *Ansâr*, les *Mouhadjiroûn* et les juifs. Une alliance sur le modèle des conventions guerrières que les tribus arabes concluaient entre elles : Muhammad a-t-il formé le rêve d'une Cité idéale qui serait gouvernée par l'Esprit, et d'une nation commune où les religions issues d'Abraham auraient pu dialoguer entre elles sous l'égide de l'Islam ? Peut-être...

Arrivés à ce point, il est bon de s'interroger une nouvelle fois sur la psychologie du Prophète à ce moment précis de son existence :

Si tu es dans le doute au sujet de notre Révélation,
interroge ceux qui ont lu le Livre avant toi,

lui avait conseillé l'Ange, parlant au nom de Dieu, en X, 94. « Ceux qui ont lu le Livre » avant Muhammad, ce sont bien évidemment les Scripturaires. Les Ecritures judéo-chrétiennes ont longtemps constitué pour l'Envoyé un critère essentiel par rapport au message dont il avait reçu communication lui-même. Le Coran, en plusieurs de ses versets (VI, 89-91 ; XX, IX, 27 ; XLV, 16 ; LVII, 26, etc.) témoigne du dépôt divin du Livre entre les mains des descendants et des successeurs d'Abraham, Moïse et Jésus notamment :

A Abraham, nous avons donné Isaac et Jacob,
puis nous avons établi dans sa descendance
la prophétie et le Livre.
Nous lui avons accordé sa récompense en ce monde
et, dans la vie future, il sera parmi les justes.

(XXIX, 27.)

Et, en VI, 91, accusant les juifs d'avoir occulté une partie des Ecritures, le Coran invite Muhammad à dévoiler cette imposture :

Dis :
« *Qui donc a révélé le Livre avec lequel Moïse est venu ?*
— c'est une Lumière et une Direction
pour les hommes —
Vous l'écrivez sur des parchemins pour le montrer,
mais vous cachez une grande partie de son contenu ;
alors que maintenant vous savez
ce que vous-mêmes et vos ancêtres ignoraient. »

Or Muhammad n'est plus vraiment dépendant d'Isaac et de Jacob. Il a découvert que, par Ismaël, il se rattachait lui aussi, directement en tant qu'Arabe, à la postérité d'Abraham et il sait désormais que la Révélation qu'il a reçue est garantie par son lien personnel avec son Dieu. Dieu n'a-t-il donc pas décidé que soit élue la branche aînée issue d'Abraham, celle d'Ismaël, comme l'avait été auparavant la branche cadette, celle d'Isaac ? La même sourate VI, en 92, affirme :

Ceci est un Livre que nous avons révélé :
un Livre béni, confirmant ce qui était avant lui,
afin que tu avertisses la Mère des cités
et ceux qui se tiennent dans les environs.

Ceux qui croient à la vie future
croient aussi au Livre
et ils sont assidus à la prière.

A Médine, Muhammad réclame et reçoit – coraniquement parlant – le titre de Prophète, alors que jusque-là il était un « Avertisseur », un « Annonciateur », un « Envoyé » auprès d'une nation qui n'avait pas reçu de messager (XXIV, 62-63 ; XXXIII, 53 ; XLVIII, 27 et suivantes ; XLIX, 1-2 et suivantes ; LVIII, 13 et suivantes).

Oui, Dieu confirme la vérité
de la vision accordée à son Prophète.

(XLVIII, 27.)

Le Coran lui attribue un statut éminent, inégalable : « Obéissez à Dieu et à son Prophète », ordonne-t-il

(LVIII, 13). Ceci, à partir de maintenant, constituera une formule classique.

« Prophète, il l'est – écrit avec justesse Michel Hayeck dans son livre *Les Arabes et le baptême des larmes* –, mais son charisme est d'un genre particulier. Il se dit en effet "prophète ethnique", originaire des "Nations" qui n'ont pas reçu d'Ecriture. Le terme qui le désigne lui a été vraisemblablement appliqué par les juifs sous forme de sobriquet et de manière dérisoire : *ummî*, faisant partie de ces *oummot ha-'olam*, ces "peuples de la gentilité" exclus comme Ismaël des privilèges de la révélation. Mahomet assume ce titre qui implique [...] la reconnaissance de son charisme. Il y voit le signe de la miséricorde divine envers les Arabes, premiers exclus des Nations ; Dieu a donc enfin suscité parmi eux, hors du cercle étroit des scripturaires, un prophète qui n'est ni juif ni chrétien, et qui est pourtant authentiquement abrahamique. » Et plus loin, dans le même ouvrage : « Ainsi la situation ancienne se trouve renversée : au lieu de solliciter auprès des gens du Livre une confirmation de ses propres oracles, il entend juger par le Coran les écritures judéo-chrétiennes. En fait, il déclare celles-ci corrompues et falsifiées, chaque fois qu'elles ne concordent pas avec le Coran. Il déclare les scripturaires déchus de leurs privilèges de détenteurs d'une Ecriture sainte et authentique, condamne la Bible et l'Evangile à être des documents altérés par leurs adeptes, rejette avec véhémence les dogmes fondamentaux du christianisme, qu'il assimile aux croyances aberrantes du polythéisme mecquois. En somme, tout se passe comme si la Tradition (*sunna*) antique, à laquelle il s'est attaché dès les premières phases de sa prédication, avait subi deux types d'altération : celle de l'"associationnisme" païen (*shirk*) et celle de la "corruption" (*tahrîf*) judéo-chrétienne, celle-ci ressemblant à celle-là [1]. » Le Coran le confirme dans sa position :

Les Juifs ont dit :
« Uzaïr est fils de Dieu ! »

Les Chrétiens ont dit :
« Le Messie est fils de Dieu ! »

Telle est la parole qui sort de leurs bouches ;
ils répètent ce que les incrédules disaient avant eux.
Que Dieu les anéantisse !
Ils sont tellement stupides !

(IX, 30.)

L'identification de l'Islam avec Ismaël va notamment permettre à Muhammad de découvrir le destin exceptionnel de l'arabité dont il va exalter, sous le souffle d'Allah, les valeurs essentielles.

*

En marge de cette haute polémique qui ira se développant, revenons-en à l'histoire personnelle, plus directement liée à l'ordre humain. La construction de la mosquée était presque achevée lorsque Muhammad ordonna que l'on construisît deux petites habitations accolées au mur oriental, dont l'une était destinée à son épouse Sawdah et la seconde à sa fiancée Aïcha. Le Prophète et ses filles habitèrent avec Sawdah dans son nouveau logement et, après un mois ou deux, on décida de célébrer son mariage avec Aïcha dont la beauté était remarquable et qui n'avait alors que neuf ans. Celle-ci était la fille choyée d'Abou-Bakr, et si Muhammad entend se marier avec elle, c'est pour se lier encore plus, si c'est possible, avec son plus proche lieutenant. Dès sa plus

---

1. Michel Hayeck, *Les Arabes et le baptême des larmes*, Gallimard, 1972.

jeune enfance, racontent les annalistes – Ibn Hichâm, Ibn Sa'ad et Boukharî –, elle savait, par ses parents, que Muhammad était l'Envoyé d'Allah, qu'il recevait régulièrement la visite de l'ange Gabriel et que seul, parmi les vivants, il était monté au ciel et était ensuite redescendu sur terre. Cette expérience faisait qu'il rayonnait de joie – la joie du Paradis – et que sa main, malgré la chaleur, était toujours « plus fraîche que la neige et plus parfumée que le musc » (Boukharî). A plus de cinquante ans – cinquante-trois exactement – Muhammad était sans âge, nous dit-on, et c'était comme s'il était immortel. Son corps était svelte, ses yeux très lumineux, ses cheveux noirs et sa barbe de même couleur avaient conservé l'éclat de la jeunesse.

On prit pour le mariage des dispositions modestes, au point qu'Aïcha ne se rendit pas compte de l'événement qui se préparait. Elle racontera plus tard : « J'étais en train de jouer à la balançoire et ma longue chevelure était défaite. On vint me chercher et on m'emmena pour me préparer [à la célébration]. » Il n'y eut pas comme pour les autres mariages prophétiques de cérémonie particulière. On apporta un bol de lait et, après en avoir bu, le Prophète l'offrit à Aïcha. Elle déclina l'offre timidement, mais comme il insistait, elle but et passa ensuite le bol à sa sœur Asma assise auprès d'elle. Les autres assistants burent à leur tour, après quoi tous se retirèrent. Aïcha, après son mariage, continua même à jouer avec ses poupées. « Un jour, raconte-t-elle, le Prophète entra pendant que j'arrangeais mes poupées et il me demanda : "O Aïcha, à quoi joues-tu ? – Ce sont les chevaux de Salomon", répondis-je ; sur quoi il se mit à rire » (Ibn Hichâm et Ibn Sa'ad). Muhammad, cet « illettré » majeur, aimait toutes les formes de la fraîcheur, tous les modes de la spontanéité.

*

Le premier souci de Muhammad à Médine était d'aider à l'installation matérielle des *Mouhadjiroûn*, les « Immigrants », qui, pour la plupart, avaient quitté La Mecque dans le plus complet dénuement. La plupart d'ailleurs étaient pauvres dès l'origine : l'Islam n'avait-il pas commencé par recruter dans le petit peuple qui n'avait ni fortune ni influence ? Il fallait donc à tout prix assurer à tous ces gens-là des moyens de subsistance qui fussent décents. Pour ce faire, le Prophète aura recours à un procédé, fort en usage de son temps, consistant en la passation d'un pacte de *mou'akhat*, soit de « fraternité », qui avait pour objet d'unir les croyants entre eux par l'intermédiaire d'un lien contractuel dont la force était plus solide même que la parenté par le sang. Chaque *Mouhadjir* (singulier de *Mouhadjiroûn*) eut ainsi un *ansâri* (singulier de *Ansâr*) pour « frère », celui-ci l'hébergeant dans son propre foyer. La sollicitude de l'*ansâri* était telle qu'elle le portait parfois à répudier une de ses femmes en faveur du *mouhadjir* qui épousait alors la femme délaissée. Ibn Ishâq rend compte de l'état d'esprit qui a résulté de l'application judicieuse d'une antique coutume de l'hospitalité arabe : « Lorsque le Messager d'Allah se fut senti en sécurité à Médine et que ses frères, les *Mouhadjiroûn*, l'eurent rejoint, et que les *Ansâr* se furent pris d'accord avec ces derniers, alors le pouvoir de l'Islam se consolida. La *salât* ("prière") fut instituée, la *zakât* ("contribution aumônière") et le *sawm* (jeûne du Ramadân) imposés, les *houdoûd* ("peines pour les délits") édictés, et la distinction du licite et de l'illicite enseignée. L'Islam se propagea parmi eux. »

C'est là, de fait, l'image d'une société déjà quelque peu organisée et dont le Prophète est le maître avec le Coran comme loi souveraine. Muhammad gouvernera cette première *umma*, formée de musulmans et de juifs, à partir de ses appartements. Il n'est pas seulement le conducteur de la communauté et de son Etat-cité, il est, chaque jour un peu plus, l'administrateur des services publics, si embryonnaires fussent-ils encore, le premier et le plus haut *cadi* qui règle, grands ou petits, les différends des uns et des autres, l'imâm qui dirige l'oraison quotidienne aussi bien que le prédicateur du vendredi quand a lieu la grande prière collective, laquelle comporte, en complément du rite de la *djamâ'a* (la réunion de tous), la *khoutba*, le prêche hebdomadaire. Mais la pression de l'organisation sociale est telle que le voici contraint d'assumer, à côté de son rôle de législateur, celui de fondateur d'institutions qu'il doit imaginer de toutes pièces : par exemple, le *Beït al-Mâl* (« Trésor Public »), dont il lui faut également trouver le moyen de l'alimenter en recettes régulières destinées à subvenir à l'entretien des fonctionnaires. Voici enfin Muhammad chef militaire : il lui incombe, dans des conditions particulièrement difficiles, de procéder à l'organisation d'une force effectivement armée et qui soit efficace, troupe qu'il va lancer bientôt dans la bataille, considérée comme inéluctable, avec les Koreïchites. C'est également Muhammad qui doit présider l'assemblée du peuple, la *choûra*, où se débattent les affaires intéressant la vie publique. Parmi ces affaires, il y a, bien entendu, le soin de décider de la paix et de la guerre.

*

L'Islam naissant ne pouvait survivre et se développer que par la guerre : il avait besoin de celle-ci pour étendre sa domination spirituelle là où la persuasion n'avait pas donné le résultat escompté ; il en avait également besoin pour s'assurer les biens nécessaires à l'édification de sa propre société chaque jour plus exigeante et plus complexe.

De son côté, La Mecque avait aussi besoin de la guerre. Il lui fallait à tout prix éliminer Muhammad et les siens, de crainte que l'importance grandissante de Médine ne portât un coup fatal à son commerce. Muhammad connaissait assez bien ses anciens concitoyens pour savoir qu'ils l'attaqueraient à la première occasion : il le savait et il se préparait à la confrontation, s'apprêtant même à déclencher l'une de ces opérations qu'on qualifierait aujourd'hui de « préventives ». Une nouvelle *âya*, révélée quatre ou cinq mois après l'Hégire, va avoir un retentissement profond non seulement à Médine, mais également à la « Mère des cités » et parmi toutes les tribus arabes : la bataille qui se profile est détestable, mais n'en est pas moins indispensable :

Le combat vous est prescrit,
et vous l'avez en aversion.

Il se peut que vous ayez de l'aversion pour une chose,
et elle est un bien pour vous.
Il se peut que vous aimiez une chose,
et elle est un mal pour vous.
– Dieu sait, et vous, vous ne savez pas –

(II, 216).

Les premières expéditions militaires de Muhammad, ses premières *maghâzi*, auront lieu un an à peine après son installation à Médine.

Lors de l'une de ces expéditions, une grave violation est commise de la part des musulmans à l'encontre du système, jusque-là incoercible, des coutumes arabes. Le Prophète avait reçu la nouvelle qu'une caravane mecquoise était sur son chemin de retour du Yémen : il envoya aussitôt son cousin Abdallah Ibn Djahch avec huit autres *Mouhadjiroûn* attendre le convoi à proximité de Nakhla, entre at-Taïf et La Mecque. Cela se passait

Médine ou le triomphe d'Allah 145

au mois de *Radjab*, un des quatre mois *harâm*, autrement dit sacrés, mois de trêve, où aucune agression n'était autorisée ni aucun sang versé. Le Prophète n'avait, en conséquence, donné aucune instruction particulière à la petite troupe d'éclaireurs dont il attendait seulement des informations sur la protection des caravanes du Sud afin de mieux les surprendre à l'occasion. Les *Mouhadjiroûn*, voyant l'importance de la caravane, « chargée de raisins secs, de peaux de cuir et d'autres marchandises de Koreïch » (Ibn Hichâm), se résolurent à l'attaquer. Après tout, n'étaient-ils pas, par définition, en état de guerre avec Koreïch et n'avaient-ils pas reconnu, parmi les caravaniers, deux membres du clan des Makhzoûm, l'un des plus hostiles à leur cause ? Ce jour-là était le dernier du mois de *Radjab* et, au coucher du soleil, on entrerait dans le mois de *Cha'abâne* qui n'était pas, lui, un mois sacré. Les musulmans décidèrent donc d'agir immédiatement : leur première flèche tua un homme, un confédéré du clan de Kinda, sur quoi les autres hommes se rendirent, sauf un certain Naufal qui parvint à s'échapper vers La Mecque. La mission d'espionnage et d'information s'achevait, selon les mœurs du temps, en une véritable catastrophe morale.

L'émoi fut énorme partout où la nouvelle se répandit. A La Mecque, l'indignation ne le céda qu'à la stupeur. Les propres compagnons du Prophète, *Mouhadjiroûn* et *Ansâr*, ne parvinrent pas à contenir leur trouble. Les juifs eux-mêmes crièrent au sacrilège. Entre-temps, Abdallah et ses hommes avaient ramené leurs prisonniers à Médine avec les chameaux et les marchandises. Muhammad leur reprocha d'avoir dépassé ses instructions : « Je ne vous ai pas ordonné de combattre durant le mois sacré », leur déclara-t-il avec colère. Il fit confisquer le butin rapporté et refusa la part qui lui en était affectée. Les choses tournaient mal et l'effervescence était à son comble. C'est dans ce climat d'indignation générale que « descendit » du ciel le célèbre verset :

Ils t'interrogent
au sujet du combat durant le mois sacré.
Dis :
« Combattre en ce mois est un péché grave ;
mais, écarter les hommes du chemin de Dieu,
être impie envers lui et la mosquée sacrée,
en chasser les habitants,
tout cela est plus grave encore devant Dieu. »

La persécution est plus grave que le combat.

(II, 217.)

C'était sonner le glas de toutes les coutumes anciennes et accepter, pour la première fois depuis des siècles, voire des millénaires, la déchirure d'un tissu social sacralisé par la très longue pratique. Muhammad interpréta, en effet, ce verset comme une confirmation, certes, de l'interdiction traditionnelle du combat durant le temps *harâm*, mais également comme une rupture exceptionnelle de la coutume quand l'intérêt de Dieu l'exigeait : voici donc que s'ouvraient de nouveaux horizons éthiques. Aussi délivra-t-il Abdallah et ses compagnons de leur remords d'avoir mal agi et accepta-t-il en fin de compte le quint du butin qui lui avait été réservé afin d'en faire profiter l'ensemble de la communauté.

La guerre prévue avec Koreïch va entrer désormais dans une phase nouvelle. Les razzias à épisodes, entrecoupées de pauses, telles que les tribus du désert s'y exerçaient depuis des siècles, vont se transformer brusquement en une guerre totale et inexorable, dont l'Islam se devait à tout prix de sortir vainqueur s'il voulait éviter de disparaître. La licence que Dieu avait octroyée aux musulmans de combattre sans souci des mois sacrés ni des traditions ancestrales amènera ceux-ci, *Mouhadjiroûn* et *Ansâr* – ces derniers n'ayant pas encore combattu – à entrer ensemble, fortement soudés, dans la première des grandes batailles de l'Islam : celle de Badr, décisive balance. Le prétexte en sera, comme toujours, commercial. Apprenant qu'Abou Sofiâne b. Harb, chef du clan omeyyade, revenait de Syrie à la tête d'une caravane considérable, chargée de marchandises, pour le compte des Mecquois, Muhammad décide d'intercepter celle-ci : « Voici les chameaux de Koreïch, s'exclama-t-il devant ses fidèles, elle porte leurs biens, attaquez-la, Allah vous accordera peut-être ces denrées en butin » (Ibn Hichâm et Tabarî). L'ensemble des hommes valides se précipita alors vers le lieu où la caravane était annoncée. Abou Sofiâne, s'apercevant de la menace, envoya aussitôt un émissaire à La Mecque pour y jeter l'alarme. Tous ceux qui, dans la cité, possédaient une participation quelconque dans l'affaire, se présentèrent fougueusement, les armes à la main, pour défendre ce qui leur appartenait.

La troupe musulmane, sous la conduite de Muhammad lui-même, était forte de trois cents hommes, *Mouhadjiroûn* et *Ansâr*, chaque groupe portant sa propre bannière, toutes deux de couleur noire. D'après Ibn Hichâm, le Prophète craignait que les *Ansâr*, qui n'avaient, d'après le pacte d'Aqaba, que l'obligation de le protéger sur leur propre territoire, ne voulussent pas passer à l'offensive en territoire neutre ou ennemi. Mais le chef des Médinois de souche, Sa'ad b. Ma'az, le rassura : « Nous avons cru en toi, nous avons foi en toi – lui dit-il – et nous avons porté témoignage que ce que tu nous as enseigné est la Vérité. sur cette base, nous nous sommes engagés à t'écouter et à t'obéir. Dirige-nous vers là où tu veux qu'on aille, ô Messager d'Allah, nous sommes tous derrière toi ! »

La petite armée fit halte à Badr, un point d'eau doublé d'un marché, sur la route de La Mecque, non loin du littoral. Il était important d'arriver le premier à cet endroit qui commandait, entre autres, le ravitaillement des hommes en eau potable. L'armée koreïchite, qui alignait mille hommes, appartenant pour la plupart à l'aristocratie mecquoise, avait été retardée dans sa course vers Badr par les difficultés d'un terrain devenu marécageux à la suite des pluies diluviennes qui étaient tombées la nuit précédente. Le Prophète, sur la suggestion d'un de ses compagnons, décida de combler le puits et de détourner l'eau vers une mare creusée en toute hâte. C'est autour de cette eau nécessaire à chacun que le sort de l'Islam allait pour la première fois se jouer.

On était le 17 du mois de Ramadân, mois sacré. Le Prophète conjure à voix haute la Divinité : « O Allah, s'écrie-t-il, si tu acceptes qu'aujourd'hui cette troupe soit détruite, tu n'auras plus personne pour t'adorer ! » (Ibn Hichâm). Les malédictions fusent alors des deux côtés, suivies de duels et d'escarmouches, sur le mode tribal. Muhammad jette sur l'ennemi, d'après un rite antique, une poignée de cailloux, et c'est la mêlée générale. « *Ahad ! Ahad !* » (L'Un ! L'Un !) crient les musulmans, invoquant l'Unique. Dans le camp de Koreïch, il y a, face aux combattants musulmans, des pères, des fils, des oncles, des frères, des cousins. Tels Abdul-Rahman, le propre fils d'Abou-Bakr et Al-Aç b. Hichâm, le propre oncle d'Omar b. al-Khattab, que celui-ci d'ailleurs tuera de son épée. Ali particulièrement se distingue. La ferveur islamique est telle qu'elle avait réussi à étouffer complètement la voix du sang. Bientôt, malgré la disproportion des forces en présence, les Koreïchites cèdent le terrain et mettent bas les armes. Le Coran affirmera aussitôt que ce sont les Anges qui sont venus au secours des fidèles pour leur assurer l'improbable victoire :

*Dieu vous a cependant secourus à Badr
alors que vous étiez humiliés
Craignez Dieu !
Peut-être serez-vous reconnaissants !*

*Lorsque tu disais aux croyants :
« Ne vous suffit-il pas que votre Seigneur vous aide
avec trois mille de ses anges descendus vers vous ? »*

*Oui, si vous êtes patients,
si vous craignez Dieu
et que vos ennemis foncent sur vous,
cinq mille de ses anges qui se lanceront sur eux.*

*Dieu n'a fait cela
que pour vous annoncer une bonne nouvelle
afin que vos cœurs soient tranquillisés
La victoire ne vient que de Dieu, le Puissant, le Juste,
afin de tailler en pièces ou de culbuter
une partie des incrédules,
et qu'ils repartent vaincus.*

(III, 123-127.)

Les Anges, d'après la Tradition, portaient ce jour-là des turbans d'une blancheur éclatante, à l'exception de Djibrîl (Gabriel), considéré comme le chef du bataillon, dont le turban était d'une couleur jaune tirant sur le safran. C'est également ce jour-là, d'après Ibn Hichâm, qu'Ali prononça une parole mémorable que tous les fidèles auront à cœur, par la suite, de transformer en mode vestimentaire : « Les turbans sont les tiares des Arabes. » Les vainqueurs, les *Ansâr* notamment, voulaient pousser leur victoire jusqu'à son terme ultime en passant par le fil de l'épée tous les Koreïchites. Mais le Prophète s'y opposa, ne voulant pas insulter l'avenir.

Il y avait néanmoins un homme qu'on ne pouvait pas continuer à laisser vivre : c'était Abou-Djahl, « le Père de l'Ignorance », l'ennemi intégral. En cherchant, on retrouva son corps sur le champ de bataille : l'homme était encore vivant. Abdallah, le premier à avoir récité le Coran à voix haute face à la Ka'aba, avait été ce jour-là violemment frappé au visage par Abou-Djahl. Il mit son pied sur le cou de ce dernier qui lui demanda quel avait été, « cette fois », le sort de la bataille, comme s'il voulait insinuer qu'une autre fois le sort des armes serait différent. « Dieu et son Envoyé ont vaincu », lui fut-il répondu. Puis Abdallah lui trancha la tête et l'apporta à Muhammad.

Le nombre des prisonniers s'éleva à une centaine. Muhammad apostropha les vaincus, les vivants parmi eux et les morts : « O combien piètres vous aurez été à l'égard du Prophète, qui est des vôtres ! Vous m'avez accusé de mensonge, alors que le peuple a cru en moi ; vous m'avez chassé, alors que le peuple m'a donné refuge. Vous m'avez attaqué, alors que le peuple m'a fourni aide et protection. » Par cette proclamation, on le voit bien, c'est la communauté désormais qui a la priorité face au clan. L'écho de sa victoire se répandit instantanément dans toute l'Arabie : victoire imprévisible, victoire incroyable. Elle constituera pour lui et les siens une sorte d'arc de triomphe invisible sous lequel l'Islam ne devrait plus cesser de passer, portant le splendide turban de Djibrîl.

Mais voici qu'un an après Badr, en l'an 3 de l'Hégire, les Koreïchites se présentèrent soudainement en masse sur les hauteurs d'Ohod, à proximité de Médine. Ils étaient plus de trois mille : guerriers de La Mecque, clients bédouins, mercenaires abyssins recrutés pour l'occasion. Les femmes elles-mêmes avaient accompagné les hommes pour les exciter au combat. Ibn Hichâm rapporte que, du côté médinois, les *Ansâr*, constatant leur faiblesse numérique, avaient suggéré de faire appel aux juifs en tant qu'alliés de leurs deux clans, Aws et Khazradj, mais que le Prophète refusa ce concours pour le motif que les juifs étaient des *mouchriqoûn*, des « associateurs ». Si grande était la crainte qui s'était emparée des habitants de la cité qu'on vit même se présenter en armes quelques Médinois qui avaient formellement refusé leur adhésion à l'Islam. A Ohod, ils vont se battre avec la même détermination que les autres. Aussi bien la *sîra* rapporte-t-elle le cas d'un certain Kouzmân qui, agonisant sur le champ de bataille, se vit féliciter de pouvoir bientôt accéder au Paradis des martyrs : « Par Allah, répondit-il, je n'ai pris les armes que par esprit de solidarité avec mon peuple. » Et, pour mettre fin à ses souffrances, il se taillada aussitôt les veines du poignet à l'aide d'une de ses flèches.

Muhammad avait commencé par proposer aux Médinois d'attendre l'ennemi dans la ville parce que, de maison en maison, la défense aurait été mieux assurée. Mais il trouva en face de lui la fougue des combattants de Badr qui rêvaient d'en découdre une nouvelle fois avec les gens de La Mecque, ce qui fit taire ses hésitations. Face au camp adverse installé dans les champs verts où il y avait de l'herbe pour les montures, détail important, les Médinois alignèrent à grand-peine un millier d'hommes. Mais dès avant le premier choc, un tiers des forces musulmanes – les fameux *mounafiqoûn* –, conduits par Abdallah b. Obay b. Salloûl, fit volte-face et rentra se réfugier dans la ville, ce qui ne manqua pas de déconcerter gravement les combattants restés sur place et que les Koreïchites harcelaient d'investives injurieusement ironiques. Parmi les femmes mecquoises, il y en avait une qui se distinguait par sa violence. Après s'être approchée aussi près que possible des lignes musulmanes, suivie des autres femmes battant du tambour, tandis que les guerriers prenaient le relais et allaient à leur tour de l'avant, cette femme, Hind b. Otba, épouse d'Abou Sofiâne, chantait à l'intention des hommes de son camp :

Avancez et nous vous embrasserons,
Et pour vous de doux tapis déroulerons
Mais si vous tournez le dos nous vous délaisserons
Et jamais, jamais plus ne vous aimerons.

Il faut dire que cette Hind avait, dès le début de la bataille de Badr, perdu son père 'Outba, son oncle Chaïbah et son frère Walîd et qu'elle avait, retenant ses lamentations, fait le vœu que lorsque les Koreïchites prendraient leur revanche sur l'armée musulmane, ce qui ne manquerait pas selon elle d'arriver, elle mangerait cru le foie de Hamza, qui avait tué son oncle et avait donné à son père l'ultime coup. Ce qu'elle fit, effectivement, sur le champ d'Ohod, une fois Hamza tombé et la victoire acquise. Cette Hind-là aura cependant d'autres titres à faire valoir pour figurer, le moment venu, dans l'Histoire : n'est-elle pas la mère de Mo'awiya, le futur fondateur de l'Empire omeyyade ?

Dans l'ordre de bataille que Muhammad assigne aux musulmans, les archers – une cinquantaine environ – étaient au premier rang. Dès le début, les Koreïchites firent montre d'une sorte de rage. Les musulmans saisis de leur côté d'une vraie fureur religieuse parvinrent toutefois à les repousser, ouvrant ainsi, dangereusement, la voie à la course au butin. Aussi les archers, sur qui Muhammad avait compté essentiellement, abandonnèrent-ils leur poste pour se précipiter au pillage. Le Koreïchite Khaled b. al Walid, grand général de la future conquête arabe, vit la brèche et lança aussitôt sa troupe dans la mêlée. Le bruit courut que Muhammad avait été tué : il avait seulement été blessé par le jet d'une pierre et ses compagnons l'avaient dissimulé au fond d'une crevasse d'où il assista, médusé, à la débandade des siens.

Toutefois, les Mecquois ne surent pas vraiment exploiter leur victoire. A la mode bédouine, ils tournèrent rapidement casaque, emportant leurs morts et traînant les prisonniers, non sans s'être livrés auparavant à des scènes atroces de mutilation sur les cadavres. Ainsi le voulaient les mœurs du temps. L'une des premières victimes avait été Hamza b. Abdul-Mottaleb, oncle de Muhammad : on sait ce qu'il advint de son foie. Sa mort fut douloureusement ressentie par le Prophète, au milieu du deuil général, car aucune famille n'avait été épargnée, aucune qui n'eût son martyr. Muhammad leur assura à tous une sépulture commune, qu'il visitera par la suite chaque fois que l'occasion s'en présentera.

Muhammad interpréta cette défaite comme le châtiment d'Allah envers ceux qui avaient refusé de suivre ses conseils, mais il y vit aussi la preuve éclatante de la détermination de ses propres guerriers, dont la confiance n'avait pas plié dans l'épreuve. La troisième sourate du Coran, *Âl-Imrâne* (la «Famille d'Imrâne», autrement dit la famille de Marie), retentira de l'écho d'Ohod. Sont pardonnés même ceux qui avaient quitté précipitamment le champ de bataille, même les lâches :

S'il y en a eu, parmi vous, qui se sont détournés
le jour où les deux troupes se sont rencontrées,
c'est seulement parce que le Démon les a fait trébucher,
à cause de ce qu'ils ont accompli.
Mais Dieu leur a pardonné.
Dieu est, en vérité, celui qui pardonne :
il est plein de mansuétude.

(III, 155.)

Koreïchites et musulmans s'étaient quittés en se promettant de reprendre les hostilités l'année suivante. Ils tinrent parole.

*

En l'an 4, une première escarmouche conduite par le Prophète à Dhat al-Rika', puis une seconde qu'il mène peu après à Badr de nouveau, en représailles d'autres escarmouches dues à des tribus alliées à La Mecque, invitent à croire à l'imminence d'un nouveau grand règlement de comptes auquel, de toute façon, Koreïch se préparait dans la fièvre. La « Mère des cités » avait réussi à mettre sur pied une vaste coalition hétéroclite formée, outre ses propres combattants, nobles cavaliers et mercenaires de tout poil, de plusieurs tribus clientes dont la puissante confédération bédouine des Ghafatâne, célèbre par ses hauts faits d'armes, ainsi que la tribu juive des Bani-Nadîr, qui venait d'être chassée de Médine (j'y reviendrai) et qui s'était installée, animée d'un violent désir de vengeance, dans l'oasis de Khaïbar. Sans doute convient-il d'ajouter à ce regroupement une « cinquième colonne » présente à Médine même et animée sournoisement par les chefs des *mounafiqoûn*. Les chroniques ne tarissent pas de détails sur les préparatifs de la guerre, les encouragements, les conseils d'ordre tactique, les contributions financières et autres soutiens reçus à cette occasion par Koreïch. Maqrizi affirme même que ce sont les juifs de Khaïbar qui auraient été les véritables instigateurs de l'expédition et qui, par leur activisme, leurs intrigues de toute nature, leurs pressions de toute sorte, auraient décidé les Mecquois à passer à l'action. A une délégation des juifs de l'oasis venus leur rendre visite, certains nobles mecquois auraient posé la question : « Hommes des juifs ! [c'est Abou-Soufiâne qui parle au nom des autres], vous êtes les gens de la première Ecriture et vous avez la science. Dites-nous quelle est votre position vis-à-vis de Muhammad. Est-ce notre religion la meilleure, ou bien la sienne ? » Les juifs répondirent : « Votre religion est meilleure que la sienne et vous êtes plus proches de la vérité qu'il ne l'est. »

Chez les musulmans, la frayeur frisait le désespoir,

nous dit Ibn Hichâm. Jamais l'Arabie n'avait vu une telle levée en masse. Muhammad, tout tendu d'énergie, réussit pourtant à mobiliser les hommes disponibles. Ici surgit à nouveau la figure énigmatique de Salmân le Persan, qui jouera plus tard un rôle important dans le développement de la *futuwwa*, organisations corporatives de jeunesses ouvrières, à tendance ésotérique, sorte de franc-maçonnerie avant la lettre, dont la vocation était tout à la fois sociale et mystique. Dans une assemblée de la *choûra*, comme celle qui avait précédé Ohod, il se leva et déclara : « O Envoyé de Dieu, lorsqu'en Perse nous craignions une attaque de cavalerie, nous nous entourions d'un fossé ; creusons donc maintenant une tranchée autour de nous. » Tous acceptèrent ce plan avec enthousiasme et se mirent à l'œuvre, Muhammad le premier. Les femmes et les enfants furent installés, sous la garde des vieillards de la ville, dans des abris offerts par les fortins. Reste que l'idée de Salmân de creuser ce vaste fossé (*khandaq*) à quelque distance de Médine paraissait étonnante à tous, d'autant plus qu'un tel procédé militaire était absolument inconnu en Arabie : d'une certaine façon même, il contrevenait aux règles de la chevalerie héroïque.

Le fossé est achevé en moins d'une semaine, juste à temps pour accueillir l'armée des alliés, des *ahzâb* – « partis » ou « factions » –, les « coalisés », comme disent les chroniques, lesquels, malgré leur nombre, près de dix mille, s'arrêtent, interdits, devant le dispositif de défense mis en place. De l'autre côté du fossé se tiennent les trois mille hommes de l'armée musulmane : « Par Allah ! s'écrie, montrant le fossé, l'un des Koreïchites, c'est là une déloyauté dont les Arabes n'ont jamais connu l'emploi » (Ibn Hichâm). Or « la guerre est une ruse » (*khid'at*), avait dit le Prophète et il lui appartenait d'en user à bon escient s'il ne voulait pas périr, lui et les siens, face à des ennemis plus déterminés que jamais. Le contrat conclu entre Koreïch, les Ghafatâne et les Bani-Nadîr ne prévoyait-il pas de n'abandonner le champ de bataille qu'après avoir « extirpé les dernières racines de Muhammad et de ses compagnons » de tout le sol arabe ? (Ibn Hichâm et Maqrizi.)

Ici les juifs de Médine vont commettre une faute irréparable. Un des chefs des Bani-Nadîr, exilés à Khaïbar, avait pris contact avec le puissant clan des Bani-Koreïza pour le pousser à enfreindre le pacte d'honneur que représente la « constitution de l'an 1 » en prenant les armes contre Muhammad et les musulmans. Les Bani-Koreïza hésitent mais, pour eux aussi, l'occasion est trop belle d'en finir avec les trublions de l'Islam : ils finissent par céder à la tentation. Aussi bien le départ éventuel de Muhammad de Médine, ou son élimination, aurait-il permis à leurs coreligionnaires, les Bani-Nadîr, de réintégrer la cité.

Désormais, le Prophète et ses hommes vont devoir lutter sur deux fronts à la fois : contre les coalisés du dehors, prêts à l'offensive aux abords du fossé, et contre les juifs du dedans, retranchés dans leurs tours fortifiées. « Alors le malheur devint immense – rapporte Ibn Ishâq – et la peur très grande. Leur ennemi [celui des musulmans] apparut par en haut et par en bas, au point que les croyants furent remplis de soupçons et que l'hypocrisie augmenta parmi les *mounafiqoûn*, tel ce Mo'attab b. Hocheir qui disait : "Muhammad nous avait promis de jouir des trésors de Chosroès et de César et cependant pas un de nous n'oserait sortir pour satisfaire un besoin naturel..." Les deux armées demeurèrent dressées l'une en face de l'autre sans s'affronter, à part des bordées d'invectives et, de temps en temps, une flèche tirée par-ci par-là. Muhammad proposa aux musulmans de négocier discrètement avec les Ghatafâne en proposant à ceux-ci, contre leur retrait, le tiers des récoltes de la ville. Les *Ansâr* s'opposèrent catégoriquement à ce qu'ils considéraient comme une véritable humiliation. Alors Muhammad eut une nouvelle fois recours à son habileté coutumière et propagea, par l'intermédiaire d'un Ghatafâne converti secrètement à l'Islam, un certain nombre de rumeurs concernant des trahisons réciproques fomentées par les coalisés. No'aym le Ghatafâni réussit admirablement à créer la méfiance chez ces derniers, en assurant, d'un côté, aux Bani-Koreïza que les Koreïchites allaient se retirer de la bataille, ce qui laisserait les juifs de Médine à la merci des musulmans en cas de défaite, et en certifiant, d'un autre côté, à Soufiâne, le chef militaire des Koreïch, que les juifs avaient engagé des négociations secrètes avec Muhammad pour lui exprimer leur regret de s'être laissé manœuvrer par La Mecque. Avant de tendre ses pièges, No'aym ayant demandé au Prophète s'il lui était permis de mentir, celui-ci avait répondu : « Dis ce que tu veux pourvu qu'ils s'éloignent de nous, car la guerre est un jeu de dupes » (Ibn Ishâq). Machiavel aurait sans doute applaudi à la décision de ce grand spirituel.

D'ailleurs, concernant l'alliance de Koreïch et des tribus du Nejd, No'aym n'avait nul besoin, nous disent les chroniqueurs, de déployer des trésors d'habileté pour la fragiliser et faire qu'elle se dissolve. Plus de deux semaines s'étaient écoulées et aucun résultat tangible n'avait été obtenu : on connaît l'impatience des Arabes qui, toujours et partout, contrairement à leur réputation, souhaitent en finir au plus vite. En outre, les provisions des coalisés s'épuisaient à vue d'œil, les chevaux mouraient de faim ou de quelque flèche reçue et, pour aggraver le désarroi général, un vent glacial s'était mis à souffler, renversant les tentes, affolant les hommes et les bêtes. Le Coran fait allusion à ce vent venu détruire le savant enserrement militaire mis au point par les Mecquois :

O vous qui croyez !
Souvenez-vous des bienfaits de Dieu envers vous :
lorsque les armées marchèrent contre vous,
nous avons envoyé contre elles un ouragan
et des armées invisibles.
– Dieu voit parfaitement ce que vous faites –

(XXXIII, 9).

Malgré une ébauche d'attaque lancée par les Koreïchites à travers le fossé et qui ne fut repoussée qu'à grand-peine, les Mecquois n'étaient plus très sûrs de la suite des événements. Les Ghatafane et les autres bédouins, qui n'étaient là que pour l'appât du gain, – indifférents qu'ils étaient, bon ou mauvais, au destin de l'Islam – commençaient à trouver le temps long et le butin promis introuvable. De sorte qu'à l'instigation du prudent Abou-Sofiâne, les coalisés brusquement décidèrent de lever le camp. Le siège avait duré à peine un mois. Muhammad sortait grandi de l'épreuve. Dieu, une fois de plus, triomphait.

*

Il était normal que, de cette victoire *en négatif*, et comme due à une intervention surnaturelle, la figure de Muhammad s'imposât davantage aux yeux de tous. Les tribus pressentaient déjà qu'il serait le maître de l'Arabie. Les plus intelligents des Koreïchites qui, souvent, avaient été ses ennemis les plus intransigeants – tels que Amrou b. al-Aç et Khaled b. al-Walid, futurs généraux des armées d'Egypte et de Syrie – allaient bientôt rallier sa cause. Amrou, l'on s'en souvient, avait été l'un des deux ambassadeurs envoyés au Négus pour lui demander de chasser d'Abyssinie les musulmans de la première Emigration et Khaled commandait à Ohod l'aile droite de l'armée koreïchite, celle qui devait consommer la défaite des musulmans. La conversion de l'un et de l'autre grands Mecquois fut accueillie avec méfiance par les vieux Compagnons qui ne virent là que médiocre opportunisme. Ils furent d'autant plus amèrement surpris que c'est Muhammad en personne qui avait accepté de recevoir la profession de foi des deux hommes, leur accordant, par la même occasion, la rémission de tous leurs péchés. Et c'est en cette circonstance qu'il prononça le mot célèbre, *hadîth* devenu axiomatique : « L'Islam abolit ce qui s'est passé avant lui et l'Hégire dresse un écran devant ce qui s'est passé avant elle. » Ce sens politique jamais pris en défaut allait amener à Muhammad, peu à peu, les hommes les plus éloignés de lui. La Mecque éprouva comme un tremblement de terre à la nouvelle de la conversion de ses deux prestigieux notables. Les seigneurs et les bourgeois de La Mecque devinèrent confusément que leurs jours étaient dorénavant comptés. Muhammad l'avait compris, lui aussi, et pour lui désormais le principal objectif, au plan politique comme au plan spirituel, sera la conquête de la grande cité. Il va y employer ses dernières années. Mais il lui fallait auparavant finir ce qu'il avait commencé, à savoir supprimer de sa route l'obstacle juif.

*

Je ne m'attarderai pas longtemps sur ce sujet, laissant à l'un des chapitres suivants le soin d'éclairer les difficultés doctrinales que ressentait l'Islam naissant face à un judaïsme refermé sur lui-même et qui traitait les musulmans avec hauteur. Simplement, je voudrais ici, aussi rapidement que possible, évoquer les faits qui ont abouti à l'élimination successive des trois tribus mosaïques : les Bani-Khaïnouqa, les Bani-Nadîr et les Bani-Koreïza – et de leur colonie de Khaïbar. Comment s'était produite la rupture ? En arrivant à Médine, Muhammad avait pensé trouver auprès de ces tribus un écho favorable à sa prédication, car sa doctrine monothéiste lui semblait très proche de la leur. La « constitution de l'an 1 » précisant les droits et les devoirs de chacun accordait, nous l'avons vu, une place aux tribus juives dans la communauté citadine. Les musulmans allaient même jusqu'à jeûner le jour de la fête juive de Yom Kippour. Mais l'ensemble des juifs médinois refusa de se rallier, de près ou de loin, à la foi nouvelle, critiquant ouvertement ce qu'ils appelaient les « anachronismes » du Coran et la façon dont, selon eux, étaient déformés les récits bibliques. Le Prophète ne l'entendait pas de cette oreille. De plus en plus conforté, quant à lui, dans ses propres certitudes métaphysiques, il résolut de se détourner complètement de ceux dont il estimait qu'il n'avait plus rien à attendre : le jeûne musulman fut fixé au mois de Ramadân, le mois de la victoire de Badr, et les croyants cessèrent de regarder vers Jérusalem pour prier. A vrai dire, pour les uns et les autres, la victoire de Badr avait constitué la fracture décisive. Comme s'ils avaient compris que les suites de cette victoire ne pouvaient que leur être fatales, les juifs, notamment, redoublèrent d'hostilité envers Muhammad, tout en multipliant leurs liens avec les Mecquois, leurs alliés commerciaux depuis toujours.

Le bruit de cette complicité, jugée par lui inadmissible, parvint à Muhammad qui décida qu'il n'y avait plus de temps à perdre et qu'il fallait en finir au plus vite –, à moins que par un ultime effort de persuasion... « Lorsque [le Prophète] revint de Badr, raconte Maqrizi, les juifs se livrèrent à des agissements répréhensibles et remirent de la sorte l'engagement qui les liait à l'Envoyé d'Allah. [Celui-ci] les convoqua à une réunion tenue au souk de Bani-Khaïnouqa et leur dit : "O groupe des juifs ! Adhérez à l'Islam avant qu'Allah n'abatte sur vous le malheur qui a frappé Koreïch. Par Dieu, vous savez que je suis l'Envoyé d'Allah !" Ils répondirent : "O Muhammad ! Ne t'illusionne pas à cause de ceux que tu as affrontés. Tu as vaincu un peuple ignare, alors que, par Allah, nous sommes des hommes de guerre. Et si tu nous combats, tu apprendras alors que tu n'as jamais rencontré un ennemi comme nous." » Forfanterie sans doute, déconcertante à l'heure où le Prophète de l'Islam atteignait son apogée et que, manifestement, il se préparait à être le seul maître.

C'est alors que, selon Maqrizi, un incident se produisit, qui se révéla lourd de conséquences. De jeunes juifs des Bani-Khaïnouqa ayant poussé l'effronterie jusqu'à soulever le pan de la robe d'une femme musulmane, lui découvrant les jambes, une échauffourée éclata au cours de laquelle un juif puis un musulman furent tués. Le fait est aussitôt interprété comme une violation grave de la « constitution de l'an 1 » et comme la fin du pacte. Pourchassés par la foule des musulmans, les Bani-Khaïnouqa, contre toute attente, refusèrent le combat et se réfugièrent dans leur tour fortifiée. Mais abandonnés par leurs coreligionnaires rendus prudents, ils se rendirent après quinze jours de siège, ne devant la vie sauve qu'à l'intervention du chef des Khazradj, Abdallah b. Obay, qui invoqua le *hilf* (l'alliance) liant sa tribu aux juifs mis en cause. Ne voulant pas se créer un nouveau problème, Muhammad se contenta donc de les expulser de la cité et de confisquer leurs biens. « Les Bani-Khaïnouqa – rapporte Tabarî – n'avaient pour métier que la joaillerie et la ferronnerie. Aussi le butin ne consistat-il qu'en leurs instruments de travail et un armement considérable. » Quant au sort final du clan, il semble qu'après avoir stationné dans certaines localités juives du nord de l'Arabie, il ait fini par se fixer à Adhri'at, en Syrie byzantine.

Vint le tour des Bani-Nadîr. On était en l'an 3. Le motif pour leur déclarer la guerre fut leur refus de participer au paiement de la *diya* – le « prix du sang » – exigée pour le meurtre de deux jeunes musulmans, mais aussi l'accusation de préparer, en accord avec Koreïch, une conjuration contre le Prophète. Le Coran dit :

Mais ils [les juifs] *ont rompu leur alliance,
nous les avons maudits
et nous avons endurci leurs cœurs.*

*Ils altèrent le sens des paroles révélées ;
ils oublient une partie de ce qui leur a été rappelé.*

*Tu ne cesseras pas de découvrir leur trahison
– sauf chez un petit nombre d'entre eux –*

(V, 13).

L'attaque, contrairement à la coutume, fut soudaine et non précédée d'un préavis comme ce fut le cas avec les Bani-Khaïnouqa. Le Prophète, d'après la *sîra*, fit mettre le feu à leurs palmeraies contrairement aux usages de la guerre, ainsi que les Bani-Nadîr ne manquèrent pas de le crier du haut de leurs tours fortifiées, tours semblables à celles qu'on peut voir encore aujourd'hui au Yémen, frappées de l'étoile à six branches. Vainement les Bani-Nadir avaient compté sur l'aide du clan allié des Khazradj ou sur une intervention extérieure conduite par Koreïch. Rien ne venant, ils proclamèrent eux aussi leur reddition au bout de quelques semaines. « Cette fois – rapporte Ibn Hichâm –, les conditions furent plus dures que celles qui avaient été consenties aux Bani-Khaïnouqa : les Bani-Nadîr furent obligés d'abandonner tous leurs biens, et autorisés seulement à n'en prélever que ce que leurs chameaux pouvaient porter. » Ils furent, en outre,

Médine ou le triomphe d'Allah

contraints de démolir leurs demeures dont ils purent cependant arracher le portail pour l'emporter en ultime souvenir. C'est ainsi qu'ils quittèrent Médine en rangs serrés, fifres et tambours en tête du convoi, bannières déployées, leurs femmes chantant les hymnes et les poèmes de leur tradition. Ils trouvèrent refuge à cent cinquante kilomètres au nord de la cité, dans l'oasis de Khaïbar, elle aussi peuplée de juifs, qui, paysans, les accueillirent avec empressement et reconnurent leur suzeraineté. Deux juifs seulement, sur le nombre, s'étaient convertis à l'Islam et avaient, de ce fait, conservé leur droit de vivre à Médine ainsi que la totalité de leurs biens (Ibn Hichâm).

Cette fois, le butin pris aux Bani-Nadîr fut partagé entre les seuls *Mouhadjiroûn* pour parfaire leur installation. L'événement de l'expulsion des Bani-Nadir donna lieu à la révélation de la sourate LIX du Coran, *al-Hachr* (« Le Rassemblement »), où l'on peut lire :

C'est lui [Dieu] *qui, dès le premier rassemblement,*
a chassé de leurs demeures
ceux qui, parmi les gens du Livre, étaient incrédules.

Vous ne pensiez pas qu'ils partiraient
et ils s'imaginaient que leurs forteresses
les défendraient contre Dieu.

Mais Dieu les a saisis
par où ils ne s'y attendaient pas.
Il a jeté l'effroi dans leurs cœurs.
Ils ont alors démoli leurs maisons
    de leurs propres mains
et avec l'aide des croyants.
Tirez donc une leçon de cela,
O vous qui êtes doués d'intelligence !

Si Dieu n'avait pas décrété leur bannissement
il les aurait certainement châtiés en ce monde ;
mais ils subiront
dans la vie future le châtiment du Feu.

(2-3.)

Ne restait plus, des trois clans juifs de Médine, que celui des Bani-Koreïza. Sa fin fut tragique, à la mesure de la trahison qu'il avait fomentée lors de la guerre du Fossé. Laissés désormais seuls à la merci des musulmans, les Bani-Koreïza ne trouvèrent d'autre alternative que de s'enfermer dans leurs forts, en attendant la fin de l'orage. Mais, juste après le retrait de l'ennemi extérieur – Koreïchites et Ghatafâne –, Muhammad, « sur l'ordre de Gabriel » qui, quoique invisible, ne l'avait pas abandonné une seule fois durant tout le temps du siège (Ibn Hichâm et Baladhori), décida une attaque générale contre eux. A peine l'armée de La Mecque, évanouie à l'horizon, et la prière de midi accomplie, l'Ange se rendit visible au Prophète. Il était splendidement vêtu, sa tête ceinte d'un turban de brocart et d'argent, et un tapis de velours brodé était jeté sur la selle de la mule qu'il chevauchait. « As-tu baissé les bras, ô Envoyé d'Allah ? demanda-t-il. Les Anges, eux, n'ont pas baissé les bras et je rentre d'avoir poursuivi l'ennemi... En vérité, Dieu, dans sa Puissance et sa Majesté, te commande, ô Muhammad, de te diriger contre les fils de Koreïza. Moi-même, je me rends céans chez eux afin de faire trembler leurs âmes » (Ibn Ishâq). Sévèrement encerclés dans leurs forts, les Bani-Koreïza, au bout d'une vingtaine de jours, furent réduits aux abois. Un de leurs chefs, Ka'ab b. Asad, leur fit diverses propositions comme celle de se convertir à l'Islam et de sauver ainsi leurs vies et leurs biens, ou bien de tuer leurs femmes et leurs enfants et d'engager ensuite une lutte désespérée pour mourir en combattant, ou encore de tirer profit du sabbat, jour d'inertie sacrée, pour, usant de ruse, faire une sortie en prenant les musulmans par surprise. Les assiégés rejetèrent toutes ces suggestions, notamment la dernière, de crainte, dirent-ils, d'être transformés par Dieu en pourceaux du fait de la transgression formelle de la Loi mosaïque. « Nul d'entre vous ne fera jamais preuve de bon sens », leur rétorqua Ka'ab, au comble de l'exaspération (Ibn Hichâm).

Les juifs préférèrent négocier par l'intermédiaire d'Ibn Loubâba, un de leurs anciens alliés, devenu musulman. Celui-ci leur déconseilla formellement de baisser la garde et se rendre car il craignait qu'ils ne fussent tous passés par le fil de l'épée. Le jour suivant, en dépit de l'avertissement lancé par Ibn Loubâba, les Bani-Koreïza ouvrirent les portes de leurs forteresses et s'en remirent au jugement du Prophète.

Dans un souci chevaleresque de protéger leurs anciens alliés, les Aws demandèrent alors à Muhammad de faire preuve vis-à-vis de ceux-ci de la même mansuétude que celle dont il avait usé avec les Bani-Khaïnouqa, anciens alliés des Khazradj : « Serez-vous satisfaits, hommes d'Aws, si c'est l'un de vous qui prononce la sentence à leur endroit ? » demanda Muhammad. Ils acquiescèrent. Muhammad envoya chercher, placé sur une civière, un des chefs awsites, Sa'ad b. Ma'az, qui avait été grièvement blessé lors de la guerre du Fossé. Selon une autre version, due à Ibn Hichâm, ce sont les Bani-Koreïza eux-mêmes qui choisirent Sa'ad. On transporta donc l'arbitre, presque à l'article de la mort, jusqu'au lieu où les Bani-Koreïza attendaient, immobiles et ligotés, que le verdict fût prononcé. Les Aws prièrent Sa'ad, au nom de leur ancien pacte avec les vaincus, de faire acte de clémence. Mais lui, au plus fort de la douleur de cette blessure dont il devait mourir peu après : « Leurs hommes seront massacrés, leurs biens partagés, leurs femmes et leurs enfants réduits en esclavage », énonça-t-il. « Tu as prononcé le jugement d'Allah du haut des sept cieux », lui dit le Prophète (Ibn Hazm).

Ainsi acheva de mourir, en l'an 5 de l'Hégire, le dernier carré de la résistance juive dans une ville où les fils de Moïse avaient longtemps tenu le haut du pavé. Les Bani-Koreïza exterminés, ne restaient désormais à Médine que quelques juifs isolés, dépourvus de toute attache tribale.

Une dernière fois, le Prophète aura militairement affaire aux juifs. L'oasis de Khaïbar était devenue, depuis que les Bani-Nadîr s'y était installés, un foyer d'intrigues et de menées hostiles contre Médine. Située au nord de celle-ci, à près de cent cinquante kilomètres sur la route des caravanes – point stratégique suffisamment important pour intéresser le futur dominateur de la Presqu'île –, elle était renommée pour ses eaux vives et ses palmeraies florissantes que les agriculteurs exploitaient sur place avec talent. A la fin de l'an 6, Muhammad décida de marcher sur Khaïbar, cité qui, quoique rurale, était pourvue d'un solide réseau défensif réputé imprenable. Assiégés de toutes parts – et ce, malgré une tentative de diversion effectuée par la tribu alliée des Ghatafâne –, les divers forts de l'oasis opposèrent à la combativité islamique une résistance opiniâtre, mais durent cependant, devant la violence des assauts, se rendre l'un après l'autre. L'expédition avait duré un mois et demi à peine. De très nombreux prisonniers tombèrent aux mains des musulmans et parmi eux la belle Safiya, dont le père, chef du clan, avait été tué lors de la reddition des Bani-Koreïza. Muhammad, fidèle en cela à sa politique d'alliances et dans un but d'apaisement politique, décida de l'épouser. La *sîra* rapporte – avec l'objectivité assez déconcertante dont elle fait montre très souvent – que Safiya n'avait pourtant pas dissimulé la profonde aversion qu'elle ressentait à l'égard du Prophète « qui avait été pour elle le moins attirant des hommes, par le fait qu'il avait tué son mari, son père et son frère et que, pour se disculper, il lui avait rappelé que son père avait soulevé les Arabes contre lui et qu'il avait commis tel ou tel acte. "Tout cela, conclut Safiya, a contribué à le faire sortir de mon cœur" » (Baladhori).

Les juifs de Khaïbar obtinrent cependant une reddition honorable qui stipulait seulement leur expulsion. Mais, comme l'exploitation de la riche palmeraie exigeait une importante main-d'œuvre et que les musulmans, occupés à faire la guerre, ne pouvaient guère assurer un tel entretien, Muhammad, à la demande des vaincus, se ravisa et consentit à les maintenir sur place comme simples métayers. Un traité en bonne et due forme fut conclu, sous forme d'une charte octroyée en pleine souveraineté par le Prophète lui-même, comme ce sera dorénavant l'usage, – Muhammad se réservant toutefois le droit d'expulser à tout moment les occupants des lieux. Plus tard, le calife Omar usera d'une disposition identique chaque fois qu'il pourra remplacer des travailleurs autochtones par des travailleurs musulmans.

La prise de Khaïbar eut un retentissement énorme dans l'ensemble de l'Arabie, en jetant une nouvelle fois la consternation à La Mecque et chez les ennemis, encore nombreux, de l'Islam. Mais aucun de ceux-là qui ne commençât à songer sérieusement qu'il était temps de voler au secours de la victoire. Jamais plus qu'en cette fin de l'an 6 la voie de La Mecque ne semblait aussi sûrement balisée.

6

Juifs et chrétiens face à l'Islam naissant

Le drame moral entre l'Islam naissant et les juifs, dont on vient de voir les premières conséquences, va se dérouler en plusieurs épisodes successifs. En arrivant à Médine et en s'y installant, Muhammad, comme il m'est arrivé de le dire, pensait trouver un appui auprès des disciples de Moïse, le grand prophète, eux-mêmes se réclamant de la descendance d'Abraham et s'affirmant farouchement monothéistes. Les premières Révélations de Médine, concernant les juifs, sont des invites pressantes adressées à ceux-ci et tout empreintes de sympathie. Pourtant le Coran ne leur demande pas de rejoindre immédiatement l'Islam mais veut trouver avec eux un terrain de compréhension et d'entente, dans l'espoir que les choses iront un jour encore plus loin. Ce qui ne l'empêche guère de souligner les divergences existant entre les Gens du Livre –, divergences qu'il se propose de concilier, et de concilier pacifiquement. Il est dit en effet :

Pas de contrainte en religion !
La voie droite se distingue de l'erreur.

Celui qui ne croit pas aux Taghoût [1]
et qui croit en Dieu
a saisi l'anse la plus solide et sans fêlure
– Dieu est celui qui entend et qui sait tout –

Dieu est le Maître des croyants :
il les fait sortir des ténèbres vers la lumière.

Autres versets qui vont dans le même sens :

Si ton Seigneur l'avait voulu,
tous les habitants de la terre auraient cru.

Est-ce à toi de contraindre les hommes à être croyants,
alors qu'il n'appartient à personne de croire
sans la permission de Dieu ?

(X, 99-100.)

Cependant l'euphorie du premier contact va très vite se dissiper. Les rabbins, comme il était prévisible, se montraient particulièrement virulents contre la nouvelle religion : prenant appui sur les Rouleaux de la Loi et sur la Thora, ils rejetaient en bloc le nouveau Message. Le Prophète s'en irritait au plus haut point, d'autant plus que ce refus était accompagné de railleries qui le visaient personnellement. De nombreuses *ayât* portent le témoignage de la montée de plus en plus vive de cette exaspération. L'inspiration muhammadienne *wah'y*, ne se voulait-elle pas adaptée au contenu des Livres anciens que le Prophète était venu confirmer, tout en les renouvelant pour en assurer au mieux l'épanouissement ? Seule réponse des juifs : non. « Les juifs des environs de Médine, observe avec justesse le père Lagrange, étaient

---
[1]. Taghoût : la racine T.G.A signifie parfois « être rebelle ». Ce nom, qui paraîtra encore sept fois dans le Coran, désigne probablement les idoles, à moins qu'il ne s'agisse de « démons » considérés comme rebelles.

arabisés ; on sentait pourtant toujours la différence. Avec le soin jaloux des tribus arabes de conserver leur indépendance et la pureté de leur sang, une compénétration complète était bien difficile. Beaucoup d'Arabes ne voulaient plus de leur ancienne religion, mais ils voulaient une religion à eux, une religion arabe. Le génie de Mahomet et les circonstances firent ce prodige : c'était bien le Messie qu'ils [les juifs] avaient rêvé, mais il n'était pas de leur race [1]. » La première critique, qui n'est pas encore une attaque, intervient dans la sourate XLV connue sous le nom d'*al-Djâthiya* (« Celle qui est agenouillée »). Après y avoir réitéré ses vifs reproches à l'adresse des incrédules et assuré, une fois de plus, que « quiconque fait le bien [le fait] pour lui-même, quiconque fait le mal [le fait] à son propre détriment » (*Ibid.*, 14-15), le Coran, brusquement, rappelle aux juifs les privilèges dont ils ont été gratifiés :

Nous avions donné aux fils d'Israël
Le Livre, la Sagesse et la Prophétie.
Nous les avions pourvus d'excellentes nourritures.
Nous les avions élevés au-dessus des mondes.

Nous leur avions donné des preuves incontestables concernant notre Ordre [2],
mais, poussés par une haine mutuelle,
ils n'ont été en désaccord
qu'après avoir reçu la Science.

Oui, ton Seigneur jugera entre eux,
Le Jour de la résurrection,
et il tranchera leurs différends.

(15-16.)

---

[1]. Père Lagrange, *Le messianisme chez les Juifs, de 150 ans avant J.-C. à 200 ans après*, cité par Youakim Moubarak, *Recherches sur la pensée chrétienne et l'Islam, dans les temps modernes et à l'époque contemporaine*, Beyrouth, 1977.
[2]. Autrement dit les commandements relatifs à la foi et au culte.

Juifs et chrétiens face à l'Islam naissant

Dans la sourate XVII, *al-Isrâ'* (« Le Voyage nocturne »), ou des *Bani-Israël* (« Les Fils d'Israël »), consacrée en très grande partie à ces derniers, le reproche est repris :

*Nous avons donné à Moïse le Livre
dont nous avons fait une Direction
pour les fils d'Israël :
« Ne prenez pas de protecteur en dehors de moi. »*

*O vous les descendants
de ceux que nous avons portés avec Noé !
– Il fut un serviteur reconnaissant –
Nous avons décrété dans le Livre,
à l'adresse des fils d'Israël :
« Vous sèmerez deux fois le scandale sur la terre,
et vous vous élèverez avec un grand orgueil. »*

(XVII, 2-4.)

A cette tirade succèdent des menaces et des avertissements aux impies. Et c'est précisément dans ce climat orageux que va se produire le fait considérable que constitue le changement de la *Qibla* (la direction de la prière). Il eut lieu, selon Ibn Ishâq, au mois de *Radjab*, dix-sept mois après l'Hégire, en l'an 2, et par conséquent au plus fort de la tension intervenue. Jusqu'ici, Muhammad et ses disciples s'étaient tournés, pour accomplir la prière, vers Jérusalem, siège du *Masdjed al-Aqsâ* (« La Mosquée très éloignée »), désigné ainsi par le Coran et vers qui s'était dirigé le Voyage nocturne. Cette direction avait été privilégiée à l'imitation des juifs qui, eux aussi, priaient, vers le Temple de Salomon, le *Beït al-Maqdess*. Mais, devant la résistance à l'Islam opposée par les croyants mosaïques, voici qu'est révélée soudain l'*âya* ordonnant aux musulmans de diriger désormais leurs dévotions vers la Ka'aba, vers le lieu même où, sous les regards menaçants des Koreïchites, les premiers musulmans faisaient leurs prières quand ils étaient à La Mecque. Cet événement capital eut pour effet non seulement de trancher net le dernier lien, d'ordre cultuel et politique, avec le judaïsme, mais aussi de restituer à l'Islam, en le rattachant à jamais à la race d'Ibrahim et d'Ismaël, fondateurs du *Beït al-Atîq*, de la Maison antique, sa spécificité arabe. Face à la communauté juive qui s'opposait à lui, la préoccupation du Prophète ne sera plus dès lors que de déraciner – de Médine d'abord, du sol de l'Arabie ensuite – ce corps devenu étranger.

En attendant, la polémique continuait de plus belle :

Les insensés d'entre les hommes disent :
« Qui donc les a détournés de la Qibla
vers laquelle ils s'orientaient ? »

Dis :
« L'Orient et l'Occident appartiennent à Dieu ;
Il guide qui il veut dans un chemin droit. »

(II, 142.)

Et ailleurs :

Ceux qui étaient chargés de la Tora
et qui, ensuite, ne l'ont plus acceptée,
ressemblent à l'âne chargé de livres.

(LXII, 5.)

Des dizaines d'autres *ayât* seraient à citer. Finalement, Dieu conseille à son Prophète :

Dis à ceux qui argumentent contre toi :
« Je me suis soumis à Dieu,
moi et ceux qui m'ont suivi. »

Dis à ceux auxquels le Livre a été donné
et aux infidèles :
« Etes-vous soumis à Dieu ? »

S'ils sont soumis à Dieu, ils sont bien dirigés ;
s'ils se détournent...
Tu es seulement chargé de transmettre le message prophétique
– Dieu voit parfaitement ses serviteurs –

*Annonce un châtiment douloureux
à ceux qui ne croient pas aux Signes de Dieu ;
à ceux qui tuent les prophètes injustement ;
à ceux qui, parmi les hommes,
tuent ceux qui ordonnent la justice.*

(III, 20-21.)

Tout compte fait, dit le Coran, en III, 67 :

*Abraham n'était ni juif ni chrétien
mais il était un croyant soumis à Dieu...*

*

Car les chrétiens, eux aussi, vont bientôt être pris à partie. Les relations avec eux, longtemps sereines et marquées par un profond respect, iront en se détériorant. L'on a vu comment, à La Mecque, le Coran avait, en des accents superbes, chanté les vertus de Maryam [Marie] qui a enfanté Issa [Jésus] de par l'effet de l'Esprit de sainteté. Rappelons le verset 42, de la sourate III, « La Famille d'Imrân » :

*Les anges dirent :
« O Marie !
Dieu t'annonce
La bonne nouvelle d'un Verbe émanant de lui :
Son nom est : le Messie, Jésus, fils de Marie ;
illustre en ce monde et dans la vie future ;
il est au nombre de ceux qui sont proches de Dieu.
Dès le berceau,
il parlera aux hommes comme un vieillard ;
il sera au nombre des justes. »*

Les chrétiens ont donc, au départ, bénéficié d'un préjugé extrêmement favorable. Muhammad n'a-t-il pas rencontré de pieux ermites lors de ses voyages en Syrie et ceux-là n'ont-ils pas confirmé sa vocation prophétique en observant son front inondé de lumière ? Le Prophète pouvait-il, d'autre part, oublier le service insigne que le Négus chrétien d'Abyssinie avait rendu à l'Islam, en accordant à sa première communauté persécutée asile et hospitalité et en versant des larmes après avoir écouté les versets mariaux récités par Dja'far b. Abi-Taleb, l'oncle du Prophète ? Enfin, Muhammad n'a-t-il pas particulièrement aimé Maria al-Koubtia, Marie la Copte, la belle esclave chrétienne que le *Mouqawqas* (gouverneur) d'Egypte lui avait offerte, au point, nous dit-on, qu'il allait la voir « jour et nuit » ? N'est-ce pas cette Marie-là qui lui donna un fils, mort en bas âge, comme al-Kassem, son premier fils, ce dont il conçut un chagrin tel qu'il aurait dit : « Si Ibrahim avait vécu, j'eusse exempté les Coptes de la *djizya* » (l'impôt de capitation) ?

La rencontre entre Islam et Christianisme paraissait plus crédible qu'entre Islam et Judaïsme. Et pourtant la rencontre, là aussi, échouera. La pierre d'achoppement, si l'on peut dire, sera incidemment liée à Najrâne, la ville chrétienne déjà évoquée. Cela se produira en l'an 10 de l'Hégire. Il s'agit de l'épisode célèbre de la *mubâhala* dont Massignon a longuement parlé dans plusieurs de ses textes et, notamment, dans son récit intitulé « La Mubahâla de Médine et l'hyperdulie de Fâtima [1] ». Parmi les ambassades affluant à Médine cette année-là, la « république chrétienne de Najrâne », comme l'appelle Massignon, envoya elle aussi au Prophète une délégation dont l'arrivée fit sensation dans la ville. Elle était composée de soixante-dix cavaliers à la tête desquels figurait le triumvirat dirigeant, formé du chef du syndicat des métiers (*âqib*), du chef des caravanes (*sayyed*) et de l'évêque (*usquf*), sorte d'inspecteur des couvents et des écoles, chargé également des rapports extérieurs avec les Empires chrétiens de Byzance et d'Ethiopie. Tous ces

---

1. Louis Massignon, *Opera Minora*, Dâr el-Machreq, Beyrouth, 1963.

délégués se vêtirent pour l'occasion de leurs vêtements d'apparat, et, avec les musulmans, ils échangèrent toutes sortes de propos d'amitié. Le Prophète les autorisa même à faire leurs prières à l'intérieur de la mosquée, en les orientant vers Jérusalem, geste d'insigne bienveillance qui frappa ses hôtes.

A l'audience qu'il leur accorda le lendemain, la discussion s'éleva tout de suite au plan théologique, Muhammad reprochant aux délégués de croire à la divinité du Christ. Le Coran ne rejetait-il pas catégoriquement, malgré sa vive sympathie pour le christianisme, le dogme de l'Incarnation qui constitue la clé de voûte du credo messianique ? Les Najrânites soutinrent leur point de vue doctrinal avec une telle vivacité que cela finit par envenimer le débat. Alors Muhammad leur proposa de recourir à une ancienne pratique connue sous l'appellation de *mubâhala*, sorte d'ordalie au cours de laquelle un serment d'attestation est prêté des deux côtés à la fois, ce qui suppose de part et d'autre une foi profonde dans la justice divine. Le Prophète avait eu recours déjà une première fois à ce rite lors de sa polémique avec les juifs dont la sourate III, verset 61, nous apporte l'écho :

Si quelqu'un te contredit
après ce que tu as reçu en fait de science, dis :
« Venez !
Appelons nos fils et vos fils,
nos femmes et vos femmes
nous-mêmes et vous-mêmes :
nous ferons alors une exécration réciproque
en appelant une malédiction de Dieu sur les menteurs. »

Redoutable épreuve imprécatoire. Le Prophète en fixe la date au jour suivant. Les chrétiens passent la nuit à délibérer. Le lendemain, coup de théâtre : ils renoncent à la *mubâhala* et sollicitent un traité de « capitation ». Aussitôt dit, aussitôt fait. Ce traité est cependant longuement négocié : il impose aux Najrânites de fournir aux musulmans un certain nombre d'objets (vêtements, cuirasses, lames, etc.) et de services. En échange, Muhammad s'engage à les couvrir de sa protection (*dhimmat al-Rassoûl* : « la conscience de l'Apôtre »), qui est la protection d'Allah (*jiwâr Allah* : « le voisinage » de Dieu) et l'Etat musulman, de son côté, garantit aux chrétiens la sécurité des personnes, la sauvegarde des propriétés, la liberté de religion et de culte, le respect des évêques, des prêtres, des moines, ainsi que l'immutabilité des fondations religieuses (les *waqf(s)*). Le traité exempte les Najrânites de la dîme, du service militaire et de l'entretien des troupes. En même temps, il leur interdit formellement de pratiquer l'usure, ce qui va mettre fin à la prospérité de leur ville qui reposait essentiellement sur le secteur « bancaire » et précipiter ainsi son déclin.

La sourate IX, *at-Tawba*, « L'Immunité », précise les conditions générales de tout pacte conclu ou à conclure dorénavant avec l'ensemble des « polythéistes », dont désormais font partie, malgré leurs Ecritures, les juifs et les chrétiens :

Ils troquent à vil prix les Signes de Dieu ;
ils écartent les hommes de son chemin.
Leurs actes sont très mauvais
....

Mais s'ils se repentent,
s'ils s'acquittent de la prière,
s'ils font l'aumône,
ils deviennent vos frères en religion
– Nous exposons les Signes à des gens qui savent –

S'ils violent leurs serments,
après avoir conclu un pacte,
s'ils attaquent votre religion,
combattez alors les chefs de l'infidélité.
Ils ne respectent aucun serment.
Peut-être cesseront-ils.

(IX, 11-12.)

La portée lointaine du traité de Médine avec Najrâne n'apparaîtra que plus tard. Le traité servira, en effet, de prototype à tous les autres traités de capitation signés durant toute la période de conquête et de prépondérance de l'Islam avec les communautés non musulmanes assujetties à l'Etat musulman. Toutefois, depuis l'affaire de la *mubâhala*, la position des chrétiens en Arabie va aller en se dégradant mais sans jamais connaître le degré d'exécration réciproque atteint dans le conflit avec les juifs ni se terminer dans un bain de sang. Et certes les chrétiens ne sont pas accusés comme les juifs d'avoir dissimulé dans leurs textes sacrés les passages où l'arrivée du dernier des Prophètes était annoncée. La raison essentielle de l'inimitié grandissante de l'Islam à l'égard du christianisme est, on ne le répétera jamais assez, le dogme de la Trinité, et lui seul quasiment, dans la mesure où il présuppose l'Incarnation. Le Coran déclare :

Ceux qui disent :
« Dieu est, en vérité, le Messie, fils de Marie »,
sont impies.

Dis :
« Qui donc pourrait s'opposer à Dieu,
s'il voulait anéantir le Messie, fils de Marie,
ainsi que sa Mère,
et tous ceux qui sont sur la terre ? »

(V, 17.)

Ou, plus loin, dans la même sourate, en 73 :

Oui, ceux qui disent :
« Dieu est, en vérité, le troisième des trois »
sont impies.

Le dogme de la Trinité a joué un rôle tel dans le psychisme de l'Islam naissant que Renan croit pouvoir écrire dans son *Histoire générale des langues sémitiques* : « L'islamisme lui-même est-il autre chose qu'une réaction du monothéisme sémitique contre la doctrine de la Trinité et de l'Incarnation par laquelle le christianisme cherchait, en suivant des idées d'origine indo-européenne, à introduire en Dieu des relations impliquant diversité et vie ? » Disant cela, et, malgré sa propre rupture avec le christianisme, Renan n'en réagit pas moins en Occidental indo-européen à qui restera fermé pour toujours le domaine exaltant et exultant de l'Un, tel que les mystiques musulmans le formuleront. Aux yeux de l'Islam, chrétiens et juifs sont désormais englobés dans une même condamnation, et pour la même raison : ce sont des *mouchriqoûn*, des associateurs qui, précisément, mettent en cause l'unicité absolue de Dieu. N'ont-ils pas poussé l'aberration jusqu'à diviniser leurs prophètes, devenus ainsi des « fils » d'Allah ?

Les Juifs ont dit :
« Uzaïr est fils de Dieu ! »

Les Chrétiens ont dit :
« Le Messie est fils de Dieu ! »

Telle est la parole qui sort de leurs bouches ;
ils répètent ce que les incrédules disaient avant eux.
Que Dieu les anéantisse !
Ils sont tellement stupides !

Ils ont pris leurs docteurs et leurs moines
ainsi que le Messie, fils de Marie,
Comme seigneurs, au lieu de Dieu.

Mais ils n'ont reçu l'ordre
que d'adorer le Dieu unique.
Il n'y a de Dieu que lui !
Gloire à lui !
à l'exclusion de ce qu'ils lui associent.

(IX, 30-31.)

Quel est cet Uzaïr évoqué ici ? Quelques auteurs occidentaux proposent une hypothèse que rien, toutefois, ne semble devoir confirmer. Ils pensent que le personnage ainsi nommé dans le Coran serait le prêtre-scribe Esdras (hébreu *'Azra*, abréviation probable de *'Azaryahu*, « Dieu aide »), personnage qui tient une place importante dans l'histoire du judaïsme et dans la littérature rabbinique. Vivant à Babylone au VIe siècle avant J.-C., il était revenu à Jérusalem à la suite de l'édit de Cyrus de 537 renvoyant les peuples asservis, parmi lesquels les Israélites, vers leur patrie d'origine (voir le *Livre d'Esdras* dans l'Ancien Testament). Quoi qu'il en soit, Uzaïr et Messie aidant, la fracture avec les Gens du Livre, tant choyés au départ, est désormais consommée. L'ordre descend de rompre tout lien déjà existant et de ne renouer avec eux aucune des attaches intertribales de jadis :

O vous qui croyez !
Ne prenez pas pour amis les juifs et les chrétiens ;
ils sont amis les uns des autres.

Celui qui, parmi vous, les prend pour amis,
est des leurs.
– Dieu ne dirige pas le peuple injuste –

(V, 51.)

La *Fatiha*, « L'Ouvrante », la très belle première sourate du Coran qui accompagne le croyant de sa naissance à sa mort et que celui-ci répète à toutes les étapes de sa vie, et parfois même de sa journée, fait cependant une distinction subtile entre juifs et chrétiens : les premiers sont ceux « qui encourent la colère » divine ; les seconds ne sont que les « égarés » :

Au nom de Dieu :
celui qui fait miséricorde,
le Miséricordieux.

Louange à Dieu,
Seigneur des mondes :
celui qui fait miséricorde,
le Miséricordieux,
le Roi du Jour du Jugement.

*C'est toi que nous adorons,
c'est toi
dont nous implorons le secours*

*dirige-nous dans le chemin droit :
le chemin de ceux que tu as comblé de bienfaits ;
non pas le chemin de ceux qui encourent ta colère
ni celui des égarés.*

Aux juifs et aux chrétiens, il convient d'ajouter, parmi les ennemis de l'Islam, les *kuffâr*, les idolâtres, mécréants ou impies obstinés à demeurer dans leurs errements. Le Prophète les a eus en face de lui toute sa vie, à La Mecque, à Médine et sur tous les champs de bataille où l'Islam s'est porté.

S'affirmant, se confirmant contre le polythéisme, le judaïsme et le christianisme, l'Islam naissant, déjà conquérant, va devoir aménager la condition des communautés non musulmanes qui continuent de vivre sous sa bannière ou qui vont bientôt le faire. Impérativement une solution devait être trouvée au problème de la présence des Gens du Livre au sein de la Cité islamique : il fallait dégager une issue à l'impasse juridique qu'ils posaient, alors que, s'agissant des seuls *kuffâr*, il suffisait de les combattre, les armes à la main, jusqu'à leur mise à mort ou leur conversion. A eux s'arrêtent les limites posées par l'*âya* déjà citée : « Pas de contrainte en religion », car leur idolâtrie les exclut spontanément de tout le champ religieusement identifiable.

Pour l'idolâtre donc, ce sera la mort en cas de défaite, à moins que, réduit en captivité, il ne consente à embrasser l'Islam pour échapper à l'exécution. Tandis qu'aux tenants d'un Livre saint, l'alternative est laissée entre la capitulation ou la capitation – la *djizya* – et le combat jusqu'à ce que mort s'ensuive. La *djizya* cesse d'être due au cas où le responsable musulman faillirait à son devoir de protection : on cite notamment le cas d'Abou Dubaïda b. al-Marrâh qui rendit à ses sujets chrétiens l'impôt de capitation qu'ils avaient payé parce qu'il s'était trouvé empêché de les défendre contre les *Roûm*, à savoir les Byzantins. Quant au fidèle qui succombe « dans le chemin de Dieu », les armes à la main, sa récompense sera la glorieuse palme du martyre :

Légers ou lourds, élancez-vous au combat.
Luttez avec vos biens et vos personnes,
dans le chemin de Dieu.
C'est un bien pour vous, si vous saviez !

(IX, 40-41.)

car :

Qu'est donc la jouissance éphémère de cette vie
comparée à la vie future,
sinon bien peu de chose !

(IX, 38.)

Les *ayât* sont nombreuses qui assurent, « à ceux qui tombent dans le chemin d'Allah », l'accès au Paradis, un paradis fait de riants jardins « sous lesquels coulent des rivières », séjour dans le lieu définitif de la plus haute verdure. « Le Paradis est à l'ombre des épées », avait dit Muhammad, cité par Boukharî et Muslim.

Quant au butin pris à l'ennemi, il était de règle en Arabie qu'il fût partagé à égalité entre les vainqueurs : c'étaient là des pratiques répandues alors dans tout le monde connu, y compris Byzance et la Perse. Etaient inclus dans le butin les hommes et les femmes réduits en esclavage. Le Coran revient souvent sur la question du butin afin d'en moraliser la distribution :

Sachez que quel que soit le butin que vous preniez,
le cinquième appartient à Dieu,

au Prophète et à ses proches,
aux orphelins, aux pauvres et au voyageur...

(VIII, 41.)

Muhammad avait, bien entendu, la possibilité d'opérer un choix discrétionnaire, mais la part importante qui lui revenait était destinée pour l'essentiel à l'Etat médinois et pour couvrir les besoins de celui-ci. Une fois fait ce prélèvement, le reste des prises était réparti, à parts égales, entre tous ceux qui avaient effectivement combattu. Quant aux vaincus, réduits en esclavage, il suffisait qu'ils se convertissent à l'Islam pour être aussitôt libérés. La conséquence en fut la multiplication rapide du nombre des musulmans. Aussi bien le Coran encourage-t-il les fidèles à racheter leurs péchés, ou à réparer un manquement aux obligations religieuses, en affranchissant un esclave, œuvre méritoire par excellence. L'Islam a toujours eu pour les déracinés une forme de tendresse. « L'Islam est né exilé et il mourra exilé », dit un *hadîth*. En deçà de l'Hégire muhammadienne, ce propos ne ferait-il pas allusion au fait que Hâdjar, servante d'Abraham – et dont le nom évoque la *Hidjra* –, fut elle-même une esclave, chassée de la maison par Sarah, l'épouse légitime, alors qu'elle était enceinte d'Ismaël, le père de tous les Arabes ?

Le juif, le chrétien et le mazdéen, vivant dans le monde arabe – cela qui est en train de devenir « monde arabe » et Empire islamique – est un *dhimmi*, autrement dit un « tributaire » dont la protection, à laquelle il a droit, est un « devoir de conscience », *dhimma*, assumé par la *umma* en contrepartie de l'impôt de capitation qu'il est tenu de payer une fois l'an, en son nom et au nom de tous les membres de sa famille. Cet impôt contrebalance la *zakât*, l'aumône légale, que paie de son côté le musulman pour asseoir l'équilibre socio-économique de la cité.

L'espace de l'Islam sera, dès le temps du Prophète, coupé en deux : d'un côté, le *Dar al-Islam* (la « Maison » ou le « Lieu » de l'Islam) où règne – en principe – la *pax islamica* ; d'un autre côté, le *Dar al-Harb* (la « Maison » ou le « Lieu » de la guerre), habité par les ennemis potentiels de l'Islam et contre lesquels des opérations militaires sont possibles.

Mais s'il est vrai que, dans l'Histoire, les musulmans ont souvent franchi les limites du *Dar al-Islam* pour entrer dans le *Dar al-Harb*, il n'est pas moins vrai que les non-musulmans et notamment les Européens chrétiens, les *Roûm* comme on disait encore au siècle dernier, ont franchi maintes fois ces mêmes frontières dans le sens inverse. « Croissades », d'une part (si l'on veut bien me permettre ce néologisme), et croisades de l'autre, tel est le rythme des événements entre les deux mondes, l'européen et le musulman – fût-il arabe ou turc – établis tous deux sur les rives de la Méditerranée. Puis ce sera l'envahissement colonial du sud et de l'est méditerranéens par les Français et les Anglais avec les luttes de décolonisation qui s'ensuivirent. La frontière est-elle définitivement levée entre ces mondes, par ailleurs si complémentaires ? Il ne le semble pas. Il faudra sans doute attendre la fin du conflit israélo-arabe pour que de nouveaux horizons se dégagent et que les trois credo irréductibles, qui furent si actifs et si violents au fil des siècles, en arrivent un jour à consentir à la vraie paix des Fils d'Abraham.

7

La Mecque, ville ouverte, et les dernières luttes

Revenons à Médine, maintenant que Muhammad y a établi le règne exclusif d'Allah. Désormais, les choses vont aller très vite. Supprimés la plupart des obstacles, dont l'obstacle juif, il va user tour à tour de la pression militaire et de la diplomatie où il est passé maître, pour réussir la conquête de la cité prestigieuse de ses pères. Il commence par lancer, dans sa stratégie mecquoise et alors même que l'oasis de Khaïbar n'est pas encore réduite, des expéditions contre des tribus juives dispersées dans le désert entre Médine et La Mecque. Les Bani-Liyyâne sont vaincus à Dhou-Karad ; les Bani-Moustâleq dans un lieu indéterminé. C'est durant cette dernière expédition qu'eut lieu un incident qui laissera sa trace dans la jurisprudence et dans la politique future de l'Islam. Au moment où va être levé le camp après la défaite des Bani-Moustâleq, Aïcha, l'épouse préférée, s'aperçoit qu'elle a perdu le collier auquel elle tenait le plus : partie à sa recherche, elle s'égare dans le désert, ce dont personne ne s'aperçoit puisque son chameau portant son palanquin fermé était parti avec les autres. Elle est ramenée le lendemain par un jeune bédouin. Aussitôt, d'après ce qu'en rapporte Ibn Hichâm, sur la foi du récit fait par Aïcha elle-même, les langues se délièrent contre elle, dont la moins virulente ne fut pas celle d'Ali, le cousin du Prophète et l'époux de sa fille Fâtima. Muhammad, au comble de l'accablement, lave sa femme de tout soupçon et reçoit du ciel de nombreuses *ayât* qui confirment son point de vue et rendent justice à l'aimée. Ces *ayât* instituent l'obligation pour ceux qui accuseraient une femme mariée du crime d'adultère d'avoir à produire quatre témoins à charge, sinon ces témoins sont, devant Allah, des « pervers » et des « menteurs » :

Frappez de quatre-vingts coups de fouet
ceux qui accusent les femmes honnêtes
sans pouvoir désigner quatre témoins ;
et n'acceptez plus jamais leur témoignage :
voilà ceux qui sont pervers,
à l'exception de ceux qui, à la suite de cela,
se repentent et se réforment...
....
Si seulement ils avaient appelé quatre témoins !
Ils n'ont pas désigné de témoins,
parce que ce sont des menteurs devant Dieu.

(XXIV, 4-5 ; 13.)

Une des conséquences de cet incident calomnieux sera la profonde inimitié que vouera désormais Aïcha à Ali, ce qui aura des répercussions désastreuses sur l'unité de la *umma* après la mort de Muhammad.

A la fin de l'an 6, le Prophète – ayant observé le mois de Ramadân à Médine – décide de se diriger vers La Mecque. Son intention aurait été alors non de s'attaquer à la ville mais de procéder à une simple démonstration de force où, à côté des musulmans, auraient été mobilisés les bédouins. L'expédition, formée de sept cents hommes – Ibn Hazm avance le chiffre de mille à mille cinq cents hommes –, avance en théorie caravanière armée qui proclame son désir, rien que pacifique, de se rendre à la Ka'aba pour y accomplir les rites du Petit Pèlerinage – la*'Oumrâ* – qui, à la différence du Grand Pèlerinage (*Hadj*), peut avoir lieu à tout moment de l'année et ne comporte que sept circumambulations autour du sanctuaire et sept courses rituelles entre les collines de Safâ et Marwâ. La Ka'aba était en voie de devenir pour l'Islam un point de ralliement essentiel puisque, depuis l'interruption de l'oraison en direction de Jérusalem, c'était vers le lieu mecquois que regardait désormais l'Islam priant. Le Prophète, pour effectuer le Petit Pèlerinage, avait gardé la tête nue et avait déjà revêtu le costume traditionnel du pèlerin, l'*ihrâm*, composé de deux pièces d'étoffe sans couture. Il avait choisi de monter Qaswâ, sa chamelle favorite et, lorsque celle-ci fut parvenue au col à partir duquel on descend vers Houdaïbiyya, la large plaine située au-dessous de La Mecque à la limite du territoire sacré, elle s'arrêta et s'agenouilla. En vain, les hommes tentèrent-ils de la faire se relever pour repartir : « Qaswâ est rétive ! » entendait-on dire ; mais le Prophète savait, disent les chroniqueurs, que c'était là le signe qu'il ne fallait pas aller plus loin, du moins pour le moment : « Elle n'est pas rétive, dit-il, mais elle est retenue par Celui qui a naguère retenu l'éléphant », faisant allusion à l'épisode célèbre de l'armée d'Abraha (Ibn Ishâq). Pendant ce temps, les Koreïchites, au comble de l'anxiété, avaient convoqué leur assemblée pour discuter d'un dilemme des plus graves : si eux, gardiens du sanctuaire, empêchaient près d'un millier de pèlerins arabes de s'approcher de la Maison sacrée, ils commettaient une violation flagrante

La Mecque, ville ouverte

des lois sur lesquelles reposait leur propre grandeur ; mais s'ils laissaient leurs ennemis entrer à La Mecque en toute tranquillité, ce serait un triomphe moral immense pour Muhammad. Un va-et-vient incessant d'émissaires s'institua entre les deux camps. Auprès des Mecquois, le Prophète continua de protester de ses intentions purement religieuses et insista sur la dévotion des musulmans pour la Ka'aba. Les émissaires, Houleïss b. Alkama et Ourwa b. Massoûd, tous deux au départ mal disposés à l'égard de Muhammad, retournèrent à La Mecque absolument convaincus de sa sincérité. Le Prophète, quant à lui, avait délégué à La Mecque son gendre, Osmâne b. Affane, le futur troisième calife, qui plaidera efficacement en faveur de son beau-père. Le fruit de tous ces efforts fut que les Mecquois envoyèrent à Muhammad un nouveau délégué. Celui-ci, Souheil b. Amrou, homme de compromis, engagea des négociations pour l'établissement d'un traité, connu bientôt sous le nom de « trêve de Houdaïbiyya », où le Prophète se montra – à l'irritation des siens – d'une étonnante souplesse : il alla même jusqu'à accepter qu'il y fût désigné de son nom de Muhammad b. Abdallah de préférence à ses titres devenus usuels de *Nabi*, « Avertisseur », ou de *Rassoul'Allah*, « Messager d'Allah ». Il se rendit, en effet, aux arguments de Koreïch pour qui le recours à de telles dénominations, dans un document officiel, impliquait la reconnaissance par La Mecque de la vérité de l'Islam. Quoi qu'il en soit, Koreïch admettait désormais que Muhammad était un partenaire à part entière, le conducteur de la *umma* islamique, en quelque sorte un chef d'Etat.

Que stipulait le traité qui sera considéré par la suite comme la légitimation écrite d'une sorte de véritable « préconquête » ? Il établissait une trêve de dix ans entre les deux parties, tout en admettant le droit des musulmans – *Mouhadjiroûn* et *Ansâr* aussi bien – de « retourner », s'ils le voulaient, à La Mecque. En outre, la trêve reconnaissait au Prophète et aux siens le droit, dès l'année suivante, d'effectuer un pèlerinage de trois jours dans la cité sainte, appelée pour l'occasion à être désertée de tout son peuple. Le Prophète considéra cette négociation comme un pas décisif dans la bonne direction et c'est en cette occurrence que lui fut révélée la sourate intitulée *al-Fath*, « La Victoire » :

Oui, nous t'avons accordé une éclatante victoire
afin que Dieu te pardonne
tes premiers et tes derniers péchés ;
qu'il parachève sa grâce en toi ;
qu'il te dirige sur la voie droite
et afin que Dieu te prête un puissant secours.

(XLVIII, 1.)

Un an plus tard, mois pour mois, le grand Hashémite en révolte, inspiré par Allah, et qui avait osé s'en prendre à la dignité des dieux nationaux, fit son entrée dans la cité à la tête de son « bataillon sacré ». La ville le regardait venir de loin et tous ses habitants étaient sur le qui-vive. Car, lorsqu'ils eurent appris que les pèlerins musulmans avaient atteint la limite de leur territoire, les Koreïchites évacuèrent toute la vallée de La Mecque et se tinrent sur les collines environnantes. Leurs chefs se rassemblèrent sur le mont Abou-Qobaïs, d'où leur vue pouvait embrasser un vaste panorama et leur regard plonger jusque dans l'enceinte du sanctuaire. C'est ainsi qu'ils aperçurent les pèlerins en train de sortir en longue procession du défilé situé au nord-ouest de La Mecque et débouchant dans la vallée en contrebas des premières maisons. Leurs oreilles perçurent bientôt un murmure grandissant dans lequel ils reconnurent l'antique invocation : « *Labbayk Allâhumma labbaykl* » (« Me voici, ô Dieu tout-puissant, qui réponds à ton

La Mecque, ville ouverte

appel ! »). En tête des processionnaires, dont certains se dandinaient sur leur monture tandis que d'autres ahanaient sous le soleil, enveloppés de leur *ihrâm* blanc et tête nue, se dressait le Prophète monté sur sa chamelle. Les arrivants, au nombre de deux mille environ, comptaient parmi eux tous ceux qui avaient participé à la tentative de l'année précédente, à l'exception de quelques-uns qui étaient morts dans les diverses expéditions. Un nouveau venu, et qui donc n'avait pas été à Hudaybiyya, était Abou-Houreïra, de la tribu des Bani-Daws. Il avait rejoint Médine, avec d'autres membres de sa tribu, pendant la campagne de Khaïbar et, comme il était sans ressources, il s'était joint aux « gens de la Banquette », ces indigents qui, assis sur une planche de bois à la porte de la mosquée, recevaient leur subsistance quotidienne de la charité publique. Lors de son entrée dans l'Islam, son nom avait été changé en 'Abd ar-Rahmân, mais on continuait à l'appeler Abou-Houreïra, littéralement « le père de la petite chatte », car, à l'exemple du Prophète, il aimait beaucoup les chats et avait toujours près de lui un de ces petits animaux avec qui il jouait. Il gagna bientôt la faveur du Prophète qui, à l'occasion de la *oumra*, lui confia la garde des chameaux destinés au sacrifice.

Autour de la Ka'aba, le Prophète se livra au rituel immémorial des cérémonies ambulatoires, ayant à sa suite la multitude des fidèles qui, en un ensemble impressionnant, imitaient ses gestes, suivaient ses pas, faisaient écho à ses invocations. Il ne resta à La Mecque, comme le stipulait le traité, que trois jours : il en profita toutefois pour nouer des liens avec des Koreïchites influents qui s'étaient dits prêts à adopter l'Islam.

Muhammad n'en avait pas fini pour autant de ses difficultés avec les Koreïchites et de leur méfiance à son égard. Pour affaiblir encore plus la ville d'orgueil, il va décider de s'attaquer à toute l'Arabie périphérique.

Peut-être même craignait-il que, devant sa puissance grandissante, les forces arabes chrétiennes, mercenaires de Byzance, et installées au nord de la Péninsule, n'en vinssent à l'attaquer par surprise. A la suite de l'assassinat de l'un de ses émissaires, roitelet ghassanide chrétien de Bosra, ville frontière, il conçut en l'an 8 le projet de lancer une colonne de trois mille hommes, sous le commandement de son fils adoptif Zayd b. Haritha, sur Mout'a, l'un des points de la Palestine méridionale d'où pouvait partir une expédition armée. C'était pour lui, en même temps, l'occasion d'apparaître dans toute sa neuve puissance sur la scène internationale. Peut-être voulait-il également, par cette victoire éventuelle sur les agents de Byzance, se procurer ces précieux cimeterres dits *mashraffiya* que l'on fabriquait à Mout'a et dont il aurait besoin, le moment venu, contre La Mecque. En cette occurrence solennelle, Muhammad prononça un discours qui servira plus tard de référence à l'ensemble des conquérants islamiques : « Je vous recommande, dit-il aux chef de l'expédition qui s'apprêtait à se diriger vers le Nord, la dévotion à Dieu et le respect de sa cause ! Combattez, certes, ceux qui se montrent incrédules envers lui, mais ne commettez nul acte de traîtrise ni de déloyauté. Ne tuez pas les enfants. Lorsque vous aurez rencontré [dès avant la bataille] vos ennemis, les *mouchriqoûn* [les associateurs], appelez-les à opter pour l'une des trois solutions. S'ils répondent à l'une d'entre elles, quelle qu'elle soit, acceptez-la : invitez-les donc à entrer dans l'Islam et, s'ils y consentent, accueillez-les et laissez-les en paix ; demandez-leur seulement de quitter les lieux où ils demeurent pour rejoindre le *Dar al-Mouhadjirîne* (Médine, où se trouvent les émigrés). Et s'ils acceptent de le faire, indiquez-leur qu'ils ont les mêmes droits et les mêmes obligations que les autres *Mouhadjiroûn* ; et s'ils entrent dans l'Islam et choisissent le lieu où sont les musulmans, faites-leur savoir qu'ils seront traités de la même façon que les Arabes musulmans, et qu'ils n'auront rien de la prise ni du butin s'ils ne participent pas au *djihâd* (la guerre sainte) aux côtés des musulmans. S'ils refusent, demandez-leur d'acquitter la *djizya* (la capitation) : s'ils acquiescent, acceptez cela de leur part. Mais s'ils refusent (le principe de la capitation), alors confiez-vous à Allah et combattez-les. » C'est ce que l'on surnommera dans l'art militaire de l'Islam « la sommation à triple alternative » : 1. La conversion ; 2. La *djizya* ; 3. La guerre. Toutefois, cette règle présuppose nécessairement que l'ennemi à combattre appartienne à l'une des religions du Livre.

La première bataille de l'Islam, à la veille de son expansionnisme panarabe, s'acheva pour lui en désastre. C'était la première fois que les musulmans se heurtaient à des soldats étrangers. Le nombre de ceux-ci aurait été de cent mille, s'il faut en croire Ibn Hichâm et Ibn Hazm. La chronique précise que beaucoup d'Arabes chrétiens combattaient sous la bannière de Byzance : elle nomme parmi eux la confédération des tribus de Qudâa, ainsi que les tribus arabes de Lakhm, de Djodhâm, de Balkayne, de Bahra'et de Baliy'. L'historien Tabarî se borne à dire que « les forces de Harqâl (Héraclius) se composaient de *Roûm* et d'Arabes », ce qui permet de penser que les cadres étaient formés d'officiers byzantins et les effectifs de bédouins, à l'image de toutes les armées coloniales, à commencer par les légions romaines. Le chiffre de cent mille est sans doute exagéré, mais les troupes ennemies étaient certainement nombreuses, paraissant avoir été mobilisées par avance pour repousser l'expédition musulmane dont l'arrivée avait dû être signalée. L'ardeur religieuse des musulmans finit par triompher de leur peur devant un ennemi aussi puissant. Mais, en dépit de leur intrépidité, ils furent assez vite accablés sous le nombre. L'étendard – *ar-Râya* – de l'Islam passa tour à tour, en conformité avec les prescriptions du Prophète, des mains de Zayd à celles de Dja'far b. Abi-Taleb, puis à celles d'Abdallah b. Rawâha, qui suivit les autres dans la mort. La poignée de survivants ne dut son salut, d'après Ibn Hichâm, qu'à la retraite ordonnée par Khaled b. Wâlid, dont la profonde sagacité militaire s'était une fois de plus manifestée pour l'occasion.

Le retour à Médine fut lugubre. Les rescapés ramenaient avec eux les corps de leurs compagnons morts au combat. Il ne fallut pas moins que l'énergique intervention personnelle du Prophète pour ramener le calme et arrêter les huées et les injures lancées par une foule surexcitée : « Ce ne sont pas là des fuyards, ce sont de futurs assaillants, si Dieu le veut ! » lança-t-il d'une voix forte. Pourtant les soldats vaincus, Khaled tout le premier, durent pendant un certain temps éviter de paraître en public. Aussi, pour laver l'affront dont toute l'Arabie allait parler, il fallait un nouveau coup spectaculaire : on devine ce qu'il sera.

*

Le projet en avait été préparé dans le plus grand secret : un prétexte va déclencher sa réalisation. En effet, contre l'esprit de la trêve des dix ans conclue à Hudaybiyya, une tribu, les Banou-Bakr, alliés de Koreïch, commit une agression à l'égard des Banou-Khouza'a, alliés de Muhammad. Du coup, celui-ci déclara que la trêve était rompue, et rompue du seul fait de La Mecque.

Il commença par envoyer des émissaires aux tribus pour s'assurer de l'aide qu'elles pouvaient lui fournir, en leur demandant à toutes d'être présentes à Médine

La Mecque, ville ouverte

au début du mois suivant, qui était celui de Ramadân. Les bédouins répondirent massivement à cet appel et, lorsque le jour fixé arriva, la troupe qui se mit en marche était la plus grande qui fût jamais sortie de Médine. Tous les musulmans étaient là : sept cents *Mouhadjiroûn* avec trois cents chevaux, quatre mille *Ansâr* avec cinq cents chevaux, ce qui, ajouté aux tribus ayant rallié Médine et à celles qui, en cours de route, venaient agrandir les rangs de l'armée, amena les effectifs de celle-ci à près de dix mille hommes. A part quelques Compagnons très proches, personne ne savait quel était, cette fois, l'ennemi désigné.

Les Koreïchites, eux non plus, ne connaissaient pas la destination finale de l'armée musulmane : ils espéraient, sans trop y croire il est vrai, que ce serait la cité voisine de Taëf. Mais quand la troupe surgit en plein mois sacré à quelques lieues de leur ville, il n'y eut plus de doute possible : c'était bien La Mecque l'objectif. Les Mecquois n'avaient guère le choix : il leur fallait où se soumettre ou mourir. Ils déléguèrent auprès du Prophète le très habile négociateur qu'était Abou-Soufiâne, accompagné de l'oncle même de Muhammad, al-Abbâs b. Mottaleb. Leur mission ? Annoncer que Koreïch acceptait purement et simplement de capituler. Aussitôt placé en face de Muhammad, al-Abbâs proclama aussitôt sa conversion à l'islam et son ralliement total à son neveu. Abou-Soufiâne tergiversa mais, devant la menace sérieuse d'avoir la tête tranchée, il se convertit à son tour entre les mains du Prophète. Les forces musulmanes firent leur entrée triomphale, le 17 du mois de Ramadân de l'an 8, dans l'antique cité jusqu'ici inviolée, au milieu d'un silence profond.

*

Muhammad se comporta dès lors, comme il l'avait fait à Médine, en chef d'Etat. Tout en prescrivant à ses lieutenants de ne pas faire couler le sang, sauf si leurs troupes étaient attaquées, il consentit à accorder l'*amâne*, la paix et la sécurité, à tous ceux qui viendraient à lui, en échange, bien sûr, de leur adhésion à l'islam. Il avait néanmoins désigné certains Mecquois à mettre à mort, où qu'ils fussent, même si on les trouvait « cramponnés aux voiles de la Ka'aba ». Il y avait, parmi les condamnés, deux chanteuses qui furent impitoyablement exécutées : il leur était reproché – tant est vive la blessure que ressent tout Arabe exposé au *hidjâ'*, la poésie satirique – de l'avoir criblé de leurs épigrammes lorsqu'il était jadis à La Mecque, pauvre et dépossédé. Beaucoup de citadins prirent la fuite vers le Yémen, mais, en cours de route, ils reçurent nouvelle de la proclamation de l'amnistie. Pareille clémence cependant exaspéra bien des croyants, notamment chez les *Ansâr*, qui accusaient à voix basse le Prophète de partialité envers les siens et qui craignaient déjà qu'il ne se décidât à quitter définitivement Médine pour revenir s'installer dans la ville de ses ancêtres. Ayant eu vent de cela, Muhammad aussitôt les rassura : « Je suis le Serviteur d'Allah et son Envoyé, leur dit-il. J'ai émigré vers Allah et vers vous. Ma vie se poursuivra avec la vôtre, et le lieu de ma mort sera aussi le lieu de la vôtre. » Les *Ansâr* éclatèrent en sanglots : « Par Allah, nous n'avons dit ce que nous avons dit que par attachement envers l'Envoyé d'Allah, que la paix soit sur lui ! » (Baladhori, Ibn Hichâm et Ibn Hazm).

L'unité de l'armée ainsi rétablie, le Prophète accomplit le rite de la grande ablution et pria en huit cycles de prosternations, puis il prit une ou deux heures de repos. Il se fit ensuite amener Qaswâ, sa chamelle, puis, ayant revêtu sa cotte de mailles et son casque, la visière de celui-ci restant relevée, il ceignit son épée demeurée dans son fourreau, et ne voulut garder dans la main qu'un simple bâton. Ainsi paré, il se rendit directement vers l'angle sud-est de la Ka'aba, tout en conversant affectueusement avec Abou-Bakr. Arrivé à destination, il toucha respectueusement la Pierre noire du bout de la canne qu'il tenait, en prononçant distinctement la formule de magnification : « *Allahou akbar !* », « Dieu est le plus grand ! », formule que répétèrent ceux qui étaient près de lui et, à leur suite, tous les croyants qui se trouvaient dans la mosquée et au-delà : la ville entière résonnait de la rumeur de leur cri, repris et répété, jusqu'à ce que le Prophète levât la main pour rétablir le silence. Un silence de nouveau épais et profond.

Ensuite, ayant accompli les sept tournées autour de la Ka'aba, le Prophète s'avança vers les idoles au nombre de trois cent soixante. Elles étaient disposées en un vaste cercle autour de la Maison sacrée, scellées au sol par des coulées de plomb. Le dieu Hobal tenait parmi elles le premier rang et, à ses côtés, se dressaient Issâf et Naïla, à qui des sacrifices venaient d'être offerts. Du bout de son bâton, le Prophète touchait une idole après l'autre et, chaque fois, celle-ci tombait brutalement la face en avant, dans un grand fracas et une nuée de poussière. Avançant lentement parmi les idoles, il répétait à voix haute le verset révélé en XVII, 81 :

La Vérité est venue,
l'erreur a disparu.
L'erreur doit disparaître !

Parmi les statues, l'une d'elles était censée représenter Ibrahim, l'Ami de Dieu. Indigné, il s'écria : « Qu'Allah les combatte ! Ils ont fait de notre ancêtre une idole parmi les idoles ! Quel rapport peut donc avoir Abraham avec les idoles ? » Et il récita le verset :

*Abraham n'était ni juif ni chrétien
mais il était un vrai croyant soumis à Dieu ;
il n'était pas au nombre des polythéistes.*

(III, 67.)

Lorsqu'il eut fait le tour complet du sanctuaire, Muhammad descendit de sa monture et alla prier à la « station d'Abraham » qui, à cette époque, était contiguë à la Ka'aba. Il se rendit ensuite au puits de Zemzem où son oncle al-Abbâs lui tendit une coupe pleine d'eau, confirmant ainsi de manière définitive le droit des descendants de Hashîm, les Hashémites, le propre clan du Prophète, à donner à boire aux pèlerins. Ensuite, on lui ouvrit la porte de la Ka'aba.

A part, semble-t-il, une icône qui représentait la Vierge Marie et l'Enfant Jésus, ainsi que celle représentant un vieillard que l'on disait être Abraham, les murs à l'intérieur du sanctuaire étaient couverts de figurations païennes. Plaçant sa main sur l'icône en signe de protection, raconte Waqidi, le Prophète dit à Osmâne b. Talha, nommé par lui gardien de la Ka'aba, de veiller à ce que toutes les peintures soient effacées, à l'exception de la représentation d'Abraham. Mais d'autres traditionnistes affirment que toutes les peintures furent badigeonnées, ce qui paraît le plus vraisemblable. Se tournant ensuite vers des hommes et des femmes qui s'étaient réfugiés, tremblants, à l'intérieur du lieu sacré, il leur dit : « O gens de Koreïch, que pensez-vous que je veuille faire de vous ? » Ils répondirent d'une seule voix, apeurée et tremblante : « Du bien, certes, rien que du bien. Tu es un noble frère, tu es le noble fils d'un noble frère. » Muhammad leur dit : « Retirez-vous, vous êtes libres. » Il exigea d'eux toutefois de détruire les idoles présentes dans leurs maisons au cas où il y en aurait. L'un des récits les plus émouvants de cette journée, riche de bouleversements en tout genre, concerne Hind,

La Mecque, ville ouverte

la femme d'Abou-Soufiâne, la mangeuse de foie cru sur le champ de bataille. Elle arriva voilée, craignant que le Prophète n'ordonnât de la mettre à mort à sa vue seule et avant qu'elle eût embrassé l'islam. Elle dit : « O Envoyé d'Allah, louange à celui qui a fait triompher la religion, celle que je choisis pour moi-même. » Puis elle se découvrit le visage : « Je suis Hind, la fille de Outba », dit-elle sombrement. « Sois la bienvenue », lui répondit simplement Muhammad, et il la congédia. Ibn Hichâm rapporte un autre propos tenu par le Prophète ce jour-là. Aux Koreïchites, il aurait déclaré, après la formule du *takbir*, devenue effusion mystique de toute une foule criant : « *Allahou akbar !* » : « Sa promesse [celle de Dieu] est réalisée ; à son serviteur, il a donné la victoire ; lui seul a mis en fuite les factions... O Koreïchites ! Allah a pour toujours aboli en vous les sentiments de la *djahiliyya* et la vanité des ancêtres. Les hommes sont les fils d'Adam et Adam n'a été formé que du limon de la terre. » Il s'arrêta de parler pour son compte, et récita spontanément l'*âya* célèbre sur lui « descendue » :

O vous, les hommes !
Nous vous avons créés d'un mâle et d'une femelle.
Nous vous avons constitués en peuples et en tribus
pour que vous vous reconnaissiez entre vous.

Le plus noble d'entre vous, auprès de Dieu,
est le plus pieux d'entre vous.
– Dieu est celui qui sait et qui est bien informé.

(XLIX, 13.)

Les dieux antiques aussitôt écartés, écrasés, pulvérisés, l'Islam, sous le signe d'Allah, découvre, en contrepoint pourrait-on dire, l'importance de l'homme. Tout principe d'égalité présuppose en effet que l'homme est une entité en lui-même et qu'il mérite considération du simple fait d'être humain. En affirmant que tous les hommes, toutes les races et tous les peuples ne diffèrent entre eux que par le seul degré d'attachement à Dieu, le Coran prend position contre tout le système social prévalant en Arabie où la tribu, la lignée, le clan étaient déterminatifs. Cette hiérarchisation extrême de la vie communautaire, basée sur des considérations de naissance et de fortune, n'était pas l'apanage des seules tribus. Toutes les sociétés impériales voisines de la Péninsule reposaient, elles aussi, sur de violents systèmes inégalitaires. Et voici qu'en quelques paroles inspirées l'Islam venait de mettre fin à toutes ces orgueilleuses conceptions pyramidales, venait de donner à tous les hommes comme une vaste plaine étale où ne devaient scintiller que les seuls foyers allumés par la proximité divine.

La Mecque, convertie à l'Islam, redevint *Umm-al-Qourâ*, la « Mère des cités », – enfin purifiée. Spiritualisée par la nouvelle religion, elle recommença à briller en tant que point de mire pour des croyants dispersés dont elle était, par la prière cinq fois quotidienne, le point obligé de convergence. Et comme pour bien marquer le caractère extraordinaire de l'antique bourgade, qui venait de s'élever brusquement au premier rang des trois lieux saints de l'Islam (*al-Haram al-Charif*, le « Lieu sacré et noble »), le Prophète s'écria, à la suite d'un crime commis dans la ville le lendemain même de son islamisation, et sans doute par vengeance : « O hommes ! Allah a érigé La Mecque en une ville sacrée (*haram*), et cela depuis qu'il a créé les cieux et la terre : elle est sacrée parmi les choses sacrées, et elle restera sacrée jusqu'au jour de la résurrection » (Ibn Hichâm).

Capitale spirituelle, certes, mais ce n'est pourtant pas elle qui sera la capitale politique du premier Islam. Hier métropole commerciale, elle va désormais rayonner, point central de nostalgie, par le *hadj*, le pèlerinage. C'est Médine, en revanche, première ville à se rallier à l'Islam, qui va se transformer en un foyer de décision politique et d'activité économique. Voici donc comment eut lieu, du vivant même du Prophète, et sur un plan où on ne l'attendait pas, la « conversion » paradoxale des deux villes.

*

Il y aura encore, revenant à la haute figure de Muhammad, quelques autres faits d'armes dans son destin. Même si La Mecque avait fini par épouser l'Islam, les tribus inféodées aux Koreïchites et vivant autour de La Mecque, qui formait le centre de cette vaste région appelée le Hedjaz, continuaient de vivre en dehors de la nouvelle foi. Muhammad décida, pour des raisons évidentes de sécurité, mais aussi d'extension islamique, de les réduire. Il chargea de cette œuvre de « pacification » et d'islamisation le prestigieux soldat qu'était Khaled b. al-Walîd à la tête d'une troupe à laquelle plusieurs clans bédouins s'étaient ralliés. La grande tribu des Bani-Djoudhaïma, la première rencontrée, fut battue.

Mais les Hawâzen, autre importante tribu, continuèrent de renforcer leurs troupes. La nouvelle de la conquête de La Mecque, et de la destruction de toutes ses idoles, n'avait fait qu'amplifier leur inquiétude. Durant les deux semaines que les conquérants musulmans venaient de passer dans la ville sainte, les Hawâzen avaient réussi à rassembler une armée d'environ vingt mille hommes dans la vallée d'Awtâr, au nord de Taëf. Afin de mieux stimuler leur propre fureur combattante et parce qu'ils étaient convaincus que leur existence même dépendait de l'issue de la bataille, ces guerriers s'étaient mis en mouvement, jouant leur va-tout et emmenant avec eux leurs femmes, leurs enfants et leurs bêtes. Le Prophète, à son habitude, prit les devants. A grandes foulées, son armée, constituée de dix mille hommes, aidés pour la première fois de deux mille combattants mecquois, s'avança vers le val de Honaïn, à quelques kilomètres de La Mecque. C'est là que le premier choc se produisit. Les musulmans tombèrent dans une embuscade tendue par les Hawâzen dissimulés sur les deux versants du val. Leur déroute se transforma en débâcle, mais, comme à Ohod, Muhammad ne perdit pas son sang-froid. Entouré d'un mince bataillon de défenseurs, *Mouhadjiroûn* et *Ansâr*, ainsi que de sa garde rapprochée, Abou-Bakr, Omar, Ali, Oussâma b. Zayd ainsi que de son oncle al-Abbâs, il cria à l'intention des siens : « Où allez-vous, ô gens ? Je suis Muhammad, l'Envoyé d'Allah, Muhammad b. Abdallah ! » L'écho de sa défaite était cependant déjà parvenu à La Mecque où certains, mal islamisés, se réjouissaient et s'apprêtaient à fêter l'événement. Parmi ceux-ci, quoique devenu assez prudent pour ne trop se découvrir, l'impavide Abou-Soufiâne. « Enfin, la magie de Muhammad s'est évanouie ! » s'écria un vieil et toujours actif idolâtre, Djablat b. Hanbal.

Mais la « magie » de Muhammad va opérer une fois de plus. Les fuyards se ressaisissent. De nouveau, ils se forment en rangs serrés autour de l'Envoyé, en criant à l'adresse d'Allah : « *Labayk ! Labayk !* A tes ordres ! à toi ! » Le corps à corps devient féroce. « Maintenant le feu de la fournaise s'est rallumé ! » s'exclame le Prophète, faisant allusion à l'Enfer qui attend les mécréants et, soudain dressé de toute sa grandeur, il tranche d'un coup de sabre, la patte de la chamelle du porte-fanion des Hawâzen. Ceux-ci, encombrés de leurs familles et de leurs bestiaux, ne savent où fuir, ni comment. Ils succombent sur place ou se rendent, laissant un immense butin qui, comme toujours, sera un peu plus tard l'occasion de graves dissensions entre *Mouhadjiroûn*, *Ansâr* et Mecquois ralliés, jusqu'à ce que le Prophète intervienne

La Mecque, ville ouverte

en personne et divise le tout en parts égales à même le champ de bataille. En parts égales ? Pas tout à fait. La *sîra*, objective, prend soin de préciser, sous la plume d'Ibn Hichâm et d'Ibn Hazm, que la quantité de biens remise par Muhammad aux personnages en vue, qu'ils appartinssent à Koreïch ou aux autres clans, fut proportionnelle au rang et au crédit politique de chacun. Justement offusqué par cette répartition inhabituelle, Hassan b. Tabet, le poète officiel du Prophète et l'un des *Ansâr*, composa, pour exprimer sa réprobation, des vers peu amènes que la chronique, toujours objective, nous conservera. En attendant, Muhammad se réjouissait, lui et les siens, de la pleine victoire qui – une fois de plus – lui était « tombée du ciel ». Toutefois, et contre le triomphalisme des combattants musulmans, un verset, lui aussi venu du ciel, ramena les uns et les autres à une juste appréciation des choses :

Dieu vous a secourus
en de nombreuses régions et le jour de Honaïn,
quand vous étiez fiers de votre grand nombre
– celui-ci ne vous a servi à rien –
quand la terre, toute vaste qu'elle est,
vous paraissait étroite,
et que vous avez tourné le dos en fuyant.

Dieu fit ensuite descendre sa Sakina
sur son Prophète et sur les croyants.
Il fit descendre des armées invisibles.
Il a châtié ceux qui étaient incrédules.
Telle est la rétribution des incrédules ;
mais après cela, Dieu reviendra vers qui il veut.
– Dieu est celui qui pardonne, il est miséricordieux.

(IX, 25-27.)

Le mot *sakina*, qu'on rencontre à plusieurs reprises dans le Coran, mérite qu'on s'y arrête. Signifiant « habiter » ou « se tenir dans un lieu » pour s'y reposer, on le retrouve avec le même sens « d'habiter au milieu de » dans la Bible. Mais, dans le Nouveau Testament, c'est plutôt le sens de « gloire du Seigneur » qui revêt une signification approchante. Cette « gloire du Seigneur » apparaît notamment à l'heure de la naissance du Christ (Luc, II, 9). Mais Jean, de son côté, exprime l'idée de cette même présence glorieuse (*sèkina*) quand il dit : « Le Verbe a demeuré parmi nous et nous avons vu sa gloire. » A deux reprises, dans le Coran (IX, 26 et 40), la *sakina* est associée à l'aide envoyée par Dieu aux croyants par l'intermédiaire des « anges combattants » ; une autre fois, elle assure la victoire des musulmans et, dans la sourate XLVIII (versets 4 et 26), elle apparaît comme un élément propre à affermir la foi des croyants. D'après Ibn Hichâm, alors que la prise de La Mecque, malgré l'enthousiasme suscité, n'avait nullement débordé dans l'expression poétique comme on s'y serait attendu, eu égard à l'importance particulière et à la gravité de l'événement, la victoire de Honaïn fut chantée à l'envi par les bardes de l'Islam parce que c'étaient, outre la maîtrise de soi manifestée par le Prophète, la fidélité de ses guerriers et leur vaillance qui avaient constitué les facteurs de la victoire. Comme à Badr, les musulmans étaient unanimes à témoigner que les anges d'Allah, portant cette fois des turbans rouges, avaient combattu dans leurs rangs (Maqrizi).

La victoire de Honaïn est le couronnement de la carrière militaire de Muhammad, simultanément homme de guerre et homme de paix. D'ailleurs, à partir de Honaïn, ce n'est plus la guerre, mais l'art de gouverner et de parlementer qui va devenir l'essentiel de son activité conquérante. Aussi bien le temps était-il venu pour lui de s'emparer de Taëf, à proximité de La Mecque. Cette ville constituant l'ultime bastion de la résistance anti-islamique, il se dirigea vers elle. Sans doute alors se souvint-il de sa première apparition sous les murs de

La Mecque, ville ouverte

la cité : dix ans auparavant, il avait été reçu sous ces mêmes murs par des jets de pierres et seul un petit chrétien, porteur de fruits, lui avait marqué un peu de compassion. Cette fois, ce sont des volées de flèches qui l'accueillent, lui et son armée. Celle-ci se déploya autour des murailles dont les créneaux étaient hérissés de défenseurs. Sans succès, il utilisa contre les assiégés les mangonneaux, sorte de frondes géantes dont l'apparition était nouvelle. Des esclaves échappés vinrent se réfugier auprès de lui, en se convertissant entre ses mains. Nombre d'épouses, d'origine koreïchite, vivaient à Taëf et, parmi elles, la propre fille d'Abou-Soufiâne. Celui-ci, et les autres Mecquois, pressèrent toutes les femmes – menacées en cas de victoire d'être réduites en esclavage – de déserter et de rejoindre les rangs des musulmans, ce que les nobles dames refusèrent d'une seule voix et non sans indignation. La résistance de la ville encerclée devenait de plus en plus tenace et meurtrière. Brusquement, à la stupéfaction générale, Muhammad ordonna la levée du siège : Omar, le belliqueux Omar, n'en croyait pas ses oreilles. Les fidèles conjurèrent leur chef de lancer un assaut, qui serait assurément victorieux, pour châtier une cité idolâtre et qui s'enorgueillissait de le rester. Muhammad s'obstina dans son refus : il voulait éviter les débordements. Sans doute savait-il de science sûre qu'entourée de partout par l'Islam, Taëf ne saurait résister longtemps à la foi nouvelle et que, le jour venu, elle tomberait entre ses mains comme un fruit mûr et qu'il y entrerait pacifiquement, ce qui en effet se produisit. Pour cela, il y fallait le temps, seulement le temps. Habileté ou prudence aussitôt après son retrait, les Thaqafites envoyèrent au Prophète, déjà rentré à Médine, une délégation composée – « pour » et « contre » – de partisans de la conversion massive et d'opposants à cette conversion. Leur mandat : décider sur place de ce qu'il faudrait faire, au vu des résultats de la négociation. Muhammad les accueillit avec amitié. Le premier contact fut cependant difficile, car ils refusèrent de s'adresser à lui en l'appelant de son titre, désormais courant, d'Envoyé d'Allah. La méfiance des négociateurs était telle qu'ils ne touchaient aux aliments qu'après qu'un musulman de marque les eut goûtés. Les tractations butèrent longtemps sur deux points : la destruction des idoles et les cinq prières quotidiennes. Sur l'une et l'autre question, Muhammad, quel que fût son désir d'apaiser la cité rebelle, se montra intransigeant. Comme les émissaires souhaitaient être dispensés des cinq prières journalières considérées par eux comme une charge trop lourde, ils s'entendirent répondre : « Aucun bien ne saurait provenir d'une religion sans prière » (Ibn Hichâm). En outre, les Thaqafites vénéraient depuis toujours une divinité, dont ils craignaient les représailles, *al-Taghiâ*, « la Tyranne » : ils supplièrent Muhammad de leur consentir un sursis d'un an, voire de rien qu'un mois, pour son élimination. Rien n'y fit : ils durent, là aussi, céder. « O Muhammad, s'exclamèrent-ils en désespoir de cause, nous nous soumettrons à toi dans l'humiliation ! » Suivant la règle qu'il s'était donnée de confier, autant que faire se pouvait, à des hommes sûrs pris sur place les missions les plus délicates, Muhammad nomma un jeune Thaqafite, Osmâne b. Abi al-Aç, en qualité de gouverneur de la cité. Deux nouveaux adeptes fervents de l'Islam, qui deviendront des acteurs parmi les plus éminents de la nouvelle société en voie de formation – le désormais incontournable Abou-Soufiâne et al-Moghirat b. Sho'ba, originaire, lui aussi, de Taëf – seront adjoints au jeune responsable pour procéder à la destruction de l'idole. L'opération donna lieu, racontent les chroniqueurs, à des scènes comiques et tout à fait extravagantes : les femmes, notamment, poussèrent des lamentations aiguës, entrecoupées de sommations véhémentes adressées à la déesse de montrer sa puissance en frappant à mort ses agresseurs. *Al-Taghiâ* demeura de marbre, si l'on ose dire, et absolument inefficace. Taëf, déconcertée mais brusquement calmée, entra à son tour dans le giron de l'Islam.

*

L'an 8 s'était à peine écoulé qu'après un court séjour à Médine, du mois de *Dhou al-Hidjât* à celui de *Radjab* de l'année suivante, Muhammad donna subitement l'ordre d'avancer en direction de Tabboûk : il avait une revanche à prendre sur les chrétiens. Cette décision, qui marque un tournant capital dans la geste prophétique, indique aussi, sans doute, la volonté muhammadienne de s'attaquer enfin, en dehors du territoire arabe proprement dit, à une localité étrangère située en terre byzantine et, en tant que telle, hautement symbolique. Ce faisant, Muhammad voulait-il, d'ores et déjà, préparer la conquête de la Syrie ? Peut-être, si même il ne s'est jamais exprimé à ce sujet. De fait, jusque sur son lit de mort, le Prophète évoquera avec insistance la nécessité de la reprise de la campagne militaire contre le Nord, et par cette route précisément où son armée s'était risquée une première fois. Cette même route sur laquelle son successeur, Abou-Bakr, lancera plus tard les forces musulmanes pour envahir le grand pays d'*ach-Châm*.

Alors que le comportement dicté par la Révélation à Muhammad paraissait jusqu'ici lié au seul besoin pour lui de donner à ses frères de langue un Livre sacré à l'instar de la Bible et de l'Evangile remis par Dieu à d'autres peuples, l'Envoyé d'Allah imprime tout d'un coup à l'Islam des directions nouvelles qui débordent les frontières immédiates de la géographie naturelle. Il ne serait pas absurde d'imaginer que par suite de la soumission de La Mecque, si longtemps orgueilleusement rebelle à l'ordre d'Allah, Muhammad venait soudain de comprendre, à la lumière éclatante de cette victoire, l'universalité de son message. Le verset 13 de la sourate XLIX, déjà cité, ouvre brusquement à l'Islam les horizons du monde entier et, puisque tous les hommes sont les mêmes, il convient que leur soit porté l'unique message, lui-même immémorial :

O vous, les hommes !
Nous vous avons créés d'un mâle et d'une femelle.
Nous vous avons constitués en peuples et en tribus
pour que vous vous connaissiez entre vous.

« Muhammad ordonna au peuple – dit sobrement Ibn Ishâq – de se préparer à mener la *ghazwa* contre les *Roûm*. » Baladhori précise toutefois que la décision du Prophète aurait été motivée par la nouvelle que les *Roûm* venaient de masser à Tabbouk des forces importantes, « comprenant des Arabes de Amila, de Sakhm, de Djodhâm et d'autres tribus ». Le chroniqueur ajoute : « l'ordre en fut donné en un temps de pénurie pour le peuple » alors que la chaleur était torride, que les musulmans étaient las de la guerre, que les fruits étaient en train de mûrir sur les arbres, ces beaux arbres « à l'ombre desquels ils aimaient trouver le repos ». En faveur de notre hypothèse concernant l'intuition d'un homme qui sait enfin qu'il est un Prophète universel, on peut citer cette anecdote : tandis que Muhammad s'en allait à la tête d'une expédition dite « difficile » – *al Ghazzouat al-'ousra* –, Ali le rejoignit pour se plaindre de devoir rester à Médine, afin d'y garder les épouses de l'Envoyé. Muhammad lui déclara (*hadîth* plus tard érigé en argument à l'appui de la légitimité du droit des Alides, ou descendants d'Ali, au califat) : « Ils [les *mou-*

nafiqoûn qui accusaient Ali d'être un "planqué"] t'accusent à tort, et ce sont des menteurs. Je t'ai demandé de rester à Médine dans l'intérêt même des personnes que j'y laisse. Retournes-y et prends soin de ma famille et de la tienne. Ne voudrais-tu pas, ô Ali, être à mon égard ce qu'était Haroûn (Aaron) par rapport à Moussa (Moïse) –, avec cette différence toutefois qu'il n'y aura pas de prophète après moi ? » (Ibn Hichâm et Ibn Hazm). Et Muhammad poursuivit sa route.

Ce qui frappa les contemporains fut que, contrairement à sa tactique habituelle, Muhammad avait cette fois ouvertement divulgué l'objectif à atteindre et bien désigné les *Roûm* – que généralement il privilégiait dans son amitié – pour ennemis. Les combattants musulmans étaient, dans l'ensemble, mécontents d'avoir à affronter les *Banou-al-Asfar*, « les Fils du Jaune », autrement dit les Grecs de Byzance, ainsi dénommés parce qu'ils étaient blancs de teint : ils craignaient notamment leurs qualités combatives, bien plus remarquables que celles des bédouins basanés avec qui si souvent la bataille tournait court. Bientôt, l'armée musulmane fut à Tabbouk : rien, presque rien, ne s'y passa. Nulle garnison byzantine n'était présente sur les lieux. Il apparut bien vite que les rumeurs concernant une menace chrétienne étaient sans fondement. Le temps de la conquête d'*ach-Châm* n'était pas encore venu.

*

C'est à cette époque, juste après l'expédition de Tabbouk, que fut révélée la sourate *al-Barâ'a* (« La Décharge »), dite aussi *al-Tawba* (« Le Repentir »). L'on était en l'an 9. Muhammad venait de passer à Médine les mois de *Ramadân* et de *Shawwal*. Le mois de *Dhou al-Hidjat* était, depuis un temps immémorial, ainsi que son nom l'indique (« Mois du Pèlerinage »), consacré au célèbre rite dont Muhammad, lors de la conquête de La Mecque, avait islamisé les intentions et les objectifs. Mais le Prophète avait alors consenti – au terme de l'accord passé avec les Koreïchites, et qui lui avait permis d'entrer, sans coup férir, dans la ville sainte – que l'accès de la Ka'aba demeurât libre, comme par le passé, au profit des Arabes païens sur un pied d'égalité avec les musulmans. La sourate *al-Barâ'a*, la IXe du Coran, intervient pour déclarer caduc son engagement, lui en donner « décharge » et recevoir son « repentir ». Le mot *al-barâ'a* signifie aussi « immunité ». Voici le début de cette sourate :

Une immunité est accordée par Dieu et son Prophète
aux polythéistes
avec lesquels vous avez conclu un pacte.

Respectez pleinement le pacte conclu avec eux,
jusqu'au terme convenu
– Dieu aime ceux qui le craignent –

Après que les mois sacrés se seront écoulés,
tuez les polythéistes, partout où vous les trouverez ;
capturez-les, assiégez-les,
dressez-leur des embuscades.

Mais s'ils se repentent,
s'ils s'acquittent de la prière,
s'ils font l'aumône,
laissez-les libres
– Dieu est celui qui pardonne, il est miséricordieux –

(IX, 1-5.)

La cause est entendue : pour Muhammad, le pacte avec Dieu annule définitivement le pacte passé avec les hommes. Aux païens, Dieu garantit cependant l'immunité tant que les mois sacrés ne seront pas écoulés. Une fois ce temps passé, dans le cadre ici remarquablement illustré du respect dû aux engagements – dont le principe constituera, il convient de le noter, l'axe moteur du droit international musulman –, c'est, avec les polythéistes, la guerre totale pour le cas où ils refuseraient d'entrer dans l'Islam. Cette année-là, Muhammad s'abstint de conduire lui-même le pèlerinage : il en confia la charge à Abou-Bakr, son plus fidèle et ancien Compagnon, lui donnant comme instructions de réciter au peuple la sourate de la *Barâ'a* d'un bout à l'autre et, le jour où il se rendra à Mina pour le sacrifice traditionnel, d'annoncer publiquement « que l'infidèle (*al-kafir*) n'entrera pas au Paradis, que le polythéiste ne pourra plus, l'an prochain, pratiquer le pèlerinage, que l'homme ne pourra plus, s'il est nu, opérer autour de la Maison (la Ka'aba) la procession circumbulatoire, et que l'engagement que détiendrait quiconque, de la part de l'Apôtre d'Allah, ne saurait qu'expirer au terme qui lui est assigné » (Ibn Hichâm, Ibn Hazm et Maqrizi). Abou-Bakr s'acquitta ponctuellement de sa mission. C'était bel et bien un arrêt de mort que prononçait Allah à l'encontre des Arabes qui persistaient à refuser l'Islam. Le but de cette ultime prise de position doctrinale était, bien évidemment, d'éliminer définitivement le paganisme de tout le sol arabe.

Et c'est couronné de cette autorité absolue acquise sur le terrain religieux, mais projetée simultanément dans la sphère politique, que Muhammad s'installe dans la lumière de son histoire finissante –, de son histoire commençante. En revenant de Tabbouk, les hommes se disaient entre eux que l'heure des batailles était maintenant terminée et cette impression se trouva confirmée par l'afflux des nombreuses délégations qui se poursuivit à Médine durant toute la dixième année. C'est cette année-là que le Prophète énonça : « Les meilleurs de mon peuple sont ceux de ma génération, puis ceux qui viendront après eux », et, nous dit Boukharî, il avait une grande joie d'avoir dans sa génération tant d'hommes remarquables, tous ceux qu'il considérait comme ses disciples immédiats, ses Compagnons. A dix d'entre eux qui lui rendaient un jour visite, il promit le Paradis. C'étaient dans l'ordre où ils furent cités : Abou-Bakr, Omar, Osmâne, Ali, Abd ar-Rahmân b. Awf, Abou-Oubayda, Talha, Sa'ad, Zuhra, enfin Saïd, le fils de Zayd le Hanîf. Il dit aussi : « Mes Compagnons sont semblables aux étoiles : quel que soit celui que vous suiviez, vous serez bien guidés. » Il voyait en Ali l'un des principaux transmetteurs de sa sagesse aux générations futures, et il répétait volontiers : « Je suis la cité de la connaissance et Ali en est la porte. » Cela dit, quand il sut que les hommes, avides de paix, commençaient à vendre leurs armes, il l'interdit en disant : « Il y a parmi mon peuple un groupe qui ne cessera de se battre pour la vérité jusqu'à la venue de l'Antéchrist. » Il dit aussi : « Si vous saviez ce que je sais, vous ririez et vous pleureriez beaucoup. » Et aussi : « Il n'est aucune époque qui ne soit suivie d'une pire. » Il avertit les siens que son peuple suivrait sûrement les juifs et les chrétiens sur la voie de la décadence : « Vous suivrez ceux qui étaient là avant vous, empan par empan et coudée par coudée, au point que s'il leur prenait envie de descendre dans l'antre d'un reptile venimeux, vous les suivriez. » En une autre occasion, ses Compagnons l'entendirent s'exclamer à plusieurs reprises : « O mes frères ! » Ils lui dirent : « O Envoyé d'Allah, ne sommes-nous pas tes frères ? », mais lui, de répondre : « Vous êtes mes Compagnons. Mes frères sont parmi ceux qui restent à venir » –, autrement dit des hommes encore futurs et qui seraient d'une extrême élévation spirituelle. Et faisant allusion, semble-t-il, à l'abaissement général que connaîtra l'humanité à la fin des temps, il dit, d'après Muslim : « L'Islam est né en exil et il finira en exil. » Exilé au milieu des nations abaissées et par refus d'un tel abaissement.

Ainsi, maître de lui-même comme de l'univers, Muhammad, roi sans couronne, quoique jouissant d'un pouvoir bien plus étendu que celui de n'importe quel prince de ce monde, se met à recevoir les délégations incessantes dépêchées par les tribus du fin fond de leurs déserts. Et c'est, à chacune des audiences que le Prophète accorde aux bédouins et aux nomades, les mêmes palabres qui recommencent, les mêmes poèmes qui sont déclamés, tout vibrants de l'écho des prouesses des ancêtres, – occurrence qui permet à Muhammad de montrer son extraordinaire connaissance de la généalogie des Arabes, l'une des raisons, entre autres, de son ascendant prestigieux sur ces *hidalgos* du désert –, le même enthousiasme manifesté, jusqu'au moment inéluctable où fuse enfin le témoignage attendu : « Il n'y a de Dieu que Dieu et Muhammad est son Prophète. » C'est ainsi qu'avec la vitesse de l'éclair se propagea l'Islam des tribus.

Quelque temps avant ces mois si étranges et si riches, le Prophète avait reçu la nouvelle de la mort du Négus. Quand il eut terminé la prière rituelle dans la mosquée, il se tourna vers l'assemblée des fidèles et déclara : « Ce jour, un homme de bien est mort. Levez-vous donc et priez pour votre frère Ashama », raconte Boukharî. Puis il dirigea la prière des morts. Plus tard, des voyageurs venus d'Abyssinie rapportèrent, nous dit Ibn Ishâq, qu'une lumière brillait constamment au-dessus de la tombe du roi.

Muhammad a-t-il adressé des missives aux trois grands souverains de l'époque, le Négus d'Abyssinie justement, Héraclius, basileus de Byzance, Chosroès Parviz, Roi des rois d'Iran, ainsi qu'au Mouqawqas d'Alexandrie, au gouverneur persan de Bahreïn, aux princes de Hira et des Ghassanides ? A la différence des anciens historiens musulmans, la plupart des spécialistes occidentaux considèrent que, mises à part la lettre destinée au Négus et qui lui fut remise par Djafar b. Ali Taleb lors de la Première Emigration, ainsi que de la ou des lettres échangées avec le gouverneur d'Egypte, les autres missives annoncées sont apocryphes : elles auraient été imaginées par des chroniqueurs tardifs, désireux de renforcer le caractère universaliste de la mission prophétique. A vrai dire, la question reste en suspens et ne sera vraisemblablement jamais tranchée. On peut parfaitement admettre, en effet, l'existence de certaines de ces lettres à l'heure où l'Islam, enfin solidement implanté en Arabie, pouvait à juste titre ambitionner de nouer des liens avec les contrées voisines.

Que Muhammad ait voulu enregistrer par écrit son adresse aux rois et à leurs peuples me paraît s'inscrire dans la logique même de son inspiration spirituelle. Nulle religion, en effet, n'a assigné à l'écrit un statut plus éminent que l'Islam. Dès la première sourate « descendue », Djibrîl, Gabriel, l'ange porteur du message divin, avait ordonné au Prophète de proclamer ce qui est enseigné par Dieu en rappelant que celui-ci avait privilégié l'enseignement tracé par le calame. C'est la célèbre sourate XCVI, en ses premiers versets :

Lis au Nom de ton Seigneur qui a créé !
Il a créé l'homme d'un caillot de sang
Lis !
Car ton Seigneur est le Très-Généreux
qui a instruit l'homme au moyen du calame,
et lui a enseigné ce qu'il ignorait.

C'est bien là proclamation de la dignité absolue de l'écrit et c'est là aussi origine du Coran et première source – eau fraîche, encre fraîche – à laquelle viendra boire l'Islam. Dieu lui-même est générosité écrite :

Si la mer était une encre
pour écrire les paroles de mon Seigneur ;

La Mecque, ville ouverte

*la mer serait assurément tarie
avant que ne tarissent les paroles de mon Seigneur,
même si nous apportions encore
une quantité d'encre égale à la première.*

Voilà donc ce que proclame le verset 109 de la sourate XVIII. Et le verset 27, de XXXI, énonce à son tour, non moins admirablement :

*Si tous les arbres de la terre étaient des calames
et si la mer, et sept autres mers avec elle
leur fournissaient de l'encre,
les paroles de Dieu ne les épuiseraient pas.*

Dieu inépuisable, encre inépuisée. C'est de la sorte qu'Allah inscrit ses *ayât*, non seulement dans son Livre sacré, mais aussi, les projetant dans le visible, dans cet autre livre également sacré qu'est le monde : il appartient à chacun de tenter d'en déchiffrer les arabesques pour y découvrir la « voie droite » de son salut.

وإنك لعلى خلق عظيم

Tu es d'un caractère élevé.
(LXVIII, 4.)

8

Le Coran tel qu'en lui-même…

Le Prophète de l'Islam ne peut être considéré indépendamment du Coran, c'est-à-dire de la Révélation qu'il a reçue. Le mot francisé de Coran, *Qor'an* en arabe, serait, selon Tor Andrae, d'origine syriaque. Il signifie, en arabe, « récitation » car, ajoute le célèbre orientaliste, « la conception qu'a Mahomet de l'écriture n'est pas statique : elle est dynamique. L'écriture n'a pas été donnée à l'humanité une fois pour toutes sous une forme fixe et invariable ». Conception qui répond à la réalité historique puisque, tout comme le Coran, l'Ancien Testament et les Evangiles ont été, quant à leur inspiration, le produit de temps successifs, un millénaire pour la Bible, trois ans pour la prédication de Jésus, vingt-deux ans environ pour les sourates de La Mecque et de Médine. Le Livre, quoique venu d'Allah, a été confié à Muhammad comme le dépôt le plus précieux jamais remis à un homme. On peut dire, en simplifiant, qu'entre Muhammad et le Livre il y a ce mouvement d'aller et de retour qui constitue la circulation spirituelle de l'Islam, la respiration de son être-au-monde. L'établissement du corpus coranique reste incertain quant à sa datation. Alors que pour la tradition islamique, la version actuelle du Coran, considérée comme la vulgate, remonterait à Abou-Bakr et aurait été consolidée par la recension d'Osmâne, mort en 23 de l'Hégire (644 de l'ère chrétienne), les recherches actuelles font remonter cette vulgate non aux deux califes cités, mais, pour John Burton par exemple, au Prophète lui-même.

Le Coran est composé de 114 *sourates*, autrement dit chapitres, comportant 6 226, ou 6 211, ou 6 236, ou 6 616 *ayât* ou « versets », selon les coupures introduites à tel ou tel moment du texte par les diverses écoles interprétatives. Dans sa forme actuelle, le Coran suit un ordre des sourates qui remonte sans doute à la première recension faite par Abou-Bakr, ordre que la tradition musulmane hésite à modifier, fût-ce en faveur de l'ordre chronologique. Le mot *âya* signifie « signe » ou « miracle » susceptible d'entraîner la foi. On a vu que, pour l'Islam, la Création entière est une panoplie de « signes » divins, tout prophète étant lui-même accompagné d'autres signes pour authentifier son message. Mais la parole même de Dieu est une *âya*, chaque partie du Coran est une *âya*, si bien que ce mot en est arrivé à désigner tout fragment du Coran, tout verset de la Révélation.

Le Livre contient, en effet, l'ensemble de la Révélation divine : c'est le recueil des indications et instructions qui furent transmises par l'ange Gabriel à Muhammad et qui constituent le dit direct de Dieu. Cette transmission n'est pas une création : le Coran est incréé. Il s'agit de la pensée de Dieu antérieure à toute autre création, inscrite sur une « Table gardée » (LXXXV, 21) et répercutée en quelque sorte par la voix de l'Ange, puis par celle du

Le Coran tel qu'en lui-même...

Prophète, pour être connue des hommes, et en tout premier lieu des Arabes, puisque le Livre saint est écrit « en langue arabe claire ». La sourate XLIII débute par ces paroles d'Allah :

Par le Livre clair !
Oui, nous en avons fait un Coran arabe...

A côté de son sens premier de « récitation », le mot *Qor'an* signifie : « lecture », « révélation », « prédication ». C'est donc un livre à lire et à publier à voix haute. Selon les sourates, le Livre est qualifié de « sublime », « glorieux », *majîd* (L, 1 ; LXXXV, 21), de « sage », *hakîm* (XXXVI, 2), de « noble », *karîm* (LVI, 77), de « merveilleux », *'ajab* (LXXII, 1), de « très grand », *al-azîm* (XV, 87). Mais il est surtout « lumineux » et « clair » : « Voici les versets du livre clair » (*mubîn*), disent plusieurs sourates. Et, en XXIV :

Voici une sourate que nous avons révélée,
que nous avons imposée,
où nous avons fait descendre des signes clairs.

Car, pour être édifiantes, les sourates ont un devoir d'évidence : elles sont nécessairement *mubayyinât* (XXIV, 34 et 46), autrement dit « révélatrices » et « probantes ». N'est-il pas également, ce Coran, un *Furqân* (une « discrimination »), destiné à permettre aux hommes de distinguer le bien du mal et donc de trouver, entre les deux postulations, la voie la meilleure ? Le Coran est aussi appelé *çuhuf* – « feuilles » ou « pages » (XX, 133 ; LXXXVII, 19) ; il est également surnommé : *Umm al-Kitab*, la « Mère du Livre », « racine des livres célèbres », dit le commentateur Baydâwi à propos de ce qui est inscrit sur la « Table gardée ». Gardée par qui ? Gardée par les anges, qui sont également les « scribes » de cette collection « contenant des écritures immuables » (XCVIII, 3) :

Il est, en vérité, un Rappel
Il est contenu dans des feuilles vénérées,
exaltées, purifiées,
entre les mains de scribes
nobles et purs.

(LXXX, 13-16.)

Déposé dans une langue humaine, l'arabe – ainsi exalté et haussé au niveau d'une langue sacrée –, le Coran rejoint à la fois le Verbe éternel, puisqu'il exprime l'essence de Dieu, et la nature humaine puisque, par son mode de transmission, il s'adapte aux règles d'une langue donnée, liée à une société historique. C'est sans doute pourquoi la sourate III, verset 7, semble mettre une nuance entre certaines parties immuables du Livre qui appartiennent à son noyau pérenne (*umm*) – « Mère » – et certains versets susceptibles d'interprétations diverses ou considérés comme abrogeables et qui furent effectivement abrogés :

C'est lui [Dieu] *qui a fait descendre sur toi le Livre.*
On y trouve des versets clairs
– la Mère du Livre –
et d'autres, figuratifs.

(III, 7.)

« Descendu » sur Muhammad – le verbe N.Z.L avec le sens de « descendre » paraît trente fois dans le Livre – comme « descend » du ciel tout ce que Dieu dans sa miséricorde destine aux hommes : la manne et les cailles « descendues » sur les enfants d'Israël errant dans le désert (II, 57), « la Table servie » descendue à la demande des disciples de Jésus (V, 112-114), les Anges « descendus » au jour du Jugement. Le Coran, qui est « Lumière » (*noûr*) et « Direction » (*huda*), est aussi le plus beau des récits pour ramener les hommes à l'essentiel et leur « rappeler » Dieu, leur rappeler que leur vie ne prend sens que par le souvenir de Dieu. A quatre reprises, comme un leitmotiv (procédé rhétorique souvent présent dans le Coran pour mieux imprimer son message dans les plis et replis de la plus profonde mémoire), cette obligation de rappel est affirmée dans la même sourate :

*Oui, nous avons facilité la compréhension du Coran
en vue du Rappel.
Y a-t-il quelqu'un pour s'en souvenir ?*

(LIV, 17, 22, 32, 40.)

Il est d'ailleurs demandé à Muhammad, qui n'est que l'instrument de la Révélation, de ne pas précipiter celle-ci, laquelle doit, chaque fois, arriver à son heure, et de ne pas s'adonner non plus à un travail excessif d'exégèse :

*Ne remue pas ta langue en récitant le Coran
comme si tu voulais hâter la révélation.
Il nous appartient de le rassembler et de le lire.
Suis la récitation, lorsque nous la récitons ;
c'est à nous qu'il appartient, ensuite,
de la faire comprendre.*

(LXXV, 16-19.)

La récitation répétée du Coran constitue la base du culte musulman d'après le conseil donné à Muhammad : « Récite avec soin le Coran » (LXXIII, 4), et à tous les musulmans : « Récitez à haute voix ce qui vous est possible du Coran » (LXXIII, 20).

Le Coran est une « confirmation » (*taçdîq*) des Livres antérieurs et une « explicitation » (*tafçil*) de l'Ecriture révélée (X, 37). Il est, certes, la dernière et la plus parfaite expression de la Révélation monothéiste, mais il ne fait que garantir l'authenticité des messages qui l'ont précédé. Allah dit à son Prophète :

*Nous t'avons inspiré
Comme nous avions inspiré Noé
et les prophètes venus après lui.
Nous avions inspiré Abraham,*

Ismaël, Isaac, Jacob, les Tribus [1]
Jésus, Job, Jonas, Aaron, Salomon
et nous avions donné des Psaumes à David.

(IV, 163.)

Déjà avant Muhammad, des prophètes donc étaient venus

avec les preuves [bayyinât]
avec les Ecritures [zubur]
avec le Livre qui éclaire [bi al-kitab al munîr].

(III, 184 ; XXXV, 25.)

Aussi bien la mission de Muhammad avait-elle été annoncée par les écritures antérieures (VII, 157 ; LXI, 6), mais celles-ci furent volontairement déformées, et il est demandé au Prophète de rétablir la vérité que certains chrétiens notamment ont oubliée :

Comment pouvez-vous désirer qu'ils [les fils d'Israël]
croient avec vous,
alors que certains d'entre eux
ont altéré sciemment la Parole de Dieu,
après l'avoir entendue ?

(II, 75)

et

Parmi ceux qui disent :
« Nous sommes chrétiens,
nous avons accepté l'alliance »,
certains ont oublié une partie de ceux qui leur a été rappelé.

(V, 14.)

Certes, le Coran évoque des récits déjà connus de la Bible et des traditions juive et chrétienne, mais ceux-ci ont fait l'objet d'une révélation nouvelle et particulière adressée au Prophète :

---

1. A savoir les douze tribus d'Israël.

Le Coran tel qu'en lui-même...

Voilà les Signes de Dieu :
nous te les communiquons, en vérité,
car tu es au nombre des prophètes.

(II, 252.)

Le Coran mentionne aussi, à ce sujet, le « Pacte des Prophètes » (III, 80-81), *mithâq an-nabiyîn*, et, en XXXIII, 7, « l'alliance avec les Prophètes », « alliance solennelle », *mithâq galîz*, conclue entre Allah et l'ensemble des Envoyés chargés de transmettre la Révélation :

Lorsque nous avons conclu l'alliance avec les Prophètes
et avec toi [Muhammad]
avec Noé, Abraham, Moïse, Jésus fils de Marie,
Nous avons conclu avec eux une alliance solennelle.

(XXXIII, 7.)

Le Coran mentionne, en outre, le pacte passé par Dieu et l'ensemble des hommes – les « soumis », les *muslimîn* –, au moment même où ils ont été créés et qui est un « engagement » de leur part, un « serment » fait par eux – *mithâq, ahd, wa'd* – de reconnaître l'unicité de Dieu et d'adhérer totalement à sa Volonté souveraine. C'est du respect de l'alliance ainsi conclue que dépend le destin éternel de chacun, récompense ou punition. Il est demandé aux fidèles des trois religions monothéistes procédant d'Abraham de ne pas perdre de vue cette donnée essentielle : Dieu est Un, Créateur Tout-Puissant, qui a choisi dans sa « miséricorde » –, mot qui revient sans cesse dans le Coran comme revient le mot « charité » dans les textes christiques – de se manifester aux hommes par l'intermédiaire des prophètes et, par eux, de leur dicter une Loi. « L'observance de celle-ci – écrit Denise Masson – est pour ainsi dire la réponse du croyant par laquelle il acquitte ce qui est dû à Dieu en toute justice (*dîn*) et l'accomplissement de l'engagement auquel il s'est soumis en acceptant la foi qui lui a été proposée par l'intermédiaire des envoyés de Dieu [1] » :

C'est une promesse faite en toute vérité
dans la Tora, l'Evangile et le Coran.
Qui donc tient son pacte mieux que Dieu ?
– Réjouissez-vous donc
de l'échange que vous avez fait :
voilà le bonheur sans limite ! –

(IX, 111.)

Le Coran ayant été dicté à Muhammad l'« illettré » d'une manière miraculeuse, le Coran est lui-même un miracle « insurpassable », un *i'jaz* :

Dieu a fait descendre le plus beau des récits :
Un Livre dont les parties se ressemblent et se répètent.

(XXXIX, 23.)

Ce miracle ne saurait être reproduit par quiconque et le Coran met aux défis ses contradicteurs d'apporter une « sourate semblable » (II, 23 ; X, 38) ou « dix sourates semblables » (XI, 13) :

Si les hommes et les djinns s'unissent
pour produire quelque chose de semblable à ce Coran,
ils ne se produiraient rien qui lui ressemble
même s'ils s'aidaient mutuellement.

(XVII, 88.)

La splendeur verbale du Coran n'en fait pas pour autant un chef-d'œuvre littéraire aux yeux et aux oreilles charmés des Arabes, si sensibles par ailleurs à la beauté du grand langage. Muhammad se défend, notamment, d'avoir transmis un livre de poésie. Toute une sourate du Coran intitulée « Les Poètes » (XXVI) prend ceux-ci violemment à partie : « Ils sont suivis par ceux qui

---

1. « *Monothéisme coranique et monothéisme biblique* », *op. cit.*

s'égarent » (224), « Ils divaguent dans chaque vallée » (225), « Ils disent ce qu'ils ne font pas » (226) : c'est signifier que ce sont des menteurs, au mieux des illusionnistes, et la réalité qu'ils tentent de susciter, de provoquer par l'unique pouvoir du verbe, finalement leur échappe et révèle au grand jour – tous camouflage, imposture et déguisements une fois réduits – l'inanité sonore de leur entreprise esseulée et l'échec de leur ambition ontologique. Il existe un usage absolu de la parole, une absolue justesse de celle-ci, qui sont comme les répondants et les garants de la justice et de la justesse de Dieu. La justice affirme le droit moral de Dieu sur le monde, la justesse, son droit verbal. Et quiconque prétendrait, parmi les créatures, détourner ce dernier droit à son bénéfice, commettrait une sorte de déni de justesse comme on dit déni de justice. Plus le détournement est habile, plus il émeut et impressionne de paraître « une figuration de justesse », plus l'intention qui l'habite doit être considérée comme redoutable [1]. Le Coran, quant à lui, n'est pas « divagation » ; il est témoignage de vérité :

C'est là, en vérité, la parole d'un noble Prophète
ce n'est pas la parole d'un poète
– Votre foi est hésitante –
Ce n'est pas la parole d'un devin
– comme vous réfléchissez peu –
C'est une Révélation du Seigneur des mondes...
Voici un Rappel pour ceux qui craignent Dieu...
Voici la Vérité absolue !
Glorifie le Nom de ton Seigneur le Très Grand.

(LXIX, 40-43, 48, 51-52.)

Pendant plus de vingt ans, le Prophète recevra et transmettra les paroles « descendues » sur lui, paroles

---

1. Cf. à ce sujet mon livre *Lumière sur Lumière ou l'Islam créateur*, éditions « Les Cahiers de l'Egaré », 1992 *(NdA)*.

que ses Compagnons apprenaient aussitôt par cœur, les notant sur des supports de fortune (omoplates de mouton ou de chameau, pièces de cuir, etc.) et les récitant dans le cadre de la prière liturgique ou quand l'occasion s'en présentait, et elle se présentait souvent. L'arrêt de la Révélation se produisit lors du sermon de l'Adieu, en mars 632, dix ans après le début de l'ère hégirienne et peu de temps avant la mort du Prophète intervenue à Médine le 8 juin 632.

1. Les sourates mecquoises

Les sourates et versets de la période mecquoise, qui forment les deux tiers du Livre sacré, donnent ordre au Prophète de prêcher, pour inciter notamment le peuple de La Mecque à faire montre de compassion envers les malheureux et de bienveillance à l'égard de tous les hommes, à suivre la bonne direction, à éviter les souillures, tout cela édicté sur fond d'apocalypse car la fin du monde prendra l'homme par surprise. Une des premières révélations faites à Muhammad lui rappelle l'obscurité de son origine : seule allusion au passé. L'ange Gabriel lui dit :

Ton Seigneur ne t'a ni abandonné ni haï...

Oui, la vie future est meilleure pour toi que celle-ci ;

ton Seigneur t'accordera bientôt ses dons
et tu seras satisfait.

Ne t'a-t-il pas trouvé orphelin
et il t'a procuré un refuge...

(XCIII, 3-6.)

Muhammad n'est encore « qu'un avertisseur et un annonciateur pour un peuple croyant » (VII, 188). Sa

Le Coran tel qu'en lui-même...

stature prophétique se densifiera au fur et à mesure que son message se précisera. Mais dès le début de sa prédication, il est profondément ancré dans sa foi en Dieu et entièrement dévoué à la parole dont il est le transmetteur au nom d'Allah :

Nul ne me protège contre Dieu ;
Je ne trouverai pas de refuge en dehors de lui,
sauf en transmettant une communication
et des messages de lui.

(LXXII, 23.)

Les sourates apocalyptiques sont superbes. J'en cite des extraits de certaines dans la traduction, pour une fois, de Jacques Berque, « L'Aube » (CXIII) :

Par l'aube
par dix nuits
par le pair et l'impair
par la dernière traite de la nuit

....

... Quand la terre sera pilée jusqu'à l'aplatissement
que se manifestera ton Seigneur avec les anges en rangs
qu'en ce Jour il aura fait surgir la Géhenne, ce jour-là
l'homme se rappellera...
— Mais à quoi lui servira de se rappeler ?
— ... « Si j'avais, dira-t-il, fait avance en vue de ma vie ! »
Car en ce Jour nul autre ne sera tourmenté de son tourment
nul autre entravé de ses entraves
« Quant à toi, ô âme rassérénée
reviens à ton Seigneur, agréante, agréée
entre au nombre de Mes [proches] serviteurs
entre dans Mon Jardin. »

(1-5 ; 21-30.)

Ou « La Fissuration » (LXXXIV) :

Quand le ciel se sera fissuré
qu'il tendra l'oreille à son Seigneur, devant l'inéluctable
quand la terre s'aplatissant
rejettera ses contenus jusqu'à rester vide

et que, devant l'inéluctable, elle aussi tendra l'oreille
à son Seigneur
toi, l'homme qui t'évertues si fort vers ton Seigneur
alors tu le rencontreras...

(1-6.)

Ou « Les Châteaux » (LXXXV) :

Par le ciel et ses châteaux
par le Jour de la promesse
par témoignant et témoigné
périssent les Gens de la Fosse !
Le feu, comme ils l'alimentaient !
....

(1-5.)

Ou, enfin, « L'Arrivant du soir » (LXXXVI) :

Par le ciel, par l'arrivant du soir...
– Qu'est-ce qui te fera comprendre ce qu'est l'arrivant du soir
– C'est l'étoile perçante
– Il n'est d'âme qui n'ait un gardien.

(1-4.)

Les versets de ces premières sourates sont très courts, d'allure drastique, répercutant directement la volonté d'Allah. Souvent les développements eschatologiques en constituent la note dominante : la fin du monde, le Jugement dernier, les délices du Paradis, les affres de l'Enfer sont décrits en termes vifs et imagés, empreints d'une puissante force évocatrice. Voici la résurrection telle qu'évoquée dans la sourate le « Tremblement de Terre » (XCIX), traduite par Denise Masson :

Lorsque la terre sera secouée de son tremblement ;
lorsque la terre rejettera ses fardeaux ;
lorsque l'homme demandera :
« Que lui arrive-t-il ? »

Ce Jour-là,
Elle racontera sa propre histoire
d'après ce que son Seigneur lui a révélé

Le Coran tel qu'en lui-même...

*Ce Jour-là,
les hommes surgiront par groupes
pour que leurs actions soient connues*

*Celui qui aura fait le poids d'un atome de bien,
le verra ;
celui qui aura fait le poids d'un atome de mal,
le verra.*

Ou l'admirable sourate C, « Les Coursiers rapides » :

*Par les coursiers rapides et haletants !
Ceux qui font jaillir des étincelles ;
ceux qui surgissent à l'aube ;
ceux qui font voler la poussière
ceux qui pénètrent au centre de Jama'a* [1]

*Oui, l'homme est ingrat envers son Seigneur :
il est témoin de tout cela
mais son amour des richesses est plus fort.*

*Ne sait-il donc pas qu'au moment
où le contenu des tombes sera bouleversé
et celui des cœurs exposé en pleine lumière,
ce Jour-là
leur Seigneur sera parfaitement informé
de tout ce qui les concerne.*

Ainsi, comme on peut s'en rendre compte, le Coran, qui se prononce contre les poètes, n'en est pas moins un grand livre de la langue. A certains moments, en arabe, ce ton atteint les hauteurs du sublime. Il s'y maintiendra désormais, en maints passages, même lorsqu'à Médine, plus tard, le Coran est amené, dans les polémiques avec les juifs et les *mounafiqoûn*, à adopter le ton discursif. Les thèmes antérieurs sont repris avec force et font l'objet d'amplifications ardentes. C'est alors que le dogme de l'unicité divine surgit, exclusif de tout autre culte : il sera affirmé sous

---

1. Nom de lieu non identifié ou, peut-être, « groupe de gens ».

la forme la plus absolue qu'il ait jamais connue dans l'histoire des religions.

Cependant c'est déjà en période mecquoise qu'une forme d'inspiration inédite fait son apparition dans le Livre : on va voir, en effet, y défiler les histoires des Prophètes, dont certains sont nommés dans la Bible, d'autres pas, et dont Muhammad est le « sceau » final. Ces prophètes ont été envoyés à des peuples ou à des tribus qui les ont repoussés et leur ont fait subir de cruelles épreuves, contées avec bien des détails, et Dieu a dû, pour punir l'impiété de tous ces mécréants, les anéantir. Ainsi s'esquisse une première fois la théorie des « cycles prophétiques » – à chaque peuple son prophète et dans sa propre langue – que les *ayât* à venir développeront abondamment.

Dans la dernière série des sourates mecquoises, on voit poindre les prémices de l'Hégire : ces dernières formulations parachèvent les révélations de la période précédente et forment ainsi la transition avec les sourates « descendues » à Médine. Elles diffèrent cependant des textes antérieurs par leur ampleur et la diversité des thèmes, toujours d'ordre spirituel et moral, qu'elles abordent. Régis Blachère observe qu'elles paraissent être des homélies adressées à un public qui ne se limite plus aux incrédules de La Mecque[1]. C'est en effet le temps où Muhammad cherche à nouer des contacts avec la population de Taëf et les tribus voisines, et même avec des visiteurs venus de Médine. Aussi la plupart des prêches coraniques sont-ils précédés d'une apostrophe dénotant que le champ d'action de la Révélation s'est élargi : « *Ayyouha an-Nâs !* » « O [vous

---

1. R. Blachère, « Introduction au Coran », Maisonneuve, 1947, étude très fouillée visant les aspects techniques du Coran et les problèmes qui en dérivent.

Le Coran tel qu'en lui-même...

les] hommes ! », est la formule utilisée pour signifier cet élargissement.

C'est à La Mecque également que l'Islam est proclamé comme une religion du salut, menaçant les transgresseurs de la Loi de châtiments éternels et promettant aux justes les félicités du Paradis. C'est enfin de cette même période que date la sourate XVII, *al-Isra'* ou *Bani Isrâ'il* (« Le Voyage nocturne ») qui évoque, je l'ai signalé plus haut, l'un des épisodes les plus extraordinaires de la vie de Muhammad, au sujet duquel les commentateurs se perdent en conjectures : ce voyage correspond-il à un transport corporel, réellement effectué, ou ne fait-il que traduire un moment d'extase ayant saisi le Prophète durant son sommeil ? Aïcha, plus qualifiée que quiconque pour le dire – car elle en avait reçu l'explication de la bouche même de Muhammad – assurera toujours, selon Ibn Hazm, que « ce qui a été transporté, ce n'était point le corps de l'Envoyé d'Allah, la prière et la paix soient sur lui ; Dieu avait fait seulement voyager son âme ». Cependant la plupart des historiographes assurent que le voyage a bien eu lieu *in corpore*. De là découlera, aux yeux de l'Islam, le caractère sacré de Jérusalem, placée au même rang que La Mecque et Médine et où sera édifié plus tard, après que l'Islam aura conquis la Palestine, le *Haram ach-Charif* – du même nom que celui de La Mecque – comprenant le *Masjid al-Aqsâ* (« La Mosquée très éloignée ») et le sanctuaire de la *Sakhra* (« Le Dôme du Rocher ») où Muhammad, selon une légende tardive, aurait atterri après sa chevauchée dans l'espace sur le dos d'*al-Bourâq*. Plus encore que la ferveur populaire, la mystique exploitera cette chevauchée, qui finira par représenter symboliquement aux yeux du soufisme l'ascension de l'âme vers les plus hautes sphères spirituelles, ascension s'élevant par degrés jusqu'à la connaissance intuitive de Dieu et l'union avec son être ineffable. Notons que le récit de ce Voyage fut répandu à partir de l'Andalousie musulmane dans tout le monde chrétien, sous le titre de *L'Echelle de Mahomet*, et que, traduit en castillan d'abord puis en latin, il inspira, selon l'illustre orientaliste espagnol Asin Palacios, certains des épisodes de *La Divine Comédie* dont, notamment, la montée de Dante au Paradis.

2. Les sourates médinoises

A Médine, Muhammad acquiert, on l'a vu, le statut de chef de la *umma* et tous les jours un peu plus la stature d'un chef d'Etat. Mais sa force, c'est toujours dans la Révélation qu'il la puise. C'est toujours en faisant appel aux sourates sur lui « descendues » qu'il gouverne la communauté. A mesure que les problèmes se présentent, Dieu inspire à son Prophète les solutions requises, répond à ses interrogations, dissipe ses perplexités : « Il n'est que de se reporter aux vingt-quatre sourates dictées à Médine – écrit Edmond Rabbath – pour en apercevoir la différence avec les révélations de la phase précédente, non pas tant par rapport à leur structure, toujours dense jusqu'à l'ellipse, ni à leur envolée, souvent lyrique, ni à leur effet, générateur d'une sorte d'hypnose – que par leur contenu dont l'éventail reflète l'image fidèle de ce que fut la société islamique sous la direction du Prophète armé [1]. »

A Médine, la réforme morale et religieuse pour laquelle Muhammad avait tant lutté à La Mecque continue – sous les formes diversifiées que constituent pré-

---

1. E. Rabbath, *op. cit.*

Le Coran tel qu'en lui-même...

ceptes, admonestations, interdits, enseignements, récits – de féconder l'Islam et d'assurer à la société son enracinement créateur. Nulle adultération des grandes inspirations proclamées à La Mecque : au contraire. Toutefois les sourates mecquoises, d'une grande intensité poétique, comme on a pu s'en rendre compte, se contentent de rester situées au niveau des dogmes, dont l'ensemble forme un système purement religieux et moral, une « religion » au sens premier du terme, mais elles ne concernent pas le culte proprement dit, dont l'organisation reste informe. Les facteurs nouveaux qui vont se mettre en action à Médine contribuent à la dilatation extraordinaire du champ de vision de l'Islam naissant et, ce faisant, à sa théorisation en un corps rationnel de principes religieux et de normes légales régissant la totalité de la vie terrestre. Les vingt-quatre sourates médinoises, sans jamais desserrer leur étreinte sur les impies ni suspendre leurs foudres, vont établir, chaque fois que nécessaire, de véritables règles juridiques, destinées à régir des matières relevant, pour employer la terminologie moderne, du droit civil, du droit pénal, du droit constitutionnel et même du droit international. C'est dans ces textes où, complétant certaines des directives mecquoises concernant des sujets sociaux essentiels au vu du milieu spécifique dans lequel évolue la Révélation – promotion de la justice dans les rapports des uns et des autres, respect des engagements pris, défense de tuer, défense d'enterrer les filles nouveau-nées, défense de commettre l'adultère, défense de manipuler frauduleusement les poids et mesures – de nouvelles réglementations apparaissent qui fixent en particulier l'organisation du culte : *salât* (« prière »), *zakât* (« aumône »), *sawm* (« jeûne »), *djihâd* (« guerre sainte »). C'est dans ces textes aussi que sera affirmée la position définitive de l'Islam à l'égard des dogmes professés par les juifs et les chrétiens et, par contrecoup, la condition juridique de ces deux communautés. Enfin c'est à Médine que s'achève la formation de la doctrine théologique dans ses rapports avec la théorie déjà évoquée des cycles prophétiques.

L'extension progressive imprimée au nouveau champ d'action ouvert au Prophète s'est inscrite à chacun des moments décisifs sur le vaste écran des sourates médinoises, à l'exemple d'ailleurs du processus suivi à La Mecque où la Révélation avait enregistré les péripéties des luttes et des épreuves. En sa réalité sociologique, le Coran est aussi, sous la dictée de l'Inspiration, le journal quotidien qui enregistre les faits et gestes muhammadiens. De là procède son immense intérêt historique et psychologique à la fois. Et, parce qu'il est dicté par Dieu, c'est Allah lui-même qui indique à la *umma* la source du pouvoir devant la régir, par l'intermédiaire de son Messager, et qui indique aux hommes, une fois pour toutes, le fondement essentiellement religieux de l'autorité. En une formule nette et incisive souvent reproduite dans les sourates, Allah fait injonction aux croyants « d'obéir à Allah et à son Prophète ». D'où il s'ensuit qu'il appartient à Allah de gouverner la *umma* et que Muhammad n'est que son porte-parole. A quoi s'ajoute, pour confirmer le pouvoir du Prophète (et plus tard de ses successeurs), la cérémonie de la *bay'a*, autrement dit de l'investiture tribale ou populaire, coutume héritée de l'ère *djahilyte* et que l'Islam va reprendre à son compte.

Parmi les autres institutions liées au droit public que le Coran d'époque médinoise confirme – car elle avait déjà été proclamée, mais moins catégoriquement, durant la période mecquoise –, il y a la *choûra*, invoquée parfois par les modernistes musulmans en vue de montrer que l'Islam avait, dès l'origine, tendu à l'établissement d'un régime démocratique. En quoi consiste-t-elle ?

Le Coran tel qu'en lui-même...

S'adressant au Prophète, en III, 59, Allah lui déclare, après la défaite d'Ohod où Muhammad avait cédé aux mauvais conseils de certains de ses adeptes :

Pardonne-leur !
Demande pardon pour eux ;
consulte-les sur toute chose ;
mais lorsque tu as pris la décision,
Place ta confiance en Dieu.
– Dieu aime ceux qui ont confiance en lui –

(III, 159.)

Le Prophète manquait rarement de recourir à la *choûra* telle qu'elle était comprise de son temps : il le fit, à la veille de la bataille d'Ohod, mais il l'avait fait déjà à la veille de la bataille de Badr, et il le fera plus tard à la veille de la guerre du Fossé. Ces longs conciliabules de la *choûra* existaient dans les assemblées des clans citadins et des conseils tribaux au sujet des affaires communes. La transposition s'en était aisément effectuée à Médine. C'est là que Muhammad parlait, discourait, discutait, répondait à chacun, au milieu de l'assemblée des fidèles, où venaient souvent s'asseoir juifs et *mounafiqoûn*. La *choûra* se tenait d'habitude sur le parvis de la mosquée attenante à la maison du Prophète. Et c'est là d'ailleurs, en ce lieu privilégié, que beaucoup de révélations lui ont été communiquées. Peut-on dire, pour autant, qu'on peut trouver dans la *choûra*, telle qu'elle est recommandée par le Coran, les éléments d'une démocratie proprement islamique ? Il ne le semble pas, dans la mesure où la décision revient en fin de compte à Allah ou à son représentant agissant au nom d'Allah. Le verset 36 de la sourate XXXIII est très explicite à ce sujet. A la suite de la profonde émotion produite dans le harem muhammadien par la nouvelle que le ciel avait autorisé le Prophète à prendre pour femme Zaynab, répudiée à cette fin par son fils adoptif Zayd, ce verset, révélé à cette occasion, énonce :

*Lorsque Dieu et son Prophète ont pris une décision
il ne convient ni à un croyant, ni à une croyante
de maintenir son choix sur cette affaire.*

*Celui qui désobéit à Dieu et à son Prophète
s'égare totalement et manifestement.*

On voit comment est formulée la négation catégorique de toute consultation éventuelle lorsque la décision est celle d'Allah et qu'elle est promulguée par la bouche de son Envoyé. Plus tard, les successeurs de Muhammad, les califes, profiteront de ce même privilège d'autorité : ils prétendront gouverner en seule conformité avec le Coran et la *sunna*, systématisés tous deux dans le cadre juridique de la *chari'a*.

Car la *sunna*, elle aussi, joue un rôle déterminant. Si le Livre sacré laisse souvent transpirer nombre de problèmes et d'incidents, ressortissant à la biographie du Prophète, c'est néanmoins la *sunna* qui vient toujours à la rescousse pour en expliciter, dans le climat psychologique du temps et du milieu, les aspects proprement humains. Coran, *sunna* et *sîra* nous proposent de Muhammad un portrait extraordinairement vivant. Chef de la communauté, l'Envoyé apparaît juste, bon, humble et simple, mais il est également énergique et courageux, et, au nom d'Allah, il exige de la part de ses disciples respect, confiance et obéissance aveugle. Lui-même est un croyant docile à l'inspiration et totalement dévoué à la Parole divine qui lui est remise. Le Coran mentionne les prières du matin et du soir et l'habitude de pieuses veillées. On lit, en effet, à l'adresse du Prophète :

« *Oui, ton Seigneur sait
que toi,
et un grand nombre de ceux qui sont avec toi,
vous vous tenez debout en prière*

Le Coran tel qu'en lui-même...

*près des deux tiers ou de la moitié
ou du tiers de la nuit... »*

(LXXIII, 20.)

C'est un apôtre zélé à qui les fautes et l'insouciance de ses compatriotes sont à charge :

*« Tu vas, peut-être,
s'ils ne croient pas à ce récit,
te consumer de chagrin sur leur façon d'agir. »*

(IX, 128.)

Il est complètement désintéressé et répète : « Je ne vous demande aucun salaire » (VI, 90 et autres). Il n'entend pas se faire servir (III, 79), distribuant lui-même les aumônes (IX, 58) et veillant à une juste répartition du butin. Il devra se montrer « patient » et pratiquer généreusement le pardon des offenses (XV, 85 et autres). Il ne croit pas à la vertu de ce bas monde (*dunya*) : « Sachez que la vie de ce monde n'est que jeu » (LVII, 20) et doit se défendre d'être un « poète » (XXI, 5), un devin, ou un homme possédé :

*« Tu n'es par la grâce de ton Seigneur
ni un devin, ni un homme possédé. »*

(LII, 29.)

Il est le premier musulman (VI, 14, 163 ; XXXIX, 12), c'est-à-dire le premier, de sa génération, à s'abandonner totalement à Dieu – comme le fut Abraham « soumis au Seigneur des mondes » (II, 131). Il déclare lui-même :

*« En vérité, j'ai reçu l'ordre d'adorer Dieu
en lui rendant un culte pur.*

*J'ai reçu l'ordre
d'être le premier de ceux qui se soumettent à Dieu. »*

(XXXIX, 11-12.)

Entre Coran et *sunna* se dessine aussi un corpus sociologique complet qui propose aux musulmans de tous les temps une vision globalisante. Là où le Coran fait silence ou n'est pas assez explicite, la *sunna* fournit des prescriptions destinées à régler, sous les rubriques les plus variées, la vie individuelle et collective des fidèles et leur fournit les cadres typologiques pour vivre, croire, prier, agir, penser, combattre, se soigner, gouverner, mourir ou gagner le martyre sur les champs de bataille, en bref réaliser sur terre l'*homo islamicus*. L'ensemble tournera autour de l'image sublimée de Muhammad, Envoyé d'Allah, qui va devenir, au fil des générations, le centre de toute une civilisation et de toute une communauté intemporelle, *ummat Muhammad*, totalement identifiée, dans une forme d'adhésion incandescente, à la personne de son fondateur.

A lire le Livre, on peut aussi se faire une certaine idée du maître de Muhammad : Dieu. D'après les sourates, il apparaît que celui-ci est bon et qu'il est bienveillant ; il est « aimant », notamment à l'égard de « ceux qui le craignent », mais il n'aime pas « les incrédules et les injustes » ; il accorde ses bienfaits et ses grâces aux hommes « comme il veut » ; « tout lui appartient » ; « l'adoration lui est due » ; il est « redoutable et prompt dans son châtiment » ; « il possède les clés » ; il est « un Créateur universel » ; il préside à tous les phénomènes de la nature, considérés comme des « signes » de sa Puissance ; il « connaît » ; il « ouvre la poitrine » et « met un sceau sur le cœur des incrédules » ; sa coutume, son Décret « sont immuables » ; « la crainte lui est due » ; il fait « descendre » la Révélation ; il « dirige toute chose avec attention » ; il « fixe le Destin des êtres » et « leur terme » ; il est « le Dominateur suprême », « le Donateur », « le Dispensateur des biens »

Le Coran tel qu'en lui-même... 237

et pourvoit aux besoins des hommes ; il est « Miséricordieux » et « il efface les péchés » ; il est celui « qui entend » et « qui sait » et c'est lui « qui égare » les injustes et les pervers ; il est « l'ennemi des incrédules » et « il les hait » ; il « exauce les prières » ; il « veut » pour l'homme « l'aisance » et non « la crainte » ; la fatigue « ne l'atteint pas » ; il est « le Maître inébranlable de la force » ; il « donne une forme » à chaque chose ; il est « le gardien vigilant » ; il est « grand » ; il « honore » et « abaisse » qui il veut ; il est « l'héritier de tout », « de la terre et de ce qu'elle contient » ; il est « omnipotent » ; il est « juge » ; il est « juste et non injuste », il « récompense » ; il est « le Maître de la grâce » ; il est « digne de louange » ; il est « généreux » ; il est « parfaitement informé » ; il est « impénétrable et inaccessible » ; il « fait ce qu'il veut » ; il est « Lumière et il est Paix » ; sa « Parole » est « créatrice » ; il est « le Premier et le Dernier » ; il est « protecteur », « défenseur et puissant », « il n'y a pas de défenseur contre lui » ; il « rend le prêt avec abondance » ; il est « présent en tout lieu » ; il est « reconnaissant » ; il « revient vers le pécheur repentant » ; il est « Roi », il est « la Majesté » ; il est « Vérité » ; il est « le Vivant » ; il est « celui qui voit », « celui qui fait vivre et mourir » ; il « accorde la victoire et son secours est victorieux » ; il est « le Très-Haut et se suffit à lui-même » ; il est « Un » ; il est le « Subtil » et il « veille sur toute chose » ; il est « le témoin des actions des hommes », et « le témoin de toute chose » ; il est « le Maître de la Vengeance » ; il est « celui qui subsiste par lui-même » ; il est « le Seigneur (*rabb*) » des Cieux et de la Terre ; « Seigneur du Trône », « Seigneur des mondes ». Il « ruse » s'il y a lieu : il est même « le meilleur de ceux qui rusent », et il « anéantit la ruse des incrédules » ; il est le « Saint » ; il « purifie qui il veut » ; il est « l'auteur de la Révélation » ; il « ne manque pas à sa promesse » ; il « maudit » ; « tout obéit à Son Ordre » ; il est « Bonté » et il est « Grâce » ; Ses mains sont « ouvertes » ; il faut savoir « craindre sa colère » ; « les noms les plus beaux lui appartiennent » ; il « pardonne tout », mais non le polythéisme ; il « rassemblera les hommes le jour de la Résurrection » ; il « récompense les croyants » ; sa science « s'étend à tout » ; sa satisfaction « doit être recherchée » ; il est « sage » ; il est « celui qui fait vivre et qui fait mourir » ; tout périra « à l'exception de Sa Face » ; c'est « son Esprit qui a créé l'homme » et « qui descend sur le cœur de Muhammad » ou bien « dans le sein de Marie ».

C'est ce Dieu-là, admirablement unique, mais complexe (nous sommes loin, très loin des simplifications avancées par certains exégètes étrangers à l'Islam), c'est ce Dieu-là qui, « connaissant de l'être des poitrines », se tient « plus près de l'homme que sa veine jugulaire » (L, 16).

Le Livre apparaît ainsi comme le résultat des projections de la volonté divine sur le monde, opérant par pièces détachées, élaborées au jour le jour comme autant de réécritures de l'éternité, en réponse à des incidents surgis à des moments déterminés, auxquelles le Ciel se doit de fournir des réponses adéquates et des solutions immédiates. Il advient même (rarement) que, selon l'occurrence, un verset soit remplacé par un autre qui le contredit. C'est, en effet, dans le domaine temporel que l'empirisme, guidé par les événements, a dû parfois se manifester aussi pragmatiquement que possible. Les légistes et les docteurs de l'Islam ont dépensé des trésors d'intelligence pour justifier la légitimité de la doctrine du verset « abrogeant » et du verset « abrogé », le *nassekh* et le *mansoukh*, dont il est question dans deux sourates coraniques (II, 106 et XVI, 101). Voici ce qu'en dit la sourate II :

Dès que nous abrogeons un verset
ou dès que nous le faisons oublier
nous le remplaçons par un autre, meilleur ou semblable.
– Ne sais-tu pas
que Dieu est puissant sur toute chose ? –

Evoquant le procédé de composition du Coran, la Tradition parle d'une Révélation descendue « par étoilement », de sorte que le Livre lui-même est « étoilé » (*munajjaman*). Ayant traduit le Coran en français, au plus près de son souffle originel et de « cette calcination littérale de la révélation monothéiste abrahamique, passée au feu du jugement annoncé par le *Qur'an*, selon la description qu'en a faite Louis Massignon [1], Jacques Berque propose une lecture comme musicale du Livre saint. « Ce procédé [de l'étoilement], écrit-il, a dû concourir avec les regroupements de fragments opérés par la recension [celle d'Abou-Bakr d'abord, celle d'Osmâne ensuite] pour entraîner la reprise de formulations similaires dans des versets voisins ou dispersés. Certaines sentences reviennent donc, soit dans une même sourate, soit tout au long du Livre comme d'insistants leitmotive. »

Dans le système de l'Islam, l'intermédiaire entre le Créateur et la Création est un livre. LE Livre, disent communément les musulmans. Un livre, autrement dit une matérialité immatérielle et une visibilité invisible. Ainsi apparaît plus incommensurable encore la distance entre Dieu et l'humanité. La transcendance divine, de même que la relation d'adoration, s'en trouvent affirmées l'une et l'autre avec d'autant plus de force.

---

1. Louis Massignon, « Comment ramener à une base commune l'étude textuelle de deux cultures : l'arabe et la gréco-latine ? », in *Lettres d'Humanité*, Association Guillaume Budé, 1943.

9

Les Prophètes

Muhammad, homme du désert, reçoit en pleine face, si l'on ose dire, la fulguration inventive de la force première qui anime le monde. En cela, il est semblable à tous les anciens Prophètes qui, eux aussi, voient dans la nature même du créé la démonstration éclatante de la présence, de la puissance et de la permanence de Dieu. Pour tous ces hommes, liés à nos origines, Dieu s'inscrit dans chacune des formes de sa création qu'il signe de la sorte et dont il rend l'homme témoin.

Les prophètes qu'a rencontrés Muhammad, dans sa vision spirituelle, et ceux que mentionne par ailleurs le Coran relèvent de deux catégories. Il y a les prophètes bibliques et il y a les prophètes de la tradition arabe. A la première catégorie appartiennent Adam qui, coraniquement, est un prophète, puis, suivant l'ordre alphabétique, Aaron (*Haroûn*), Abraham (*Ibrahim*), David (*Dawoûd*), Elie (*Ilyâs*), Elisée (*Al Yash'a*), Enoch (*Idrîs*) qu'on a également parfois identifié à Hermès Trismégiste ou à Thot, Isaac (*Ishâq*), Ismaël (*Isma'il*), Jacob (*Ya'coûb*),

Jean (*Yah'yâ*), Jésus (*Issa b. Maryam*), Job (*Ayoûb*), Jonas (*Younous*), Joseph (*Yousouf*), Loth (*Loût*), Moïse (*Moûssa*), Noé (*Noûh*), Salomon (*Souleymân*), Saül (*Taloût*) et, sans être prophétique, le personnage également biblique de Zacharie (*Zakariyyâ*). A la seconde catégorie, celle des prophètes purement arabes, appartiennent, dans l'ordre, *Çalih*, *Chu'aïb* et *Houd*. Je voudrais m'arrêter, parmi tous ceux-là, à seulement trois d'entre eux, pour le rôle éminent qu'ils jouent sur la scène muhammadienne et dans la citation coranique : il s'agit d'Ibrahim, bien sûr, de Moïse et de Jésus.

*

Ibrahim (Abraham), « l'Ami », est pour tous les Sémites le premier proclamateur de l'unité d'un Dieu, connu, grâce à lui, comme « le Dieu d'Abraham, d'Isaac et de Jacob » (Ex. III, 6 ; Mt. XXII, 32 ; Coran II, 133). Père de tous les croyants, à quelque religion monothéiste qu'ils appartiennent, Abraham est déjà musulman, d'après le Coran, et c'est la *millât* – la « communauté » – d'Ibrahim que l'Islam. Ce dernier reprend à son compte, au bénéfice de la foi nouvelle, la revendication d'Isaïe (XLI, 8) : « Race d'Abraham, mon ami », qui est celle même de Paul dans l'Epître aux Galates : « Si vous êtes du Christ, vous êtes donc la descendance d'Abraham et héritiers selon la promesse » (III, 29). Muhammad, pour qui Abraham est un *hanîf*, un adepte originel de la vraie religion, s'empare de tout l'héritage abrahamique en bloc, sans distinction de créances spécifiques :

Abraham [dit le Coran] *n'était ni juif ni chrétien mais il était un vrai croyant soumis à Dieu.*

(III, 67.)

Dieu, par ailleurs, ordonne aux musulmans :

Dites :
« Nous croyons en Dieu,
à ce qui nous a été révélé,
à ce qui a été révélé
à Abraham, à Ismaël, à Isaac, à Jacob et aux tribus ;
à ce qui a été donné à Moïse et à Jésus,
à ce qui a été donné aux prophètes, de la part de leur Seigneur.
Nous n'avons de préférence pour aucun d'entre eux ;
nous sommes soumis à Dieu. »

(II, 136 et III, 84.)

On a vu le rôle d'Abraham dans la sacralisation du site mecquois. Il n'est pas interdit de penser qu'à La Mecque, en se référant directement à Abraham, Muhammad pouvait espérer recruter sous la bannière de la nouvelle Révélation les deux autres credo révélés, cette source placée haut dans le temps irriguant tout l'espace spirituel. Le Coran reprend d'autres épisodes de la geste abrahamique : celui des « hôtes » angéliques de la Genèse (XVIII, 1-15) qui deviennent les « messagers » du Coran (LI, 31 et XV, 57). A Abraham qui les interroge sur les raisons de leur voyage, ils confient :

« Nous sommes envoyés à un peuple criminel [celui de Loth]
pour lancer contre eux des pierres d'argile
marquées auprès de ton Seigneur
à l'intention des pervers. »

« Nous avons fait sortir de cette cité
les croyants qui y demeuraient.
Nous n'y avons trouvé qu'une seule maison
habitée par des gens soumis à Dieu [muslimîn].
Nous avons laissé là un Signe
pour ceux qui redoutent le châtiment douloureux. »

(LI, 32-37.)

Le Coran rappelle les tractations que le prophète entreprend avec Dieu pour tenter de sauver la ville qui reste anonyme et n'est pas désignée par son nom biblique

Les Prophètes

de Sodome. Et, comme dans la Genèse, Loth est décrit comme le seul juste de la ville, un apôtre sûr, un saint digne de confiance (*amîn*) (XXVI, 62). Pour protéger ses hôtes convoités sexuellement par les sodomites, il offre ses propres filles :

Ô mon peuple ! voici mes filles :
elles sont pures pour vous...
Ne m'outragez point devant mes hôtes.

(XI, 79.)

Mais les hommes pervers sont atteints de cécité et, dit le Coran :

« *Nous avons déchaîné contre eux un ouragan...*
Nous avons épargné la famille de Loth :
nous l'avons sauvée à l'aube. »

(LIV, 34.)

Le « moment fort » de l'histoire d'Abraham, dans le Coran comme d'ailleurs dans la Bible, est, par soumission absolue à Dieu et par confiance totale en lui, le sacrifice biblique d'Isaac, le sacrifice coranique d'Ismaël. C'est – nous l'avons vu – Ismaël et son père Abraham qui sont considérés dans le Coran comme les bâtisseurs de la Maison d'Allah à La Mecque et les initiateurs du rite du pèlerinage qui ramène les croyants chaque année vers le même lieu, axe et centration du monde :

Abraham et Ismaël élevaient les assises de la Maison :
« *Notre Seigneur !*
Accepte cela de notre part :
tu es celui qui entend et qui sait tout.

Notre Seigneur !
Fais de nous deux des croyants qui te seront soumis ;
fais de notre descendance
une communauté qui te sera soumise ;
indique-nous les rites que nous devons observer. »

(II, 127-128.)

Le Coran, comme la Genèse – mais en durcissant la signification de l'épisode – fait d'Abraham, dressé contre son père, 'Azar, le contempteur ironique des idoles et des cultes stellaires –, de quoi s'ensuivent les graves menaces de persécution dont il devient l'objet. Humble, purifié de cœur, béni par Dieu, il obéit à celui-ci jusqu'à lui sacrifier sa progéniture. En réponse à la prière d'Abraham : « Mon Seigneur !/Accorde-moi un fils qui soit juste », le Coran dit :

Nous lui avons alors annoncé une bonne nouvelle :
la naissance d'un garçon, doux de caractère.

Lorsque celui-ci fut en âge d'accompagner son père,
celui-ci dit :
« Ô mon fils !
Je me suis vu moi-même en songe,
et je t'immolais ; qu'en penses-tu ? »

Il dit :
« Ô mon père !
Fais ce qui t'est ordonné.
Tu me trouveras patient,
si Dieu le veut ! »

Après que tous deux se furent soumis,
et qu'Abraham eut jeté son fils, le front à terre,
nous lui criâmes :
« O Abraham !
Tu as cru en cette vision et tu l'as réalisée ;
c'est ainsi
que nous récompensons ceux qui font le bien :
voilà l'épreuve concluante. »

Nous avons racheté son fils par un sacrifice solennel.
Nous avons perpétué son souvenir dans la postérité :
« Paix sur Abraham ! »

Le sacrifice interrompu d'Ismaël sera rappelé lors du Pèlerinage par le sacrifice rituel au nom de Dieu d'un animal –, bélier, mouton ou chamelon. L'Ismaël coranique nous est présenté comme « doux de caractère », alors que la Genèse (XVI, 12), au contraire, fait dire à l'ange de Yahvé s'adressant à Agar, et parlant du même personnage :

Quant à lui, il sera un maître onagre.
Sa main sera contre tous et la main de tous contre lui,
il demeurera face à tous ses frères.

Dieu, dans la Bible, n'abandonne pas pour autant Ismaël. « Il en prend même un soin particulier qu'il ne dispense d'ailleurs [...] avec autant de générosité qu'à lui, en dehors d'Isaac – écrit Michel Hayeck. Il le bénit de cette bénédiction première accordée à Noé et à ses fils, après avoir été accordée à Adam et à tous les êtres humains. Par elle il le rendra fécond, car douze princes seront issus de lui, que l'Ecriture a recensés par leurs noms. Ismaël se multipliera et remplira la terre ; il sera, ainsi que l'Islam actuel, "une grande nation" [1]. »

Il est à noter enfin que, contrairement à la Bible, l'Abraham coranique n'est pas un voyageur, un migrant, un homme qui, par son déplacement dans l'espace, indiquerait symboliquement la volonté divine d'aller à la rencontre des nations. Ce rôle de conquérant de l'étendue est réservé significativement à Muhammad qui, par sa rupture avec La Mecque et son départ pour Médine, institue la *Hidjra*, rupture ouvrant sur le champ de l'innovation.

*

Moïse (*Moussa*) est, lui aussi, un immense prophète. Il est l'objet de quatre cents versets répartis sur vingt-sept sourates. On retrouve dans l'Exode et dans le Coran les principaux épisodes du récit mosaïque qu'on pourrait mettre en parallèle : rien d'étonnant à cela, puisque l'ins-

---

1. M. Hayeck, *Le Mystère d'Ismaël*, Mame, 1964.

piration du récit vient de Dieu et que, d'après le Coran lui-même, cette inspiration, pour tous les Livres saints, a une source unique. Rappelons quelques détails présents ici et là : le fait, par exemple, que Moïse soit sauvé des eaux, sa jeunesse et le meurtre dont il est l'auteur pour défendre « un Hébreu d'entre ses frères », dit l'Exode, un de ses « partisans » dit le Coran, ensuite sa fuite et sa rencontre d'un vieillard qui lui donne en mariage une de ses filles, la détermination de Moïse face à Pharaon et à son « peuple injuste » et, sur l'ordre de Dieu, la rencontre de Moïse et de son frère Aaron (*Haroûn*) avec le Pharaon que le prophète veut ramener sur le droit chemin. Mais Pharaon refuse l'invite qui lui est faite de se rallier à Dieu et il convoque ses sorciers qui jettent par terre leurs bâtons aussitôt devenus serpents : or que ce soit le bâton d'Aaron dans l'Exode (VII), ou celui de Moïse dans le Coran (XXVI, 32-48), jeté lui aussi à terre, on les voit, bâton pour bâton, se métamorphoser l'un et l'autre en un serpent plus grand – en « dragon », dit le texte coranique – et avaler tous les petits reptiles. Les dix fameuses plaies d'Egypte ne sont plus, nommément décrites, que cinq dans le Coran lequel, toutefois, chiffre à neuf ces « signes manifestes » (XVII, 101). On retrouve aussi dans le Coran la fuite d'Egypte des fils d'Israël, bientôt rejoints par les armées de Pharaon. Exode, XIV : « Yahvé dit à Moïse : "Lève ton bâton, étends ta main sur la mer et fends-la, pour que les fils d'Israël entrent au milieu de la mer à pied sec" » (15-16) ; et le Coran : « Nous avons révélé à Moïse : "Frappe la mer avec ton bâton" » (XXVI, 63), « Ouvre-leur dans la mer un chemin où ils marcheront à pied sec » (XX, 77). On peut suivre aussi dans les textes l'engloutissement des armées pharaoniques, le cheminement dans le désert et la révolte des fils d'Israël en vue d'obtenir d'autres nourritures que celles tombées du ciel par la grâce de Dieu ;

Les Prophètes

on suit aussi leur errance d'une durée de quarante ans. Exode, XVI : « Les fils d'Israël mangèrent la manne pendant quarante ans [...] jusqu'à leur arrivée aux confins du pays de Canaan » (35) ; et le Coran : « [Les fils d'Israël] erreront sur la terre pendant quarante ans » (V, 26)... Voici encore l'épisode de l'eau jaillie du rocher : Exode, XVII, 1-6 : « Les fils d'Israël [...] campèrent à Rephidir ; il n'y avait pas d'eau à boire par le peuple ; il murmura contre Moïse [...] Yahvé lui dit : "Passe en avant du peuple [...] Prends en ta main ton bâton avec lequel tu as frappé le Nil [...] Voici que moi, je me tiens là devant toi sur le rocher à Horeb ; tu frapperas sur le rocher, il en sortira de l'eau et le peuple boira !" » ; et le Coran : « Lorsque Moïse demanda à boire pour son peuple, nous lui avons dit : "Frappe le rocher avec ton bâton." Douze sources en jaillirent. Chacun sut où il devait boire » (II, 20) : ces douze sources font référence, bien entendu, aux douze tribus d'Israël. Signalons enfin le « rendez-vous » avec Dieu sur le mont Sinaï à qui le Coran donne le nom générique de *Jabal* (le Mont) mais aussi en plusieurs de ses sourates, et plus mystérieusement, le nom de *Tûr Sinîn*. Moïse, sur le Mont, voit Dieu dans un Buisson ardent selon l'Exode (XIX, 16-20) ; selon le Coran (VII, 143-144), Dieu en se manifestant met la montagne « en miettes » et Moïse tombe foudroyé. C'est en cette occurrence que, d'après l'Exode (20), le Décalogue est remis à Moïse avec le détail des obligations qui sont communiquées par Yahvé au prophète. Le Coran ne les énumère pas, se contentant d'énoncer sobrement :

Nous avons écrit pour lui sur les Tables
une exhortation sur tous les sujets
et une explication de toute chose.

« Prends-les avec fermeté ;
ordonne à ton peuple de se conformer
à ce qu'elles contiennent de meilleur. »

(VII, 145.)

Mais, dispersées dans le corps du Livre, on trouve, en diverses sourates, des prescriptions qui sont animées du même esprit que celui du Décalogue : « N'associez rien [à Allah] » (VI, 151), « Vous n'adorerez que Dieu » (II, 83), « Ne faites pas de Dieu l'objet de vos serments » (II, 224), « Soyez bons à l'égard de vos parents, de vos proches […] Usez envers les hommes de paroles de bonté » (II, 83), « Ne tuez personne injustement » (VI, 151), « Ne répandez pas votre sang » (II, 84), « Eloignez-vous des péchés abominables, apparents ou cachés » (VI, 151), « Tranchez les mains du voleur et de la voleuse » (V, 38), « Donnez le poids et la mesure exacts » (VI, 152), « Malheur au calomniateur ! » (CIV, 1), « Ne vous expulsez pas les uns les autres de vos maisons » (II, 84), « Acquittez-vous de la prière ; faites l'aumône » (II, 83), « Soyez fidèles au pacte de Dieu : voilà ce qu'il vous ordonne » (VI, 152). Ce même esprit se retrouve dans les commandements systématiques édictés par le Coran en XVII, 23-39 –, l'exigence du monothéisme et le respect dû aux parents restant en tête de ces commandements :

Ton Seigneur a décrété que vous n'adoriez que lui.
Il a prescrit la bonté à l'égard de vos père et mère.
Si l'un d'entre eux ou bien tous les deux
ont atteint la vieillesse près de toi,
ne leur dis pas : « Fi ! »
ne les repousse pas,
adresse-leur des paroles respectueuses.
Incline vers eux, avec bonté, l'aile de la tendresse
et dis :
« Mon Seigneur !
Sois miséricordieux envers eux,
comme ils l'ont été envers moi,
lorsqu'ils m'ont élevé quand j'étais un enfant. »

(XVII, 23-24.)

Les Prophètes

L'épisode de la trahison du peuple d'Israël et son adoration du Veau d'or sont également présents dans le Coran. Présente aussi l'immolation d'une « vache rousse » dont le sacrifice fut prescrit à Moïse dans le Livre des Nombres (XIX, 15) et qui donnera son nom, « La Vache » – *al-Baqara* –, à la plus longue des sourates coraniques, la deuxième, qui comporte 286 versets. Enfin, selon le Coran, Moïse a fait son entrée en terre promise à la tête de son peuple alors que, dans la Bible, le prophète meurt aux portes de celle-ci.

D'après le Coran, Moïse est *Rassoul Allah* (l'Envoyé ou l'Apôtre de Dieu), titre qu'il partage avec Jésus et Muhammad. Prophète, *nabi*, sincère, *muçlâh*, noble, *karîm*, fidèle, *amîn*, il a le privilège insigne d'avoir été l'interlocuteur de Dieu et d'avoir reçu de lui directement la Loi. Dieu dit à Muhammad :

Nous avons donné à Moïse le Livre et la Loi.
Peut-être serez-vous dirigés.

(II, 53.)

Deux des versets concernant Moïse sont particulièrement dignes d'intérêt dans la vision prophétologique du monde. C'est Pharaon qui parle dans la sourate XLIII, « L'Ornement », en 51-52 :

Pharaon fit une proclamation à son peuple ;
il dit :
« O mon peuple !
Le royaume d'Egypte ne m'appartient-il pas,
avec les fleuves qui coulent à mes pieds ?
Ne voyez-vous pas ?

Ne suis-je pas meilleur que cet homme misérable
et incapable de s'exprimer clairement ? »

On sait que, dans la tradition biblique, Moïse est réputé avoir eu des difficultés à s'exprimer : ce trait se retrouve donc dans le Coran. Pourtant, la tradition postcoranique surnommera Moïse le *kalîm*, « le disert ». Sans doute faut-il voir là une antiphrase ou, tout au moins, une valorisation supplémentaire : Moïse serait celui qui n'a besoin de s'exprimer vraiment – et clairement – que pour transmettre le plus fidèlement possible le message dont il est le dépositaire.

*

Jésus a une place prépondérante dans le Coran, la première peut-être après Muhammad si l'on veut bien admettre le statut « géniteur » d'Abraham. Il a même des privilèges spécifiques que Muhammad lui-même ne connaîtra pas. Il est probable que son nom arabe, *Issa*, dérive de son nom hébreu *Iesoua*. Le Coran l'appelle également *al-Massih* (« Le Messie »), considéré, selon l'usage chrétien oriental, comme un nom propre. Ce mot signifie celui qui a reçu l'onction, « l'oint » [du Seigneur], le « consacré ». L'expression *Rassoul Allah*, l'Envoyé de Dieu, réservée ordinairement à Muhammad, est appliquée trois fois à Jésus (IV, 157, 171 ; LXI, 6), qui est appelé une autre fois *al-Rassoul*, « l'Envoyé ». Allah le surnomme une fois : « *Rassoulî* », autrement dit : « mon prophète ». Il y a un lien entre la Parole créatrice d'Allah et la naissance de Jésus : à Marie est annoncée en III, 45, « la bonne nouvelle d'un Verbe émanant de lui [Allah]/ Son nom est : le Messie, Jésus, fils de Marie ». Il est un « Esprit émanant d'Allah » (IV, 171) ; il est appelé aussi « Parole de Vérité » (XIX, 34) ; serviteur et adorateur d'Allah : *abd-Allah* (IV, 172 ; XIX, 30).

Trois sourates coraniques tournent autour de cette haute figure : la Ve, intitulée « La Table servie », en souvenir de la Cène, miracle caractéristique accompli par Jésus ; la XIXe, intitulée « Maryam » (« Marie »), et la IIIe, intitulée « La famille de Imrân », par référence à la

Les Prophètes

famille mariale : cela grâce à une forme de télescopage advenu entre Marie la virginale et Maryam, sœur d'Aaron, télescopage dans lequel Louis Massignon voyait la marque même de la liberté divine à qui il revient, si elle veut, de contracter l'histoire des hommes en une vue synthétique, ellipse dont seule surgit la signification spirituelle. Les autres personnages mentionnés dans le Coran en fonction de Jésus sont – outre Marie – Zacharie et Jean. Il existe, d'ailleurs, coraniquement, une sorte de continuité prophétique familiale :

Oui, Dieu a choisi de préférence aux mondes
Adam, Noé, la famille d'Abraham, la famille de 'Imran
en tant que descendants les uns des autres.

(III, 33-34.)

Il est à noter que Maryam est le seul prénom féminin retenu par le Coran. C'est elle qui donne à Jésus sa généalogie : il est, en effet, « Issa fils de Marie », ce qui confirme indirectement la virginité mariale, puisque Jésus qui, s'il avait été fils d'homme, aurait dû avoir pour référent son père, selon la coutume sémitique, est ici désigné par rapport à sa mère exclusivement. Le nom de Marie, qui est « sainte » (V, 78) figure trente-quatre fois dans le Coran, dont vingt-quatre fois à propos de Jésus. Certes, Jésus et Marie, « mère du Messie », sont des mortels que Dieu pourrait anéantir s'il le voulait (V, 17) mais ce sont des créatures privilégiées :

Du fils de Marie et de sa mère
nous avons fait un Signe,

dit le Coran (XXIII, 50).

Chose surprenante : plus d'un millénaire avant le christianisme, c'est l'Islam le premier qui affirme l'immaculée conception de la Vierge, ainsi que le fait que celle-ci soit née exempte de tout péché (dogme qui ne sera proclamé par l'Eglise de Rome qu'en 1854). Le Coran, quant à lui, est, en III, 42, on ne peut plus clair à ce sujet :

Les anges dirent :
« O Marie,
Dieu t'a choisie, il t'a purifiée [1],

Il t'a choisie de préférence
à toutes les femmes de l'univers. »

(III, 42.)

Un *hadîth*, rapporté par Boukharî, précise : « Il ne naît pas un seul fils d'Adam sans qu'un démon ne le touche au moment de sa naissance. Celui que le démon touche ainsi pousse un cri. Il n'y a eu d'exception que pour Marie et son fils. » Puis, alors que les Evangélistes ignorent totalement l'enfance de Marie, le Coran la décrit en des termes particulièrement émouvants :

Son Seigneur accueillit la petite fille
en lui faisant une belle réception ;
il la fit croître d'une belle croissance
et il la confia à Zacharie.

Chaque fois que Zacharie allait la voir, dans le Temple,
il trouvait auprès d'elle la nourriture nécessaire
et il lui demandait :
« Ô Marie ! D'où cela te vient-il ? »

Elle répondait :
« Cela vient de Dieu :
Dieu donne, sans compter, sa subsistance à qui il veut. »

(III, 37.)

En une autre occurrence, le Coran trace la courbe de vie mariale, en quelques versets saisissants. Voici, par exemple, l'épisode de l'Annonciation :

Mentionne Marie, dans le Livre.
Elle quitta sa famille

---

1. C'est moi qui souligne (N.d.A.).

Les Prophètes

et se retira en un lieu vers l'Orient.
Elle plaça un voile entre elle et les siens.

Nous lui avons envoyé notre Esprit :
il se présenta devant elle
sous la forme d'un homme parfait.

Elle dit :
« Je cherche une protection contre toi,
auprès du Miséricordieux ;
si toutefois tu crains Dieu ! »

Il dit :
« Je ne suis que l'envoyé de ton Seigneur
pour te donner un garçon pur. »

Elle dit :
« Comment aurais-je un garçon ?
Aucun mortel ne m'a jamais touchée
et je ne suis pas une prostituée. »

Il dit :
« C'est ainsi :
Ton Seigneur a dit :
"Cela m'est facile."

Nous ferons de lui
un Signe pour les hommes ;
une miséricorde venue de nous.
Le décret est irrévocable. »

Elle devint enceinte de l'enfant
puis elle se retira avec lui dans un lieu éloigné.

Les douleurs la surprirent
auprès du tronc du palmier.

(XIX, 16-23.)

Le Coran fait naître Jésus au désert. Marie y est mystérieusement secourue par la découverte d'un ruisseau et nourrie de dattes. Quant à l'enfant, il est, prophète de Dieu, bénéficiaire d'un lien particulier avec son Créateur :

Oui, le Messie,
Jésus, fils de Marie, est le prophète de Dieu,
sa Parole, qu'il a jetée en Marie,
un Esprit émanant de lui.

(IV, 171.)

Dans une lettre de Muhammad au Négus d'Abyssinie, s'il faut en croire les *Annales* de Tabarî, le Prophète de l'Islam aurait écrit : « Je confesse que Jésus fils de Marie est l'Esprit d'Allah et son Verbe qu'Il jeta en Marie, la Vierge, la Sainte, la Pure. Elle conçut alors Jésus qu'Allah créa de Son Esprit et y insuffla [la vie] [1], comme il créa Adam de ses mains et y insuffla [la vie]. » D'autres citations méritent d'être rappelées. « On rapporte – écrit al-Hallâj, citation reprise par Massignon – que Jésus a dit : "Allah voulant contempler Son Essence sainte, créa Adam de sa propre lumière, et en fit comme un miroir dans lequel Il contempla Son Essence sainte. Je suis moi-même cette Lumière et Adam est ce miroir". » Ghazzalî dans son *Durra* assure : « Il y a des degrés de préférence entre les prophètes : Jésus est l'un des plus élevés d'entre eux. » Le mystique Baqli note de son côté dans son *Tafsîr* : « La meilleure germination est celle dont le fruit est semblable à Jésus, Esprit d'Allah. » Mais c'est peut-être Ibn Arabi, dans ses *Futuhât makkiyya* (« Les Illuminations mecquoises »), qui est allé le plus loin dans la définition spirituelle du Messie : « A l'extérieur – dit-il – c'est un humain, à l'intérieur c'est un Ange ; il est en effet l'Esprit d'Allah et Son Verbe. » Enfin, parlant de lui-même, Jésus, coraniquement, se « salue » de la sorte :

Que la paix soit sur moi,
le jour où je naquis ;
le jour où je mourrai ;
le jour où je serai ressuscité.

(Coran, XIX, 34.)

Le Signe caractéristique attribué à Jésus est celui d'accomplir des miracles. Il ne se trouve pas, dans le Coran comme dans la Tradition, de personnages, si

---

1. Tabarî, *Annales*, I/III, 1579.

Les Prophètes

représentatifs soient-ils, envoyés – apôtres, hommes justes – qui aient fait autant de miracles que le Messie. Le Livre mentionne les noms de trente-cinq prophètes ou apôtres, chiffre que la Tradition amplifiera jusqu'à atteindre celui de cent vingt-quatre mille : or aucun d'eux n'a joui, comme le fils de Marie, d'un pouvoir thaumaturgique aussi exceptionnel. Tandis que le Jésus de l'Evangile opère de lui-même ses miracles, le Coran, en revanche, prend soin de souligner que chacun des faits merveilleux qu'il lui attribue a été accompli « avec la permission d'Allah ». Jésus lui-même dit aux fils d'Israël :

Je suis venu à vous avec un Signe de votre Seigneur :
Je vais, pour vous, créer d'argile
comme une forme d'oiseau
Je souffle en lui, et il est oiseau
– avec la permission de Dieu.

(III, 49).

Le Coran raconte d'autres miracles de Jésus nullement mentionnés pour d'autres hommes de Dieu que lui : c'est ainsi qu'il a parlé au berceau pour innocenter sa mère (XIX, 29) avec, déjà, la maturité d'un homme accompli (III, 46) ; il a guéri l'aveugle de naissance et le lépreux et a ressuscité les morts « avec la permission de Dieu » (III, 49) ; il sait « ce que vous mangez et ce que vous cachez dans vos demeures » (III, 49 également), science dont même Muhammad n'a pas été gratifié.

Ainsi que ses prédécesseurs sur la voie prophétique, Jésus, auquel son peuple s'est opposé, eut – comme après lui Muhammad – ses Auxiliaires, ses *Ansâr*, croyants de la première heure, chargés de soutenir l'Envoyé face aux fils d'Israël. Le Coran les désigne sous le terme collectif de *Hawârî* sans nommer aucun d'eux. Le mot *hawârî* évoque, en langue arabe, l'idée de « blancheur ». Les Apôtres seraient les « Blancs » ou les « Purs », soit parce que c'étaient des teinturiers professionnels, soit parce qu'ils avaient « purifié » leurs intentions. Mais le Coran, à part l'épisode précis qui va être évoqué, se tait complètement sur le rôle des Apôtres auprès de Jésus, leur prédication ou leurs « actes ».

Voici donc l'épisode. Il concerne « la Table servie » – *al-Mâida* – qui a donné son nom à la sourate V, et qui constitue l'un des miracles notables du Messie. Celui-ci, à la demande de ses disciples affamés, fait descendre une table du ciel : c'est bien là une fête, de nourriture, un festin –, mais c'est là surtout une preuve de sa mission :

Les Apôtres dirent :
« Ô Jésus, fils de Marie !
Ton Seigneur peut-il, du ciel,
faire descendre sur nous une Table servie ? »

Il dit :
« Craignez Dieu, si vous êtes croyants ! »

Ils dirent :
« Nous voulons en manger
et que nos cœurs soient rassurés ;
nous voulons être sûrs que tu nous a dit la vérité,
et nous trouver parmi les témoins. »

Jésus, fils de Marie, dit :
« O Dieu, notre Seigneur !
Du ciel, fais descendre sur nous
une Table servie !

Ce sera pour nous une fête,
– pour le premier et pour le dernier d'entre nous –
et un Signe venu de toi. »
....

Dieu dit :
« Moi, en vérité, je la fais descendre sur vous,
et moi, en vérité, je châtierai d'un châtiment
dont je n'ai encore châtié personne dans l'univers
celui d'entre vous qui restera incrédule après cela. »

(V, 110-115.)

Les Prophètes

L'Islam, toutefois, rejette catégoriquement la moindre éventualité de quelque crucifixion que ce soit. Allah dit :

[Nous avons puni les juifs] *parce qu'ils ont dit :*
« *Oui, nous avons tué le Messie,*
Jésus, fils de Marie,
le Prophète de Dieu. »
Mais ils ne l'ont pas tué ;
ils ne l'ont pas crucifié
cela leur est seulement apparu ainsi.

Ceux qui sont en désaccord à son sujet
restent dans le doute ;
ils n'en ont pas une connaissance certaine ;
ils ne suivent qu'une conjecture ;
ils ne l'ont certainement pas tué,
mais Dieu l'a élevé vers lui :
Dieu est puissant et juste.

(IV, 157-158.)

Les juifs se targuant d'avoir tué Jésus, le Livre s'élève avec indignation contre leur prétention d'avoir anéanti le Verbe et l'Esprit de Dieu, comme il s'était élevé auparavant contre les calomnies abominables qu'ils avaient répandues sur Marie et sa virginité. A Médine, la polémique antijuive s'est nourrie de ce contexte-là. Jésus, serviteur d'Allah, ne pouvait être vaincu par les ennemis d'Allah : le Messie n'est pas mort sur la croix ; il a déjoué les plans les plus perfides de ses détracteurs et ces derniers n'ont crucifié (comme le croyaient d'ailleurs les nestoriens) que sa ressemblance : son sosie.

Enfin, selon le Coran, Jésus aurait annoncé la venue d'un apôtre du nom de « Ahmad » – qui est l'amplification du nom de Muhammad et signifie « l'Immensément Loué », « le Plus Glorieux ». On lit, en effet, dans la sourate LXI, au verset 6, ce propos de Jésus fils de Marie :

O fils d'Israël !
Je suis en vérité le prophète de Dieu
envoyé vers vous

pour confirmer ce qui, de la Tora, existait avant moi ;
pour vous annoncer la bonne nouvelle
d'un prophète qui viendra après moi
et dont le nom sera : Ahmad.

Toutes ces raisons expliquent et légitiment sans doute la prédilection particulière que le Coran éprouve à l'égard des « Nazaréens » :

Tu constateras
que les hommes les plus proches des croyants
par l'amitié
sont ceux qui disent :
« Oui, nous sommes chrétiens ! »

(V, 82.)

Les mystiques musulmans vont être, par la suite, profondément imprégnés de l'autorité et de la pureté de la vie monacale chrétienne, bien que l'Islam interdise le monachisme. Appliquant à Jésus la manière de vivre des moines – notamment des moines errants –, ces mystiques du Messie, dit le « Chef des Errants », *Imam al-Sa'ihîn* – lui prêteront les particularités distinctives des moines orientaux des premiers siècles hégiriens : port de la tunique de laine (*soûf* : laine, d'où leur appellation de « soufis » qui se disaient eux-mêmes, au début, *roûhbâne*, c'est-à-dire précisément « moines »), détachement, solitude, méditation, pouvoir initiatique opérant des guérisons. Et c'est en méditant les versets christologiques du Coran que ces mystiques, dont très particulièrement Ibn Arabi, dans son célèbre ouvrage *La Sagesse des Prophètes*, au chapitre concernant Jésus [1], se représentent un Messie qui, du fait d'avoir été créé du souffle d'Allah, semble, dans une parfaite unité de son être, résoudre l'antinomie des « deux hommes » par la démission totale de son esprit charnel (*nafs*) devant l'Esprit divin (*Roûh*). Rares sont, dans le

---

1. Ibn Arabi, *La Sagesse des Prophètes*, Albin Michel, 1974.

Coran lui-même, les allusions à la descente de Jésus à la fin des temps. Deux versets toutefois, de lecture malaisée, semblent mentionner cette parousie : dans l'un d'entre eux notamment, il est dit, de façon elliptique, que Jésus est « l'annonce de l'Heure », à savoir qu'il surgit le moment venu pour signifier la fin du monde (XLIII, 61).

En ce même sens, il convient de rappeler ici que la première prédication de Muhammad était pleine de visions apocalyptiques et que le Prophète annonçait, lui aussi, dès cette vie même, la proximité de l'Heure et l'imminence du Jugement. Les admirables sourates mecquoises sont pleines du pressentiment que les indications prémonitoires n'allaient pas tarder à surgir : fente de la lune, sortie d'une Bête mystérieuse, dislocation du barrage frontalier qui entoure le monde, et invasion de celui-ci par les monstres Gog et Magog. D'après la tradition islamique, relayée par Hindî, Muslîm, Sindî, Ibn Mâja, Halabî et d'autres, Jésus, qui avait été élevé au ciel, devrait alors revenir sur la terre pour goûter la mort. Avant cela, il devra lutter contre l'Antéchrist, le *Dajjâl*, ou « Messie Menteur », et le vaincre, puis, dans une deuxième phase, s'opposer avec l'aide des derniers croyants aux monstres Gog et Magog qui, sur sa prière, seront exterminés par Allah. Jésus, d'après cette tradition, participera même au Jugement, « selon la loi de Muhammad » que Dieu lui communiquera. Parlant du Prophète de l'Islam et du Messie, Ibn Arabi, dans ses *Futuhât*, ira jusqu'à écrire : « Le Sceau de Saints [à savoir Jésus] est unique, non point un à chaque époque, mais unique dans le monde. Par lui, Allah posera l'estampille finale à la sainteté muhammadienne ; et il n'y aura pas, parmi les saints muhammadiens, de plus grand que lui. » Aussi bien Jésus est-il défini par le philosophe andalou comme « le Sceau de la Sainteté universelle, appliquant la justice selon la loi de Muhammad dans sa Communauté ».

10

La place de l'homme

L'homme en général est appelé *insân* dans le Coran, où cette appellation revient vingt-cinq fois. Le Coran désigne plusieurs fois les hommes en général par l'expression *abna'*Adam, « les fils » (au pluriel) d'Adam. Le mot *nafs* provient de la racine N-F-S et signifie « souffler », « respirer ». Il a souvent été traduit par « âme » ou « principe vital ». *Nafs*, comme son équivalent « âme », est du genre féminin et signifie l'être humain responsable de ses actes.

*Un gardien se tient
auprès de chaque âme* [nafs].

(LXXXVI, 4.)

La sourate IX, verset 85, fait une distinction entre l'esprit et le corps des hommes à leur mort : elle parle des âmes (*anfus*) qui « s'exhalent ». Cette même âme peut se trouver « angoissée, rétrécie » (IX, 118) ou, au contraire, « affermie » (II, 265). L'*Encyclopédie de l'Islam* note à ce propos, sous la plume de E.E. Calverjey : « Dans l'ancienne poésie arabe, le *nafs* désignait le moi et la personne ; le *rouh* signifiait "souffle" et "vent". A partir du Coran, le *nafs* signifie aussi l'âme et le *rouh* est plus spécifiquement un ange. Dans la littérature arabe postérieure, *nafs* et *rouh* ont le même sens et signifient tantôt l'esprit humain, tantôt les anges et tantôt les génies. » Parmi les mots clés aussi de la structure spirituelle de l'homme musulman, il y a le mot "cœur". » « Le cœur est considéré par les Sémites – écrit Denise Masson reprenant à son compte les auteurs musulmans –, comme l'organe des facultés intellectuelles : mémoire, attention, intelligence, sagesse et le reste. » C'est le cœur aussi qui, comme dans la théorie classique occidentale, est le siège des passions et celui de la foi. La pureté du cœur symbolise l'état du juste et la pratique de la circoncision, en Islam comme dans le Judaïsme, est le signe extérieur de cette purification ou de cette consécration à Dieu, bien que rien ne soit dit à ce sujet dans le Coran. Mais, au-delà des symboles, Allah, qui connaît le contenu des « poitrines », fortifie les cœurs qui « s'apaisent à [son] souvenir » (XIII, 28). Il a « ouvert le cœur » de son prophète Muhammad à la foi nouvelle et l'a « libéré de son fardeau », et c'est de lui exclusivement que dépend l'adhésion ou la non-adhésion de l'homme au message prophétique, ce qui, bien évidemment, pose le problème de la liberté –, liberté paradoxalement déterminée par la volonté de Dieu :

Dieu ouvre à la Soumission
le cœur de celui qu'il veut diriger.

Il resserre et oppresse le cœur
de celui qu'il veut égarer
comme si celui-ci faisait un effort
pour monter jusqu'au ciel.
Dieu fait ainsi peser son courroux sur les incrédules.

(VI, 125.)

Dieu ayant créé l'ouïe, la vue, le cœur, auxquels il sera demandé compte au jour du Jugement dernier, les incrédules, certes, ont des cœurs, des oreilles, des yeux, mais leurs cœurs dans leurs poitrines sont « aveugles », – et c'est assez pour les perdre.

Y a-t-il en Islam de péché originel ? Vaste question, qu'il convient de résumer ici en faisant appel à la théologie comparée. Tandis que, d'après l'enseignement de l'Eglise, le premier péché d'Adam a corrompu la nature humaine en détruisant l'intégrité première en laquelle le premier homme avait été créé, l'Islam, au contraire, repousse l'idée d'un tel péché qui se transmettrait de génération en génération et ne serait effacé que par la Rédemption christique. Le péché, s'il existe, est un coup stupidement porté par l'homme à cette balance intérieure que Dieu a placée en chacune de ses créatures, un manquement à la nature illuminée originairement par la grâce, une atteinte à la *fitra* qui est la marque d'Allah dans l'homme et, au sens propre du mot, le « péché » est une dé-raison. Une déraison que, toutefois, le retour à la raison peut compenser ainsi que la sincérité du repentir. « C'est pire qu'un crime, c'est une faute » : l'adage célèbre peut ici être invoqué pour expliciter aussi clairement que possible ce point d'ambiguïté entre le Créateur et sa créature. Ambiguïté, ai-je dit. Il est évident, pour le Coran, qu'il y a, dans le cœur de l'homme, une double postulation, une tendance vers le Mal et une tendance vers le Bien, mais que si l'homme est fait de terre, celle-ci, la terre, a été animée et restaurée par l'Esprit venant d'Allah. Aussi l'homme, pour misérable qu'il soit au départ – « Nous avons créé l'homme misérable » (XC, 4) –, n'en est pas moins le « lieutenant » *(calife)* de Dieu ici-bas, bénéficiant d'un admirable univers qui a été totalement créé et « orné » pour lui. L'homme est fait pour être à la hauteur du cadre que lui a aménagé son Bienfaiteur

La place de l'homme

et pour en tirer, par la réflexion et le recours à une forme d'intelligence intuitive, les conclusions qui s'imposent :

C'est lui [Dieu] *qui fait descendre du ciel
l'eau qui vous sert de boisson
et qui fait croître les plantes
dont vous nourrissez vos troupeaux.*

*Grâce à elle, il fait encore pousser pour vous
les céréales, les oliviers, les palmiers, les vignes
et toutes sortes de fruits.
Il y a vraiment là un Signe
pour un peuple qui réfléchit !*

*Il a mis à votre service
la nuit, le jour, le soleil et la lune.
Les étoiles sont soumises à son ordre.
Il y a vraiment là des Signes
pour un peuple qui comprend !*

(XVI, 10-12.)

Dieu donnant ainsi aux hommes tout ce dont ils ont besoin au jour le jour – se nourrir, se vêtir, se reposer – a fixé également de façon immuable pour chaque individu le moment de sa mort :

*Il n'appartient à personne de mourir
si ce n'est avec la permission de Dieu
et d'après ce qui est irrévocablement fixé par écrit.*

(III, 145.)

L'homme, après sa mort, subira un Jugement portant sur ses actions et, selon le décret d'Allah, il rejoindra le Paradis ou sera précipité dans l'Enfer. La Résurrection des hommes, suivie de la vie dans l'au-delà, est considérée comme « l'autre création » (LIII, 47) ou « la seconde naissance » (XXIX, 20). Dieu est « celui qui donne un commencement à la création / et qui la renouvellera » (LXXXV, 13). A celui qui demande :

« *Qui donc fera revivre les ossements
alors qu'ils sont poussière ?* »

Dis :
« *Celui qui les a créés une première fois*
les fera revivre.
Il connaît parfaitement toute création.
Tel est en vérité son Ordre :
quand il veut une chose,
il lui dit : '"Sois !"
et elle est. »

*

Quelles sont, dans le cadre ainsi tracé d'une vie d'homme – ou de femme : celle-ci a les mêmes devoirs que l'homme – les obligations personnelles du croyant ? En somme quels sont, éthique et rituel du culte, ce qui est exigé de chacun ?

L'édifice légal repose essentiellement sur cinq « piliers » : la profession de foi (*shahâda*), la prière (*salât*), l'aumône (*zakât*), le jeûne du mois de Ramadân (*sawn*), le pèlerinage à la Maison d'Allah à La Mecque (*hadj*), recommandé à tout musulman dès qu'il en a la force et les moyens.

La *shahâda*, ou « profession de foi », si elle consacre la qualité de membre de la *umma*, ne donne pas, à elle seule, la garantie que son énonciateur est un vrai croyant. C'est une reconnaissance publique qu'il n'est point d'autre Divinité qu'Allah et que Muhammad est son prophète : socialement parlant, elle lie irrévocablement celui qui la formule à l'Islam, mais elle ne saurait remplacer l'illumination du « cœur ». Et cette « illumination » ou, plus simplement, cette adhésion illuminante est, on l'a vu, l'œuvre d'Allah. Il n'est pas interdit de penser, me semble-t-il, qu'il y a dans l'Islam, au niveau des rapports de Dieu et de l'homme par la médiation nécessaire de la grâce – nécessaire mais non suffisante – une forme de jansénisme.

La place de l'homme

La prière obligatoire, instituée par Muhammad lui-même, sur la base des inspirations coraniques, comporte cinq célébrations quotidiennes incontournables, distinctes des prières surrérogatoires, des prières spécifiques pour les morts, ou encore des dévotions supplétives pour demander la pluie (rogations). Les moments de la prière sont fixés par la course du soleil. Son accomplissement est individuel, mais le vendredi – qui équivaut au Jour du Seigneur pour les chrétiens – les hommes assistent à une célébration collective à la mosquée. Ce lieu, la mosquée, peut être grand ou petit : il est cependant toujours nu et simple car ce n'est pas en lui que se matérialise la présence divine. Seuls le *mihrab* (petite niche décorée de versets du Coran et qui, creusée dans le mur adéquat, indique la direction de La Mecque, reprise islamisée de l'abside chrétienne) et le *minbar*, chaire du prédicateur, rompent la monotonie ou la solennité de l'endroit. La prière, celle du vendredi en particulier, est généralement dirigée par l'*imam*, personnage honorable qui n'a par ailleurs aucune fonction religieuse, l'Islam étant une religion sans clergé. Elle est précédée d'un prône ou *khotba*, dont il est recommandé qu'il soit bref, d'où l'inexistence en Islam d'une littérature de sermons. Peut-être faut-il rappeler ici qu'à la différence de l'Eglise, l'Islam, dans son rituel, n'a aucun recours à la musique ni au chant : pour exalter la tension émotive des pratiquants, il y a exclusivement l'art de la récitation du Coran, *tartîl* ou *tajwîd*, qui, comme le dit l'orientaliste anglais Gibb, intensifie l'appel à l'imagination et à la sensibilité : « Le Livre inclut sa musique. » La récitation coranique saisit l'âme de l'orant par la magie puissante du verbe, la sonorité magnifique d'une grande langue, l'harmonieuse cadence d'un débit modulé, la césure de silence ménagée entre deux versets incitant l'officiant à rentrer en lui-même pour un moment décisif de méditation contemplative.

Le jeûne, observé simultanément dans tous les pays d'Islam, constitue un mélange d'ascétisme diurne et de raffinements nocturnes (prise de plaisirs pour les uns, approfondissement intérieur pour les autres) qui fait du mois de Ramadân (dont l'échéance est, à chaque année solaire, décalée de dix à douze jours, en conformité avec le calendrier musulman resté lunaire) l'une des étapes les plus significatives de l'échéancier spirituel de l'Islam. Les Esséniens avaient connu, de leur côté, de telles macérations, les moines égyptiens de l'Orient ancien également, ainsi que les jacobites qui jeûnent quarante jours et les coptes d'Ethiopie qui en jeûnent soixante, jeûnes moins rigoureux cependant que celui de l'Islam puisqu'ils n'interdisent pas, entre autres, de se désaltérer en buvant de l'eau. L'Islam ajoute à cette interdiction-là, pendant la période quotidienne du jeûne – qui va du lever du soleil, *al-fajr*, à son coucher, *al-maghreb* –, toute pratique érotique (action ou pensée) ou tout contact impur. Le terme du jeûne, c'est l'*Id al-saghîr*, « la petite fête » par opposition à l'*Id al-kabîr*, « la grande fête » qui célèbre la fin du pèlerinage de La Mecque.

Aucune religion n'aura élevé le pèlerinage à la hauteur d'une institution fondamentale comme le fait l'Islam. On verra plus loin [1] comment cette manifestation spirituelle et sociale a été mise en place, réglée, renforcée. « Sur des lieux et avec des rites hérités de l'Arabie païenne, mais reconvertis à l'adoration du Dieu unique – écrit André Miquel –, le *hadj* rassemble, du 7 au 13 du mois de *Dhû l-Hidja*, le dernier de l'année musulmane, des pèlerins venus du monde entier. Au centre de leurs dévotions, la Ka'aba, de plan rectangulaire, parée d'un voile de brocart que l'on renouvelle tous les ans ;

---

1. Voir le chapitre consacré au « Pèlerinage de l'Adieu ».

La place de l'homme

encastrée dans l'un de ses angles, la Pierre noire ; à côté, dans l'enceinte, la source de Zemzem et la pierre d'Abraham, sur laquelle le patriarche monta pour réparer le faîte du temple. L'ensemble du territoire de La Mecque est tabou (*haram*) et les pèlerins, pour y accéder, revêtent, à certaines stations déterminées de leur route, le costume de sacralisation (*ihrâm*) : deux pièces d'étoffe ne comportant aucune couture. Vêtement uniforme, participation collective aux rites, identités des interdits, sexuels ou autres : ici véritablement se forge, au-delà des nations et des langues, le sentiment d'une communauté [1]. »

Enfin l'Islam eut le mérite, suite à l'expérience de Muhammad et sous son impulsion, de rendre obligatoire l'aumône, le *zakât*, impôt-aumône qui fut d'abord synonyme de la *sadaqa*, l'aumône volontaire, et avait la même vertu purificatrice. Cet impôt fait partie dès l'origine, autrement dit dès les premiers temps du séjour muhammadien à Médine, des devoirs du croyant envers l'ensemble des siens. Tout musulman doit, en effet, participer à l'entretien et au développement de la *umma* en aidant notamment à la solution de ses problèmes économiques et sociaux. La *zakât* (sur l'argent, sur les récoltes et sur le bétail) n'est pas sans rappeler la *dîme* de l'Ancien Testament : les deux, *dîme* et *zakât*, droit exigé par Dieu, ont le pouvoir de rendre licite la possession des biens sur lesquels elles sont prélevées. Allah ne dit-il pas à Muhammad, en parlant des bédouins :

Prélève une aumône sur leurs biens
pour les purifier et les rendre sans taches.
Prie sur eux ;
tes prières sont un apaisement pour eux.

(IX, 103.)

---

[1]. André Miquel, *op. cit.*

On pense à Luc, en IX, 41 : « Donnez [...] en aumône ce que vous avez, et voilà que, pour vous, tout sera pur. »

Quant à l'aumône volontaire, celle précisément dont parle saint Luc, le Coran lui donne la plus grande importance. D'après le Livre, les incrédules et les polythéistes sont définis comme ceux « qui ne font pas l'aumône » et « ne croient pas à la vie future » (XLI, 7). Au contraire, il est dit des élus parvenus au Paradis que, sur terre

Ils tenaient fidèlement leurs promesses,
ils redoutaient un jour dont le mal sera universel.
Ils nourrissaient le pauvre, l'orphelin et le captif
pour l'amour de Dieu.
« Nous vous nourrissons pour plaire à Dieu seul :
nous n'attendons de vous ni récompense, ni gratitude. »

(LXXVI, 7-9.)

Il y a encore un autre devoir, celui-ci occasionnel, du croyant envers la communauté : c'est le *djihâd* (« la guerre sainte ») que j'ai déjà brièvement évoqué. Reste que, d'après le Prophète lui-même, le *djihâd* qu'on mène contre « l'infidèle » est bien moins essentiel à l'homme que celui qu'on mène contre soi-même afin de juguler ses appétits et ses instincts, combat qui constitue « le plus grand *djihâd* ». Aussi bien convient-il d'ajouter, que d'après certains juristes modernistes d'Islam, les seules guerres saintes légitimes étaient celles du Prophète lui-même, à l'exclusion de toutes les autres.

Parmi les autres obligations du croyant, il y a le principe de la fraternité universelle qui procède du fait que l'humanité entière est issue du premier couple humain créé par Dieu, les croyants ayant, quant à eux, un lien plus spécifique encore :

Les croyants et les croyantes sont amis
les uns des autres.
Ils ordonnent ce qui est convenable,
ils interdisent ce qui est blâmable.

La place de l'homme

*Ils s'acquittent de la prière
ils font l'aumône
et ils obéissent à Dieu et à son Prophète.*

(IX, 71.)

Autre qualité exigée du croyant : la justice –, car Dieu aime ceux qui pratiquent l'équité :

*Soyez justes !
La justice est proche de la piété.
Craignez Dieu !
Dieu est bien informé de ce que vous faites.*

(V, 8.)

Le Coran insiste également sur le respect de la parole donnée :

*Ne violez pas les serments
après les avoir solennellement prêtés,
et avoir pris Dieu comme garant contre vous*

(XVI, 91 ; XXIII, 8 ; LXX, 32.)

Il recommande l'honnêteté dans les échanges et condamne les fraudeurs :

*Dieu a établi la balance :
ne fraudez pas sur le poids ;
évaluez la pesée avec exactitude,
ne faussez pas la balance.*

(LV, 7-9.)

Il condamne l'envie :

*Ne convoitez pas les faveurs dont Dieu a gratifié
certains d'entre vous de préférence aux autres.*

(IV, 32.)

Muhammad avait personnellement beaucoup souffert des calomnies dont sa femme bien-aimée Aïcha avait été victime. Aussi le Coran ne sera-t-il pas tendre pour le « calomniateur acerbe » (CIV).

*Ceux qui calomnient
des femmes honnêtes, insouciantes et croyantes*

seront maudits en ce monde
et, dans la vie future,
ils subiront un terrible châtiment.

(XXIV, 4, 23.)

Le Livre interdit l'usure et le vol : « Tranchez la main du voleur et de la voleuse » (V, 38), – impératif devenu désormais théorique dans tous les pays d'Islam, sauf exception remarquée. Allah accorde à chacun sa subsistance (*rizq*) et l'aumône, dont nous avons parlé, est considérée comme un « prêt » fait à Dieu. L'homme devra donner non pas ce qu'il possède de vil mais, fût-il pauvre, ce qu'il a de « meilleur » (II, 267). Les principaux bénéficiaires de l'aumône, autrement dit du don gratuit au sens large du terme, sont le père et la mère, les orphelins, les démunis et le voyageur (II, 215). Toutefois le Coran condamne une charité par trop ostentatoire :

Dieu n'aime pas [...]
ceux qui dépensent leurs biens en aumônes
pour être vus des hommes.

(IV, 38.)

Parmi les autres vertus recommandées au croyant, il y a l'hospitalité – vieille tradition arabe reprise et spiritualisée par l'Islam, comme elle est exaltée par le christianisme. – « On recevra comme le Christ lui-même tous les hôtes qui surviendront », dit la règle de saint Benoît –, et cette hospitalité inclut même, admirablement, les infidèles, et même les plus honnis d'entre eux : les polythéistes. Le Coran dit, en effet :

Si un polythéiste cherche asile auprès de toi,
accueille-le
pour lui permettre d'entendre la parole de Dieu ;
fais-le ensuite parvenir dans son lieu sûr.

(IX, 6.)

La politesse et la discrétion sont également exigées du croyant en même temps que l'ouverture aux autres :

La place de l'homme

*Ne détourne pas ton visage des hommes,
ne marche pas sur la terre avec arrogance
car l'orgueil est condamnable. Condamnable aussi l'avarice.*

(XXXI, 18.)

Est privilégié dans le respect le chef de la communauté. Cette subordination au Prince – dont le Prince a souvent abusé – est définie notamment dans le verset suivant, dit « verset des émirs » :

*O vous qui croyez !
Obéissez à Dieu
obéissez au Prophète
et à ceux d'entre vous qui détiennent l'autorité.
Portez vos différends devant Dieu et devant le Prophète,
si vous croyez en Dieu et au Jour dernier.*

(IV, 59.)

On retrouve là une conception proprement sémitique du pouvoir, conception d'autant plus déterminante que les trois fonctions de chef religieux, de conducteur du peuple et de juge étaient concentrées dans les mêmes mains. L'Exode dit : « Tu ne maudiras pas le prince de ton peuple » (XXII, 27) ; et on voit le Christ, le Christ lui-même, ordonner à ses disciples de reconnaître le pouvoir civil. Il est en cela étayé par saint Paul qui écrit dans l'Epître aux Romains : « Que toute âme se soumette aux pouvoirs établi car il n'est pas de pouvoir qui ne vienne de Dieu » (XIII, 1-2).

Le respect dû aux parents est jugé prioritaire par le Coran, à condition que cette soumission requise de l'enfant ne contredise pas la soumission à Dieu. Les enfants, quant à eux, sont considérés comme faisant partie – au même titre que les richesses – de ce que « ce monde » offre de meilleur :

*Les richesses et les enfants
Sont la parure de la vie de ce monde.
Mais les bonnes actions impérissables*

ont une récompense meilleure
auprès de ton Seigneur
et elles suscitent meilleur espoir.

(XVIII, 46.)

Les biens de ce monde étant périssables, le Coran insiste sur la vanité de tout ce qui appartient à la vie immédiate (*al dunyâ*) opposée à la vie future (*al-akhirâ*) :

La vie de ce monde n'est que jeu et divertissement,
la demeure de la vie future est sûrement meilleure.

(VI, 32 ; XXXIX, 64 ; XLVII, 36.)

L'Islam a rêvé de se réaliser comme une sorte de paix universelle, en tout cas au niveau de ses fins dernières. La formule de salutation généralement employée par le musulman, *as-salamou alaykoum* – « que le salut (et la paix) soit sur vous ! » – est, d'après le Coran en XIII, 24, et autres occurrences, celle qu'emploieront les anges accueillant les élus à l'entrée du Paradis.

11

Muhammad et les projections du féminin

Jésus-Christ est une figure majeure de la réalisation spirituelle et de l'implantation en chacun de nous de l'inspiration divine. Des millions de chrétiens croient que c'est Dieu lui-même qui s'est incarné. Cette idée de l'Incarnation a refondé l'homme dans une nouvelle identité, dans une nouvelle définition de lui-même, dont une immense civilisation est issue. Mais l'humain christique est lié, pour l'essentiel, à la douleur et au tragique de notre condition. Malgré certains moments de joie profonde et grave présents dans les Evangiles, malgré la préférence donnée à Marie la contemplative sur Marthe l'occupée, la préoccupée, malgré la tendresse manifestée par Jésus envers Marie-Madeleine la flamboyante, il n'y a pas, il ne saurait y avoir du Christ une face heureuse –, et qui veuille regarder vers l'ici-bas comme vers le lieu où l'homme et la femme ont leurs habitudes au quotidien, ont leur corps quotidien et les exigences de ce corps, lié fût-il ou délié de l'esprit. L'Islam s'inscrit dans une autre logique. Société globale et globalisante, inspirée par une vision unifiante de l'homme et du cosmos, de l'ici-bas et de l'au-delà, l'Islam – dès le temps de Muhammad – fait un tout des deux versants de la vie (l'éphémère, l'éternel) et ne sépare à aucun moment ce que, dans un livre remarquable, *La sexualité en Islam*[1], le sociologue tunisien Abdelwahab Bouhdiba présente comme des complémentarités de la personnalité arabo-musulmane dans l'éventail de ses invariants : « Tout est double – écrit Bouhdiba, dès la première phrase de son livre –, et c'est là le signe du miracle divin. La bivalence est vouloir de Dieu, et la sexualité, qui est mise en relation du mâle et de la femelle, n'est qu'un cas particulier d'une volonté divine absolument universelle. Maints versets le chantent sur le mode triomphant. La sourate des "Romains" notamment. » Relisons les versets 16 à 22 de cette sourate XXX :

Quant aux incrédules,
à ceux qui traitent de mensonges
nos signes et la Rencontre de la vie future,
voilà ceux qui seront en proie au châtiment.

Gloire à Dieu,
quand vous parvenez au soir
et que vous vous retrouvez le matin !

Louange à lui,
dans les cieux et sur la terre,
la nuit et au milieu de la journée.

Il fait sortir le vivant du mort ;
il fait sortir le mort du vivant.
Il rend la vie à la terre quand elle est morte :
ainsi vous fera-t-il surgir de nouveau.

Parmi ses signes :
il vous a créés de poussière,

---

1. Abdelwahab Bouhdiba, *La sexualité en Islam*, Presses Universitaires de France, 1979.

*puis vous voici des hommes
dispersés sur la terre.*

*Parmi ses signes :
il a créé pour vous, tirées de vous,
des épouses
afin que vous vous reposiez auprès d'elles,
et il a établi l'amour et la bonté entre vous.*

*Il y a vraiment là des Signes,
pour un peuple qui réfléchit.*

*Parmi ses signes :
la créature des cieux et de la terre ;
la diversité de vos idiomes et de vos couleurs.*

*Il y a vraiment là des Signes,
pour ceux qui savent.*

La continuité ontologique est, au même titre que l'unicité de Dieu, l'idée centrale de l'idéologie islamique. L'Islam, on l'a souvent dit – les arabisants notamment (Marçais, Massignon, Berque et d'autres) ont beaucoup insisté là-dessus – ne sépare pas essence et existence et ne connaît pas les classements imposés par la pensée occidentale depuis Aristote. « L'Islam se caractérise par une puissance de récapitulation, qu'exprime le mot arabe de *dhikr*, assure Jacques Berque. Le mot est à la fois souvenance et rappel, revue que l'on fait de soi-même, projection vers le futur à partir des origines. Dans cette empoignade simultanée de catégories ailleurs disjointes, l'Arabe s'éprouve et s'enchante. Il se retrouve dans le télescopage de la sensation brûlante avec les sublimations du fondamental [1]. » Ainsi donc la vie privée elle-même, autant par ce qu'en dit le Coran que par ce dont témoigne l'exemplarité prophétique, relève de la visibilité publique dès qu'un « droit de Dieu », comme dit le Livre, se trouve en jeu. De nombreux versets

---

[1]. Jacques Berque, *Arabies*, Stock, 1978.

coraniques affirment cette conception de la dualité unitaire sur laquelle se fonde la Création à travers l'ensemble des existants. Dans cette opposition des signes appelés à s'unifier, l'homme et la femme jouent, en Islam, un rôle ontologique décisif et leur union acquiert, de ce fait, une signification symbolique qui, contrairement à ce qu'on en conte généralement, fait de l'Islam la religion la plus fortement fondée qui soit sur la notion de couple : « Allah a créé les deux *zawj*, le mâle et la femelle », est-il dit en LI, 49 ; et « De toute chose nous avons créé un *zawj* », est-il encore dit en XXXVI, 36. De sorte que l'acte physique d'amour apparaît comme un acte originaire, une participation à l'équilibre du monde, à sa mise en ordre spirituelle, puisque cet acte reconduit à sa façon l'acte créateur de la Divinité. D'où le refus radical, en Islam, de toute forme d'ascétisme et, fût-ce chez les mystiques, du moins chez la plupart d'entre eux, de toute affiliation monastique : mépriser le corps, c'est, de fait, mépriser l'esprit. « L'islamisme – assure Abdelwahab Bouhdiba – est d'abord naturisme et la spiritualité islamique est pleine naturalité. [...] La vision islamique du couple fondée sur l'harmonie préétablie et préméditée des sexes suppose une complémentarité foncière du masculin et du féminin. Cette complémentarité harmonique est créatrice et procréatrice. Entendons par là que le prolongement de la vie, qui est bonheur et apaisement des tensions mais aussi satisfaction et jouissance légitime, ne peut se faire que dans le cadre voulu par Dieu : c'est pour l'homme d'assumer sa masculinité et pour la femme de prendre en charge sa propre féminité. La vision islamique du monde déculpabilise les sexes, mais c'est pour les rendre disponibles l'un à l'autre et pour réaliser un "dialogue des sexes" dans le respect mutuel et dans la joie divine. » Le *nikah'* – c'est le mot arabe pour désigner le coït – est cité en tant que tel dans le Coran, et il lui revient de jouer un rôle de premier plan dans l'ensemble des rapports sociaux institutionnels comme, bien entendu, le mariage, ou imaginaires comme la création littéraire (l'importance du *nikah'*, mot et chose, dans *Les Mille et une Nuits* !). L'Islam, d'ailleurs, ne recule pas devant la désignation des choses par leur nom, et ce dans la mesure précisément où la sexualité, replacée dans le cadre de l'économie de l'univers, est une valeur créatrice au même titre que la terre : terre si aimée, si désirée et si difficile à faire verdoyer de l'Arabie primitive. La métaphore utilisée par le Coran dit bien ce qu'elle veut dire : « Vos femmes sont vos champs, allez à vos champs comme vous le voulez » (IV, 231). Et l'un des *hadîth*(s) du Prophète à ses Compagnons est également direct en la matière : « Chaque fois que vous faites œuvre de chair, vous faites une aumône. » « Etonnés – racontent plusieurs chroniqueurs, dont Taftarzâni –, les Compagnons demandèrent : "Comment, Envoyé d'Allah, nous satisferions nos désirs et nous recevrions pour cela une rétribution ?" – "Le faire de manière illicite implique bien un châtiment ! De même le faire de manière licite implique une rétribution !" » Il s'agit donc de l'amour légitimé par le mariage qui consiste, d'après un auteur de rite malékite, en « un contrat par lequel on acquiert l'appareil géniteur d'une femme dans l'intention d'en jouir », l'amour adultère, le *zinâ*, étant, lui, fortement condamnable. « Tout ce qui viole l'ordre du monde n'est que grave "désordre" – dit encore Bouhdiba –, source de mal et foncière anarchie. Aussi le *zinâ*, condamné de manière fort vive, suscite-t-il la réprobation unanime. Encore le *zinâ* restait-il, en ce sens, dans le cadre de l'ordre fondamental du monde : il n'en viole que les modalités. Il est à sa façon harmonie des sexes. C'est un faux *nikah'*. Ce n'est pas un anti-*nikah'*. Il reconnaît la complémentarité harmonique des sexes et son tort est de vouloir la réaliser en dehors des limites fixées par Dieu [1] » Vingt-sept versets du Coran sont consacrés à la condamnation du *zinâ* :

Evitez la fornication ;
c'est une abomination !
Quel détestable chemin !

(XVII, 32.)

C'est assez dire à quel point, malgré ce qui en fut conté à tort et à travers, l'Islam qui place si haut la sexualité, veut la canaliser dans des limites humaines, mais divines aussi bien, qui soient suffisamment strictes pour préserver l'institution matrimoniale. C'est ainsi qu'il faut comprendre la parole muhammadienne : « Se marier, c'est accomplir la moitié de sa religion. » Mission salvatrice de l'union charnelle parce qu'elle donne à l'un et à l'autre des deux partenaires une vocation à l'équilibre nécessaire ainsi que, sous le regard d'Allah, une participation à l'harmonie cosmique. Contrairement à ce qui se passe en Occident, c'est dans l'accomplissement du désir que gît le trésor de l'amour spirituel et moral, non l'inverse. « Coïtez et procréez, dit un *hadîth* prophétique. Je tirerai gloire de votre nombre au jour du Jugement dernier. » Mais voici une autre citation qui va bien plus loin que le bienvenu nombre et qui nous introduit au cœur même de l'intimité bienheureuse des êtres réalisés par la réciprocité du don qu'ils se firent : « Quand un homme regarde son épouse – dit un *hadîth*, cité par Qanâwi et repris par Jacques Berque –, Dieu pose sur eux un regard de miséricorde. Quand l'époux prend la main de l'épouse et qu'elle lui prend la main, leurs péchés s'en vont par les interstices de leurs doigts. Quand il cohabite avec elle, les anges les entourent de la

---

1. A. Bouhdiba, *op. cit.*

terre au zénith. La volupté et le désir ont la beauté des montagnes. Quand l'épouse est enceinte, sa rétribution est celle du jeûne, de la prière, du *djihâd*. » On retrouve dans ces deux *hadîth*(s) un écho du Coran qui, dans une image émouvante et concrète à propos des femmes, affirme : « Elles sont un vêtement pour vous et vous êtes un vêtement pour elles. [...] Cohabitez avec elles et recherchez ce qu'Allah a prescrit pour vous » (II, 183-187). De tout cet attachement au couple naît une condamnation formelle du divorce : « Epousez toujours, ne divorcez jamais. Dieu assurément n'aime ni les goûteurs ni les goûteuses », *hadîth* souvent répété depuis, rapporté par Jaçças. Ah ! ces « goûteurs » et ces « goûteuses » !

Univers fortement sexué, donc, mais ouvert également, comme on vient de le voir, sur la tendresse, sur la complétude et sur l'amour. Il n'y a nulle misogynie en Islam. Nous sommes loin, bien loin de l'épître de saint Paul et de la fameuse recommandation faite aux Corinthiens : « Pense qu'il est bon pour un homme de ne point toucher de femme. Toutefois, pour éviter l'impudicité, que chacun ait sa femme et que chaque femme ait son mari » (VII, I). Bien loin surtout de ce qui est dit aux Galates : « La chair a des désirs contraires à ceux de l'Esprit, et l'Esprit les a contraires à ceux de la chair : ils sont opposés entre eux, afin que vous ne fassiez point ce que vous voudriez. [...] Or, les œuvres de la chair sont manifestes, ce sont l'impudicité, l'impureté, la dissolution, l'idolâtrie, la magie, les inimitiés, les disputes, les divisions, les sectes, l'envie, l'ivrognerie, les excès de table et les choses semblables. Je vous dis d'avance, comme je l'ai déjà dit, que ceux qui commettent de telles choses n'hériteront point le royaume de Dieu » (V, 16-26). Oui, décidément, rien de plus antithétique, sur ce plan du moins, que les deux grands credo.

Dans son livre *Fuçuç al-Hikam* (« La Sagesse des

Prophètes »), le mystique andalou du XIIIe siècle Muhyi-Eddine Ibn Arabi s'intéresse notamment, pour l'analyser avec sa lucidité habituelle, au mystère de la sexualité ainsi qu'au signe du féminin dans le Coran et à travers la *sunna*. Affirmant, dans le chapitre intitulé « Le Verbe de Muhammad » que le premier nombre singulier, dont dérivent tous les autres, est le ternaire, il cite ainsi un *hadîth* célèbre du Prophète : « Trois choses du monde, parmi tout ce qu'il contient de triple, me furent rendues dignes d'amour : à savoir les femmes, les parfums et la prière, en qui je trouve la fraîcheur de mes yeux [1]. » « Il mentionna les femmes en premier lieu et l'oraison en dernier lieu, ajoute le philosophe-poète, parce que la femme est une partie de l'homme de par son origine [...] et que l'homme doit d'abord connaître sa propre âme avant de pouvoir connaître son Seigneur ; car sa connaissance du Seigneur est comme le fruit de sa connaissance de lui-même, d'où la parole du Prophète : "Qui se connaît lui-même connaît son Seigneur." »

Contrairement aux autres religions révélées, le Coran ne fait pas surgir la première femme de la substance déjà créée d'Adam. Dès le verset liminaire de la sourate « Les Femmes » (IV, 1), il est dit :

O vous les hommes !
Craignez votre Seigneur
qui vous a créés d'un seul être,
Puis, de celui-ci, il a créé son épouse
et il a fait naître de ce couple
un grand nombre d'hommes et de femmes.

L'homme et la femme, par conséquent, sont issus d'une âme unique. Leur essence étant la même, ils nais-

---

[1]. Muhiyi-Eddine Ibn'Arabi, *La Sagesse des Prophètes*, traduction et notes de Titus Burckhardt, Albin Michel, 1974.

sent égaux et semblables. L'épouse (le Coran insiste, par un procédé répétitif qui lui est cher, sur le fait que cette âme *féminine* est créée comme l'épouse de l'homme) n'est pas tirée d'une côte adamique et n'est pas non plus l'irradiation immatérielle d'un quelconque limon : comme dans le fameux mythe platonicien, elle est l'une des parties de l'unité originelle, qui est unité spirituelle. L'épreuve du limon, c'est Adam qui la subit, et qui la subit seul : cela, me semble-t-il, est particulièrement significatif au niveau symbolique et cela donne à la femme une dignité inconnue des autres grandes formulations religieuses. Cette prééminence est indiquée dans nombre de propos muhammadiens. Souvent évoqué, un *hadîth* rapporté par l'imam Ahmad assure : « Les femmes et les hommes sont frères et sœurs » ; et aussi, autre *hadîth*, cité quant à lui par Tabarâni : « Donnez à vos enfants l'égalité ; si toutefois je devais avoir quelque préférence, ce serait pour les femmes. » Aussi bien n'y a-t-il pas à proprement parler – comme il m'est arrivé de le souligner plus haut – de péché originel en Islam : devant l'arbre interdit, Adam et Eve sont tentés également et leur faute est également punie. Cette faute leur sera pourtant remise, de par le temps d'épreuves qu'ils auront à subir, et elle n'aura pas pour conséquence leur mutilation ontologique. Or du seul fait que le péché originel n'existe pas en Islam, il n'y a pas – contrairement à ce qui se passe en doctrine chrétienne – d'opprobre spécial tombé sur Eve ni d'index vengeur pointé sur elle.

Revenons à Ibn Arabi. En notant que pour lui – intuition extraordinairement claudélienne avant la lettre –, c'est la femme le moyen qu'a trouvé le Créateur pour faire connaître à l'homme le secret de son être divin : « Lorsque l'homme contemple Dieu dans la femme – écrit-il –, sa contemplation correspond à un état de passivité à l'égard de Dieu, sans intermédiaire. Dès lors, sa contemplation de Dieu dans la femme est la plus parfaite, car c'est alors Dieu en tant qu'il est à la fois actif et passif qu'il contemple, tandis que dans la contemplation purement intérieure, il ne Le contemple qu'en mode passif. Aussi le Prophète – sur lui la bénédiction et la paix ! – dit-il aimer les femmes à cause de la parfaite contemplation de Dieu en elles. On ne saurait jamais contempler Dieu directement en l'absence de tout support car Dieu, dans Son Essence absolue, est indépendant des mondes. Or, comme la réalité [divine] est inabordable sous ce rapport, et qu'il n'y a d'autres contemplations que dans une substance, la contemplation de Dieu dans les femmes la plus intense [dans l'ordre sensible, qui sert de support à cette contemplation] est l'acte conjugal. » Et plus loin : « Celui qui aime les femmes de cette manière, les aime par amour divin ; mais celui qui ne les aime qu'en vertu de l'attraction naturelle, se prive lui-même de la connaissance inhérente à cette contemplation. »

Admirable Ibn Arabi ! Magnifique commentaire ! Que nous voici loin désormais de la sexualité du tout-venant, de cet exotisme de l'amour de bazar en terre d'Islam qui fit tant rêver de frustes rêveurs, fussent-ils, par ailleurs, d'agréables ou de magiques formulateurs ! Commentaire également admirable de Boukharî sur le thème évoqué : « De cette nature [primordiale de l'homme], Dieu fit dériver une deuxième "personne", créée dans sa forme, et l'appela femme. Dès que celle-ci apparut dans la forme de l'homme [ou comme une image de sa "forme" essentielle], celui-ci se pencha sur elle, parce qu'un être s'aime lui-même, et elle se tourna vers lui comme vers son pays natal [1]. » La femme est à l'image de l'homme

---

1. El-Boukharî, *L'Authentique tradition musulmane*, traduit par G.-M. Bousquet, Fasquelle, 1980.

comme l'homme est à l'image de Dieu : elle est, comme on vient de le voir, le miroir sur lequel il se penche pour apercevoir ce reflet du divin qu'elle seule lui renvoie, et qu'elle reçoit à son tour parce que, justement, ce clivage homme-femme permet une telle dissymétrie révélatrice.

En deçà de toute mystique, on peut affirmer que le Coran et la *sunna* participent d'un étonnant climat féminisant, quel que soit, d'autre part, « le virilisme » toujours présent dans une civilisation où les hommes jouent le plus grand rôle par la guerre et par la quête de la subsistance. « Le Coran, tout autant que la *sunna*, nous présente de la femme des "stéréotypes" nombreux et divers, et qui sont chargés de sens – écrit, dernière citation, Bouhdiba. L'Islam ignore certes la femme-prophète. Mais tous les hommes-prophètes baignent dans un monde féminin abondamment évoqué dans les textes sacrés. Eve, bien sûr, notre mère à tous ; mais aussi la troublante Bilqis, reine de Saba et conquête de Salomon ; Marie, fille d'Imran, la Vierge à l'Immaculée conception et à laquelle deux sourates sont presque exclusivement consacrées ; la vicieuse femme de Loth et ses filles abusives ; la femme de Noé, étrange réprouvée ; la noble femme de Zacharie qui force le respect ; Açia, si vertueuse quoique femme de pharaon ; la belle Zuleïkha, femme en titre de Putiphar mais tentatrice illustre de Joseph le Beau... Ces dames et d'autres encore qui ont le privilège d'une mention coranique constituent l'échantillon musulman d'un éternel féminin qui n'a jamais cessé de faire rêver. Au surplus, maintes et maintes évocations hautes en couleur émaillent le récit de la vie intime du Prophète qui se déroula si fréquemment en milieu féminin. Les quinze femmes avec qui il eut commerce, les neuf autres qui le tentèrent, les quatre filles qu'il engendra, sa propre mère Amina et sa nourrice Halima : autant de figures légendaires qui nourrissent la chronique et constituent une véritable "revue" islamique de la femme [1]. »

Il n'en reste pas moins vrai – et ceci doit être signalé – que la femme n'est pas tout à fait l'égale de l'homme, et qu'elle lui est, malgré tout, inférieure. Rappelons ici un verset fort connu :

Les hommes ont autorité sur les femmes,
en vertu de la préférence
que Dieu leur a accordée sur elles,
et à cause des dépenses qu'ils font
pour assurer leur entretien.
Les femmes vertueuses sont pieuses :
elles préservent dans le secret ce que Dieu préserve.

(IV, 34.)

De cette *âya*, il ressort indubitablement que même si, en principe, les membres de la *umma* doivent jouir d'un unique statut d'égalité religieuse et, par conséquent, d'une égalité juridique uniforme, cet état de droit s'abaisse d'un degré sensible à l'égard des femmes pour des raisons, semble-t-il, purement matérielles (dépenses, entretien) –, raisons, toutefois, qui ne peuvent manquer d'avoir des répercussions et des effets sensibles sur le plan moral.

Cela étant dit, et souligné, il n'en convient pas moins de rappeler que l'Islam est venu au secours de la femme

---

[1]. Il est à noter qu'à part « Marie, fille de Imran », aucune de ces femmes n'est nommément désignée par le Coran. Sur Eve : « Les A'raf », VII, 18 ; sur Bilqis : « Les Fourmis », XXVII, 22-44 ; sur Marie : « La Famille de Imran », III, « Marie », XIX, « Les Croyants », XXIII, 52, « Déclarer illicite », LXVI, 12 ; sur la femme de Loth : « Les A'raf », VII, 81, « Houd », XI, 83, « Al H'irjr », 59, « Les Fourmis », XXVII, 58, « L'Araignée », XXIX, 33, « Celles qui sont en rang », XXXVII, 135, « Déclarer illicite », LXVI, 10 ; sur ses filles abusives : « Al H'irjr », XV, 61 ; sur la femme de Noé : « Déclarer illicite », LXVI, 10 ; sur la femme de Zacharie : « Les Prophètes », XVI, 89 ; sur Açia : « Le Récit », XXVIII, 8, « Déclarer illicite », LXVI-LXVII ; sur Zuleïkha, l'épouse de Putiphar : « Joseph », XII, 235.

dans beaucoup de domaines. La femme, par exemple, a la pleine capacité juridique. Elle en jouit de plein droit aussitôt qu'elle atteint sa majorité de fait, qui se manifeste par le *boulough* (puberté) et le *ruchd* (maturité d'esprit). Elle possède sur la base de nombreux versets coraniques, venus préciser son statut personnel ainsi que les engagements liés au mariage, des droits matrimoniaux et successoraux nettement définis. Contre le laxisme de la *Djahiliyya*, le Coran introduit une réglementation stricte et une limitation de la polygamie et bien des conditions restrictives mises à son exercice. Enfin, parmi les autres droits que l'Islam reconnaît spontanément à la femme et qu'il faudra parfois des siècles avant qu'ils soient concédés à la femme occidentale, il faut noter le droit à l'éducation au même titre que l'homme, le droit inaliénable de disposer comme elle l'entend de ses biens propres, le droit à un salaire séparé, le droit de garder son nom de jeune fille, le droit de retenir pour elle et de conserver entre ses seules mains, dans le cadre flexible de tout contrat matrimonial, la possibilité du divorce.

On m'interrogera sur le voile. Le voile est présent dans le Coran et il est présent dans l'Islam. L'épisode particulier qui lui a donné naissance mérite d'être rappelé : Le Prophète était venu rendre visite à son fils adoptif Zayd b. Thabit. Celui-ci étant absent du logis, Zaynab, son épouse, dissimulée derrière un rideau, échangea quelques mots avec Muhammad lorsqu'un vent léger souleva la tenture, la donnant à voir, vêtue d'une robe jaune, dans tout l'éclat de sa beauté. « Louange à Dieu, le changeur des cœurs ! », s'écria Muhammad, saisi et troublé, – et il disparut aussitôt. Zayd, informé de la chose, décida, par dévotion envers le Prophète, de sacrifier son amour pour sa femme et de la répudier pour lui rendre sa liberté. L'Envoyé l'épousa exemplairement par la suite sur la base du verset 37 de la sourate XXXIII, révélé pour la circonstance :

[...] Puis, quand Zaïd eut cessé
tout commerce avec son épouse,
nous te l'avons donnée pour femme
afin qu'il n'y ait pas de faute
à reprocher aux croyants
au sujet des épouses de leurs fils adoptifs
quand ceux-ci ont cessé tout commerce avec elles.
– L'ordre de Dieu doit être exécuté –

Mais à partir de là, comme par une sorte de réaction et de contrepartie à la transgression advenue quoique réhabilitée, l'institution du voile va être proclamée et entrer dans l'usage. Il semble d'ailleurs que ce ne soit pas Muhammad l'initiateur de cette clôture, de cette forclusion qui, d'une certaine façon, amplifie toutes les pudeurs ou impudeurs que l'on sollicitera – ce duel des yeux que Jean-Paul Sartre désignera comme le « surgissement d'autrui dans et par son regard [1] » – mais que ce soit Omar, l'austère Omar, qui, le premier, suggéra cette pratique. Omar sera par la suite satisfait de voir que Dieu lui-même, par la « descente » de deux versets sur Muhammad, légitimait sa revendication. Relisons donc ces versets 30-31 de l'essentielle sourate XXIV, « La Lumière » :

Dis aux croyants :
de baisser leurs regards,
d'être chastes.
Ce sera plus pur pour eux.
– Dieu est bien informé de ce qu'ils font –

Dis aux croyantes :
de baisser leurs regards,
d'être chastes,
de ne montrer que l'extérieur de leurs atours,
de rabattre leurs voiles sur leur poitrine,

---

[1]. Jean-Paul Sartre, *L'Etre et le Néant*, Gallimard.

Muhammad et les projections du féminin

*de ne montrer leurs atours qu'à leurs époux,
ou leurs fils, ou aux fils de leurs frères,
ou aux fils de leurs sœurs,
ou à leurs servantes ou à leurs esclaves,
ou à leurs serviteurs mâles incapables d'actes sexuels,
ou aux garçons impubères.*

Ainsi, par le fait de cette citation, est-on introduit, dévoilée et dévoilante, à une présence elle aussi sacrée –, mais qu'est-ce qui, dans l'Islam, n'est pas sacré ? Présence intensément féminine elle aussi, quoique d'autre façon que l'amoureuse présence : je veux parler de la présence de la mère.

*

La mère est omniprésente dans l'inconscient collectif de la *umma* et sans doute dans l'inconscient muhammadien, justifiant toutes les manifestations visibles qui font de la Mère, en pays d'Islam, face à la prédominance affichée par le père, le point d'accueil et de détermination du resserrement familial. Du fait que c'est la mère qui reçoit la semence paternelle, elle est ressentie, au niveau de l'intimité imaginative de chacun, comme le premier mystère, celui de la conception : « Il [Dieu] vous a créés d'un seul être/ dont il a ensuite tiré son épouse [autrement dit : l'épouse de l'époux] […] Il vous a créés dans les entrailles de vos mères création après création, dans les trois ténèbres » (XXXIX, 6). Et la sourate « Les Croyants » (XXIII) de déclarer en 12-14, avec une précision biologique qui ne manque pas d'étonner :

*Nous avons créé l'homme d'argile fine,
puis nous en avons fait une goutte de sperme
    contenue dans un réceptacle solide ;
puis, de cette goutte, nous avons fait
    un caillot de sang,*

puis, de cette masse, nous avons créé des os ;
nous avons revêtu les os de chair,
produisant ainsi une autre création.
– Béni soit Dieu, le meilleur des créateurs ! –

Belle évocation de la grossesse, en ses étapes, dans la sourate *Al-A'râf*, VIII, 189 :

C'est lui qui vous a créés d'un seul être
dont il a tiré son épouse
pour que celui-ci repose auprès d'elle.
Après qu'il eut cohabité avec elle,
elle portait un fardeau léger,
avec lequel elle marchait sans peine.

Lorsqu'elle s'alourdit,
tous deux invoquèrent Dieu, leur Seigneur :
« Si tu nous donnes un (fils) saint
nous serons sûrement reconnaissants ! »

La fonction créatrice de Dieu, par l'intermédiaire de la femme, est si déterminante dans l'économie de la Création que le mot *rahm* (matrice) constitue la racine du mot *Rahmân* et du mot *Rahîm* qui sont les deux appellations de la Divinité, récurrentes dans l'invocation qui précède toute[1] sourate – *Bismi'llah ar-Rahmân ar-Rahîm*, « Au nom de Dieu le Compatissant, le Miséricordieux » – et que certains philologues (Youssef Seddik, par exemple) n'ont pas hésité à traduire par « le Matriciel » et « le Maternant ».

Plus encore que pour la civilisation monothéiste occidentale, on peut affirmer que la *umma*, la communauté, dont la racine est *umm* (mère), est « le fond maternel » de la civilisation arabo-islamique, selon l'expression de G. Rosolato qui note : « Ce fond, parfois imperceptible

---

1. A l'exception d'une seule, la IXe, *al-Barâ'a* « le Repentir » ou encore « l'Immunité ». L'absence de cette invocation au début de cette sourate a donné lieu à de nombreuses hypothèses, mais reste inexpliquée.

parce qu'il se perd dans les gestes et les habitudes de tous les jours, est assurément le *contenant maternel* qui soutient et unit. Il est le bonheur simple et familier, la *terre* qui porte et nourrit, le foyer. [...] Il relie à travers les lieux lointains et étrangers, à travers l'exil, ceux qui appartiennent à cette communauté d'une même religion. » Dans le même ordre d'idées, je voudrais rappeler que La Mecque, ainsi que cela a été dit, est surnommée « La Mère des Cités [1] ».

Pourquoi ce rôle si important de la mère dans la psychologie du Prophète, alors qu'il n'aura pratiquement pas connu Amina, sa mère, morte quand il n'avait que six ans et qui n'aura pas eu le temps d'exercer sur sa formation quelque influence que ce soit ? C'est peut-être là justement, et dans cette absence maternelle, que réside le secret de sa plus grande présence. Son absence, d'une certaine façon, est incomparablement voisine de la présence-absence de Dieu : la mère aussi est un chemin. Chemin au même titre que la terre pour ce peuple nomade, toujours en quête du lieu où manger et vivre et qui plus tard, même sédentarisé et hautement citadin, n'oubliera jamais combien il fut dépendant, sur des millénaires, des aléas de la nature et du climat.

C'est également à la lumière de cette notion fécondante et fertile de la Terre-Mère que je relirai, afin de lui donner toute sa résonance ontologique, l'extraordinaire verset 231 de la sourate IV déjà cité : « Vos femmes sont vos champs, allez à vos champs comme vous le voulez. » Quoi qu'il en soit, l'ordre visible du rapport avec le féminin ne sera rompu, à son point d'incandescence, que par le retour à l'humilité la plus grande.

---

1. G. Rosolato, « La communauté constituée en tant que fonction maternelle par le sacrifice, mythe central de la civilisation occidentale », Psychanalyse à l'Université, n° 15, 1990.

Deux *hadîth*(s) rapportés par Boukharî nous éclaireront. Le premier énonce : « Abou-Horeïra a dit : "Un homme vint voir l'Envoyé d'Allah, et lui dit : – O Envoyé d'Allah, qui a le plus de droits quant aux bonnes relations à entretenir avec quelqu'un ? – Ta mère, répondit-il. – Et ensuite, qui ? – Ensuite ta mère, répéta-t-il. – Et ensuite, qui ? – Ensuite, dit-il encore, ta mère. – Ensuite, qui ? – Ensuite ton père." » L'autre *hadîth* muhammadien, plus mystérieux, est le suivant : « A l'esclave, en puissance de maître, et vertueux, on accordera une double récompense. Par Celui qui tient mon âme entre Ses mains, si ce n'étaient mes efforts dans la Voie de Dieu, le pèlerinage et la pitié filiale à l'égard de ma mère, j'aurais voulu mourir esclave. » Plus connu, et souvent rappelé, un troisième *hadîth* pourrait être cité : « Le Paradis est sous les pieds des mères. »

رسول من الله يتلو صحفا مطهرة فيها كتب قيمة

S. 98, 2.3
4 Rn 99

*Un prophète envoyé par Dieu
récite des feuillets purifiés
contenant des Ecritures immuables.*
(XCVIII, 2,3.)

12

Le Pèlerinage de l'Adieu

Etaient-ils trente mille, étaient-ils cent mille, hommes et femmes, ceux qui, à la suite du Prophète, allaient accompagner celui-ci à La Mecque pour cet événement exceptionnel que la *sîra* allait retenir sous le nom de « Pèlerinage de l'Adieu » ? De quelques centaines au départ, ils allaient voir leur nombre augmenter car, très vite, le bruit s'était répandu parmi les tribus que cette année-là, la dixième de l'Islam, équivalant à l'année 632, c'était l'Envoyé d'Allah lui-même qui allait conduire le rite sacré. Les chroniqueurs nous ont généralement laissé des récits hauts en couleur et fort émouvants à propos de ce pèlerinage.

Au Ramadân de cette année-là, Muhammad, qui avait fait sa retraite habituelle de dix jours dans la mosquée, demanda à ses Compagnons de la prolonger de dix jours supplémentaires. D'après Boukharî, il aurait confié à sa fille Fâtima : « L'ange Gabriel me récite tous les ans le Coran une fois et je le lui récite une fois de mon côté pour qu'il soit sûr qu'aucune partie de la Révélation n'a

Le Pèlerinage de l'Adieu

été oubliée ou omise, mais, cette année, il me l'a fait réciter deux fois et je ne puis m'empêcher de penser que l'heure de ma mort est venue. »

En outre, cette année-là, le Pèlerinage allait être, pour la première fois, différent de ce qu'il avait été auparavant : c'était maintenant un rendez-vous réservé aux seuls fidèles, aux seuls croyants, puisque désormais le paganisme était interdit de Lieux saints.

Dominant la foule des fidèles, toutes les épouses du Prophète l'accompagnaient, chacune dans son palanquin, et l'immense convoi était suivi d'un grand nombre de bêtes ornées et parées pour le sacrifice rituel. On partit de Médine le 23 du mois de *Dhou-al-K'ada* (qui tombait en février) et le premier campement nocturne fut dressé à Dhou-al-Holayfa, où le Prophète et l'ensemble de ses accompagnateurs masculins se mirent, selon la coutume instituée lors de deux occasions précédentes, en l'état sacral de l'*ihram*, se couvrant de deux pièces d'étoffe dont l'une, l'*izâr*, enveloppait la partie inférieure du corps et l'autre, le *ridâ'*, s'enroulait autour des épaules et de la poitrine. Les femmes aussi avaient leur tenue spécifique, restée la même jusqu'à nos jours. Muhammad et toute la foule prononcèrent alors la *talbiyé* (la « réponse à l'appel de Dieu »), *La bayka ya Rabb* : « Me voici devant toi, ô Seigneur ! »

Au coucher du soleil du dixième jour qui suivit leur départ de Médine, les pèlerins atteignirent La Mecque. Le lendemain, arrivé en vue de la Ka'aba, Muhammad tendit la main droite en signe de supplication : « O Dieu – pria-t-il –, fais que cette Maison reçoive toujours plus d'honneur, de gloire, de dons, de vénération et de piété de la part des hommes ! » (Wâqidi). Ayant fait sept fois le tour du sanctuaire, il s'arrêta pour prier au *Maqâm Ibrahim*, la « station » d'Abraham, puis revint baiser la

Pierre noire et, selon le rite, parcourut ensuite sept fois en forçant le pas la distance qui sépare le rocher de Safa de la colline jumelle de Marwa, comme on n'a pas cessé de le faire jusqu'à nos jours, et tous ceux qui suivaient Muhammad à la course essayaient de retenir les formules et les louanges qu'il récitait pour les garder dans l'esprit et pouvoir les confier ensuite à ceux qui leur succéderont.

Le 8 de *Dhou-al-Hodjat*, journée connue désormais sous le nom de *Yom at-Tarwiya* (Journée de l'Attente), entouré d'une foule innombrable, le Prophète se dirigea vers la vallée de Mina où il célébra les prières de midi (*salât az-zohr*), de l'après-midi (*salât al-'asr*), du coucher du soleil (*salât al-maghreb*), de la nuit tombante (*salât al-achâ'*) et, finalement, celle de l'aurore (*salât al-fadjr*). Voici, ancrée sans retour dans le rite, à travers la circonstance la plus solennelle qui soit, la pratique quotidienne des cinq prières, servant de relais à ce long jour où, comme le dit l'historien Ibn Ishâq « l'Apôtre d'Allah a montré aux hommes les voies du pèlerinage, et en a enseigné les modalités ».

Le lendemain, sous le très dur soleil d'Arabie, il s'achemina, hissé sur sa chamelle, vers le Djebel-Arafat, qui s'élève dans une large vallée située à quelques kilomètres à l'est de La Mecque, en bordure du territoire sacré proprement mecquois. Cette colline appelée également Djebel ar-Rahma (le Mont de la Miséricorde) forme, depuis ce jour-là, le point fort de cette partie du pèlerinage car c'est sur cette colline que Muhammad décida de s'arrêter. Les Koreïchites, n'ayant guère l'habitude de sortir de leur territoire sacré, s'étonnèrent que l'Envoyé d'Allah eût quitté l'espace habituel et fût allé si loin à l'extérieur. Muhammad leur expliqua qu'Abraham avait établi à Arafat même le centre du Grand Pèlerinage et que c'étaient eux, les Mecquois, qui

Le Pèlerinage de l'Adieu

en avaient perdu le souvenir : « C'est là, leur dit-il à plusieurs reprises, l'héritage d'Ibrahim. »

Puis, pour que toutes choses en ces jours décisifs s'inscrivissent définitivement dans la mémoire de sa communauté, Muhammad envoya dans la foule un messager à la voix puissante, Rabî'a-b. Omayya, « L'Envoyé d'Allah vous questionne : en quel mois sommes-nous ? cria le messager. Et, devant le silence général, Rabî'a répondit : "Le mois sacré." "En quel jour sommes-nous ?" demanda-t-il. Et, devant le silence général, il répondit : "Le jour du Grand Pèlerinage." Enfin et afin qu'il soit bien entendu par tous que l'ère des inimitiés sanglantes entre les fils de la *umma* était désormais révolue, il répéta ces paroles que le Prophète lui-même venait de lui dicter : "En vérité, Dieu a rendu inviolable ce jour qui est le vôtre." »

Du haut de sa monture, ce sera au tour du Prophète de prendre directement la parole. Le soleil, parvenu à son zénith dardait ses puissants rayons sur une foule immobile et qui, palpitante d'émotion, était tout ouïe. Cette ultime allocution publique de Muhammad connue sous le nom de *khotbat al-wadâ'* (le Discours de l'Adieu), va rappeler sur un ton simple et privé de fioritures un certain nombre de thèmes familiers et de préoccupations concrètes qui prennent ici valeur testamentaire.

« O gens ! – déclara Muhammad, chacune de ses paroles reprise d'une voix sonore par Rabî'a Ibn Omayya –, hommes ! écoutez mes paroles. Il est possible que, dans un an, je ne vous retrouve plus ici. O gens ! Votre sang et vos biens vous sont mutuellement sacrés, jusqu'au jour où vous comparaîtrez devant votre Seigneur ; ils sont aussi sacrés que ce jour et que ce mois. Vous comparaîtrez devant votre Seigneur qui vous demandera compte de vos actes. J'ai averti : celui qui a reçu un dépôt doit le restituer à celui qui le lui a confié.

Toute usure est absolument interdite : vous n'avez droit qu'au capital, ce qui évitera d'être injuste et de subir l'injustice : Allah a commandé qu'il n'y ait point d'usure : les intérêts dus à Abbâs b. Abdel-Mottaleb sont abolis[1]. Le droit de vengeance pour le sang versé durant la *Djahiliyya* est également aboli. [...] Puis donc, ô gens, le démon a désespéré qu'il soit jamais [de nouveau] adoré sur ce territoire qui est vôtre ; il se contentera toutefois d'être au moins obéi en certains aspects de vos actions : méfiez-vous de lui, en votre religion ! O gens, le *nasi'*[2] est un surcroît d'infidélité, qui entraîne ceux qui commettent l'impiété de l'autoriser pendant une année et de le refuser une autre année, à frauder le cycle [des mois sacrés] durant lequel Allah a interdit [tout acte de guerre], afin de permettre ce qu'Allah a prohibé et de prohiber ce qu'Allah a permis. Le temps s'est inséré dans son cycle, depuis qu'Allah a créé les cieux et la terre ; le nombre des mois au regard d'Allah est de douze, dont quatre sont sacrés, trois mois consécutifs, [auxquels s'ajoute] *Radjab Moudar*, qui doit s'intercaler entre *Djoumada* et *Chaabâne*.

« [J'ajoute], ô gens, que sur vos femmes vous avez un droit et qu'elles aussi ont un droit sur vous. Vous avez sur elles le droit [d'exiger] qu'elles ne permettent à

---

1. Allusion directe aux créances d'intérêts moratoires dues à son oncle al-Abbâs, lequel, semble-t-il, devait continuer – malgré l'interdiction faite par l'Islam – à s'adonner à ce négoce hautement lucratif qu'était l'usure.

2. Le *nasi'* consistait dans l'acte d'intercaler un mois ordinaire entre les quatre mois sacrés, ce qui avait pour résultat de bouleverser l'ordonnancement des mois sacrés par rapport aux cycles lunaires et, ce faisant, d'aboutir au déplacement de la sainteté d'un mois sacré en faveur d'un autre mois qui ne l'était pas. Déjà le Coran, en IX, 37, avait condamné le *nasi'*, moins nettement toutefois que le *Discours de l'Adieu*. Peut-être faut-il voir aussi, dans cette condamnation, une volonté définitive de se démarquer des juifs qui, dans leur calendrier lunaire, avaient adopté le système de l'intercalation, qui existait aussi chez les Romains avant la réforme de leur calendrier par César. L'abolition de la coutume du *nasî'* a définitivement établi l'Islam dans son temps propre.

Le Pèlerinage de l'Adieu

quiconque, que vous ne supportez pas, de franchir votre seuil... et [vous], veillez donc à bien les traiter car elles sont chez vous des gages déposés ; elles ne possèdent rien par elles-mêmes, vous les avez prises sous la foi d'Allah, et vous en avez légitimement joui, en prononçant les paroles d'Allah.

« Concentrez votre esprit, ô gens, sur mon discours : j'ai révélé ; j'ai laissé parmi vous, si vous vous y tenez de toutes vos forces, de quoi vous éviter de tomber dans l'erreur : ce sont le Livre d'Allah et la *sunna* de son Prophète. »

Il transmit ensuite à ses auditeurs bouleversés un dernier verset qu'il venait de recevoir du ciel et qui complétait, y mettant le point final, la Révélation :

Les incrédules désespèrent aujourd'hui
de vous éloigner de votre Religion.
Ne les craignez pas !
Craignez-moi !
Aujourd'hui, j'ai rendu votre Religion parfaite ;
j'ai parachevé ma grâce sur vous :
j'agrée l'Islam comme étant votre Religion.

(V, 3.)

Tels sont donc les derniers mots d'Allah à son peuple rassemblé sous le regard du Prophète d'Allah. Celui-ci, alors, posa la question : « O gens, vous ai-je fidèlement délivré mon message ? » Comme d'une seule voix, la foule répondit : « *Allâhumma n'am* » (« Par Dieu, oui ! »). Le Prophète tendit l'index, et s'exclama : « O Dieu, sois témoin ! »

Le reste du jour se passa, toujours à Arafat, en prières et en oraisons. Le soir, Muhammad rentra à La Mecque, suivi de la foule des pèlerins. A ceux qui pressaient leurs montures au risque de bousculer les autres, il dit : « Doucement, doucement ! Que vos âmes soient paisibles, et que les forts d'entre vous aient souci des faibles ! » Tout le monde passa la nuit à Muzdalifa, à l'intérieur du territoire sacré de La Mecque, vallée volcanique pleine de petits cailloux qu'utilisent les pèlerins pour lapider Satan, symbolisé par trois piliers au lieudit Mina.

Le rite accompli, Muhammad fit sa prière de l'aube à Muzdalifa même puis retourna à l'endroit où douze ans plus tôt, il avait rencontré les six Khazradjites venus de Médine lui prêter serment d'allégeance, préparant de la sorte le premier, puis le second pacte d'Aqaba. Une fois les animaux sacrifiés sur place au nom de Dieu, Muhammad demanda qu'on lui rasât la tête. Autour de lui, tous voulaient une mèche de ses cheveux. Suppliant de l'avoir, Abou-Bakr eut le privilège de recevoir le toupet frontal, qu'il embrassa longuement.

On se souvient qu'à un moment donné, les Mecquois s'étaient inquiétés de voir le Prophète dépasser le périmètre sacré de La Mecque en se dirigeant vers la montagne d'Arafat. Cela laissait supposer que tous les endroits où Muhammad faisait halte sur le chemin de la colline sacrificielle, la vallée de Mina, par exemple, ou bien Muzdalifa, ne faisaient pas partie du pèlerinage originel, celui qu'on accomplissait à La Mecque avant l'Islam. Mina et Muzdalifa, ce dernier lieu particulièrement, semblent avoir servi de frontière au territoire sacré des Mecquois : après commençait, à leurs yeux, l'univers des bédouins. Or la question se pose : en dehors du *haram* de La Mecque, les hommes du désert n'avaient-ils pas, eux aussi, leur pèlerinage spécifique, et Muhammad n'a-t-il pas voulu, en l'an 10/632, pour bien marquer sa volonté d'éliminer les clivages existants, unifier définitivement en un unique rituel les deux rites, celui des Koreïchites et celui des bédouins ? Nombre de déductions contemporaines semblent privilégier cette hypothèse [1]. A l'appui

---

1. M. Gaudefroy-Demonbynes, *Le Pèlerinage à La Mekke*, Geuthner, Paris, 1923, et *Mahomet*, Albin Michel, Paris, 1957, ainsi que Jacqueline Chabbi, *Le Seigneur des tribus. L'Islam de Mahomet*.

de ce point de vue, comment ne pas rappeler que les pèlerinages muhammadiens à La Mecque, durant la période médinoise, n'avaient concerné que la seule pratique de la *oumra* qui se déroulait dans l'enceinte du sanctuaire de la Ka'aba et qui supposait un sacrifice afférent sur le roc d'*al-Marwa* ? Et que, par conséquent, Muhammad, ce jour-là, au titre du Pèlerinage de l'Adieu, venait d'innover. Et d'innover considérablement.

S'il s'avère donc que les bédouins pré-islamiques avaient eu leur propre pèlerinage à Arafat, où les Mecquois n'étaient pas partie prenante, il en ressort que bien des mots et des signes s'éclairent désormais différemment, à la lumière du rituel institué par Muhammad pendant ces ultimes journées : ces mots et ces signes semblent se rattacher dorénavant à des racines autrement plus archaïques que cela n'est dit généralement. On sait que le christianisme a souvent réutilisé à son bénéfice des habitudes cultuelles qui existaient bien avant lui dans le monde païen et qu'il les a intégrées, en convertissant leur sens, à sa substance propre. Il se pourrait bien que l'Islam n'ait pas, en certaines occasions, procédé autrement. Quelques faits concrets nous aideront à mieux comprendre ce que j'entends dire.

Si, généralement, *Yawm at Tarwiya* signifie chez les chroniqueurs « Le Jour de l'attente », il pourrait signifier aussi bien « Le Jour de l'abreuvement » ou « Le Jour de la provision d'eau ». Inconnue des gens de La Mecque qui, avant l'institution du Grand Pèlerinage, n'avaient aucune raison de se rendre au mont Arafat qui ne compte aucun point d'eau, cette façon de faire peut être tenue pour bédouine et propre à des pèlerins venus des plateaux altérés de l'Arabie profonde. En fait, le pèlerinage automnal fixe des bédouins, celui même avec lequel le *hadj* muhammadien aurait coïncidé cette année-là – par une volonté délibérée du Prophète qui aurait décidé de tirer profit de la coïncidence pour la transformer en concordance –, ce pèlerinage pourrait être regardé symboliquement comme figurant un réel en attente : on vient prier là non pour user de l'eau présente sur place mais, dans la privation imposée, pour apprendre à patienter en attendant l'abondance sollicitée, pluie matérielle ou jaillissement spirituel.

La pluie est représentée en Islam, et dans l'ère qui le précède, comme issue des « Eaux supérieures » qui se trouvent emmagasinées dans un des sept cieux superposés qui surplombent la terre, pareils à une tour construite de différents étages : cet « étagement » est évoqué notamment dans les sourates *Noûh* (LXXI, 15) et *al-Moulk* (LXVII, 3) et, désireux de désigner le site céleste où sont conservées les eaux pluviales fécondantes, le Coran, à plusieurs reprises – en LXIII, 7 ; LII, 37 ; XVII, 100 ; VI, 50 – utilise l'expression de *khazâ'in as-samâ* ou *as-samawât*, « Les réservoirs du ciel » (ou « des cieux »). Pluies soumises à la volonté et à l'ordre d'Allah, lequel est surnommé, dans la très belle sourate *an-Nadjm* (LIII, 49), « le Maître de Sirius », *rabb ash-shi'râ* –, Sirius étant aux yeux des Arabes « un astre de sécheresse ». C'est donc bien Dieu qui, par sa maîtrise des nuages et des vents, veillera, une fois l'Islam venu, à la prospérité des hommes ou, s'il y a lieu, à leur châtiment par privation d'eau. Ainsi est l'archéologie des religions qu'elles révèlent toutes, sous leurs structures, les infrastructures dont l'Inspiration divine s'est servie. Au legs bédouin fait au rite du Grand Pèlerinage, on peut ajouter, sans risque de se tromper, l'invocation lancée par les tribus à l'entrée de l'espace sacré pour attirer l'attention favorable de la Divinité : l'Islam conservera, en effet, cet admirable cri de « *labbay-ka, Allahumma, labbayk* » : « Me voici devant toi, Seigneur, agrée ma présence ! », poussé par les pèlerins à la station d'Arafat. L'Islam conservera aussi le rite sacrificiel sauf à changer l'animal sacrifié qui, très vite, du fait de l'établissement citadin dans tout le Proche-Orient et de la sédentarisation accélérée des nomades, deviendra, de préférence au chameau, le mouton ou le bélier –, celui-là même que l'ange Gabriel a donné à Ibrahim pour qu'il soit égorgé en lieu et place de l'enfant Ismaël, à Mina précisément, site qui se trouve ainsi amarré avec force à l'ensemble de la mémoire abrahamique. Le sens de l'oblation changera aussi dans la mesure où, désormais, ni la chair de l'animal ni son sang ne sont destinés à Dieu : seule, à travers la mise à mort de la victime symbolique, c'est l'« alliance fidèle » du groupe qui est agréée, le reste – peau et chair – allant en aumône aux pauvres, à « celui qui demande », *qâni*, et à « celui qui ne demande pas », pauvre honteux, *mu'ttar* :

Ni leur chair, ni leur sang [des victimes] *n'atteindront jamais Dieu ;*
mais votre crainte révérencielle l'atteindra.

(XXII, 37.)

L'Islam, à travers le Pèlerinage de l'Adieu va mettre un terme définitif à tous les rites qui l'avaient précédé sur les mêmes lieux, notamment au rite pluvio-solaire, lequel avait dominé la croyance arabe, en période *djahilyte*, pendant des siècles.

J'ajoute que dans ce rite, le départ collectif de la plaine d'Arafat avait coïncidé étroitement pendant des siècles avec le coucher du soleil. Muhammad, lors du Pèlerinage de l'Adieu, va dissocier le rite et le soleil, comme il va amplifier l'espace symbolique. Dorénavant, la descente des pèlerins se ferait jusqu'à La Mecque pour qu'il soit bien clair aux yeux de tous que les deux pèlerinages d'antan, perdant chacun ses références propres, n'en font plus qu'un. La proximité relative des deux sites a permis cette intégration : La

Mecque et Arafat feront partie, pour l'Islam, de la même globalité sacrée. Quant au soleil, c'est un adieu sans retour qui lui est signifié, une fin de non-recevoir concrétisée dès le premier jour par le fait que Muhammad a retardé, ce jour-là, sa descente dans la vallée « jusqu'au moment où le soleil se fut couché » (Wâqidî). L'Islam dégagé de ses antécédents, et fermement soudé, ne tire désormais son signe le plus pur que de lui-même.

13

La mort

On ne saura probablement jamais de quelle maladie exactement est mort Muhammad, le Prophète de Dieu. L'an 10 de l'Islam, il a environ soixante-trois ans, mais on l'aurait dit beaucoup plus jeune : c'est du moins ce qu'affirment les historiens anciens et les traditionnistes. A soixante-trois ans, nous disent tous ceux-là, il avait la sveltesse, l'allure et la robustesse d'un homme préservé par son mode d'être, homme frugal, toujours actif, sans cesse en mouvement. Ses yeux avaient beaucoup d'intensité, peu de cheveux blancs s'étaient glissés dans sa chevelure noire et sa denture était intacte. Certes il parlait de plus en plus du Paradis et parfois, plongé dans une sorte de songe, il semblait s'être absenté. Al-Boukharî raconte : « Un jour, il étendit la main comme pour cueillir quelque chose, puis il retira cette main. Ceux qui étaient auprès de lui s'étonnèrent de ce geste énigmatique : "J'ai vu le Paradis – leur dit-il – et j'ai voulu y saisir une grappe de raisin. Si je l'avais prise, vous en auriez mangé aussi longtemps que durera le monde." » Une autre fois, raconte Ibn Sa'ad, alors qu'il se trouvait parmi ses épouses, l'une d'entre elles s'enhardit à lui demander quelle serait la première à le rejoindre dans l'autre monde. La question était d'autant moins innocente que Muhammad donnait des marques évidentes de fatigue et qu'il laissait entendre que sa fin était proche. « Celle dont la main s'étend le plus loin sera la première à me rejoindre », répondit-il. Elles comparèrent leurs bras : c'était Sawdah, la plus grande des femmes, qui sembla ainsi désignée. Pourtant c'est Zaynab qui mourra la première. On comprit alors que la formule « avoir la main qui s'étend le plus loin » désignait celle des femmes qui était la plus généreuse à l'égard des pauvres et des orphelins. Et Zaynab était, de fait, la plus prompte à donner.

A la fin du mois de *Safar* ou aux premiers jours de *Rabi'al-Awwal* de l'an 10, il ressentit les premières atteintes de son mal, sous forme notamment de violentes douleurs à la tête comme il n'en avait jamais connues auparavant. La veille, durant la nuit – alors qu'il venait d'inciter Oussâma b. Zayd à préparer la campagne de Syrie, et avant que l'armée ne se mît en marche – il avait fait venir l'un de ses affranchis, Abou Muwaybiha, à qui il dit : « J'ai reçu l'ordre d'aller demander pardon à Dieu au nom des gens du Cimetière ; accompagne-moi. » Ibn Ishâq raconte qu'au lieudit *Baqî'al-Gharkad*, où étaient enterrés les guerriers tombés sur les champs de bataille de Badr et d'Ohod, le Prophète intercéda auprès d'Allah pour qu'ils reposent en paix et, s'adressant à leurs ombres, il s'écria : « O peuple des tombes, soyez heureux là où vous êtes, bien différents ainsi de l'état où se trouvent aujourd'hui les vivants. L'heure des séditions est arrivée, tels les quartiers de nuits ténébreuses se succédant, chacune des nuits plus noire que celle qui l'aura précédée » (on doit sans doute voir dans

La mort

cette déclaration, prétendument prémonitoire, et bien évidemment interpolée, une allusion aux guerres fratricides qui déchireront bientôt la communauté). Puis, se tournant vers son compagnon, il lui dit : « On m'a offert les clés des trésors de ce monde et l'immortalité en ce monde, suivie par le Paradis, et l'on m'a donné en même temps à choisir entre cela et la rencontre avec mon Seigneur et le Paradis. – O toi qui m'es plus cher que mon père et ma mère, s'écria Abou-Muwaybiha, prends les clés des trésors de ce monde et l'immortalité de ce monde suivie par le Paradis ! – Non, répondit le Prophète, j'ai déjà choisi la rencontre. » Et il pria une nouvelle fois sur les tombes. D'après une autre interpolation destinée vraisemblablement à sauvegarder les droits des *Ansâr* par rapport à l'hégémonie qu'établiront plus tard les Koreïchites, et plus particulièrement les Omeyyades, il aurait déclaré : « Le nombre des hommes augmentera, mais l'ensemble des *Ansâr* restera le même ; ils ont été le refuge où j'ai trouvé abri. Faites-leur du bien et ignorez leurs fautes éventuelles » (Ibn Hichâm).

A son retour de *Baqî'*, et malgré ses maux de tête, il demanda qu'on le conduisît à la mosquée. Il y dirigea la prière, raconte Ibn Ishâq, monta en chaire, invoqua la bénédiction d'Allah une fois de plus sur les martyrs d'Ohod, puis il eut cette parole inattendue : « Parmi les esclaves de Dieu, il en est à qui Dieu a donné le choix entre ce monde et la possibilité d'être avec Lui : l'esclave a choisi d'être avec Dieu. » Abou-Bakr comprit que ce propos singulier annonçait la mort imminente de Muhammad et, devant tous, il se mit à pleurer. Le Prophète lui demanda de retenir ses larmes, ajoutant à l'adresse des assistants : « O gens, l'homme qui m'a apporté le plus de bien par sa compagnie et par sa générosité est Abou-Bakr ; s'il me fallait choisir dans l'humanité entière un ami, ce serait Abou-Bakr ; mais la bonne compagnie et la fraternité dans la foi sont nôtres jusqu'à ce que Dieu nous unisse en sa Présence. » Il dit encore, montrant de la main les nombreuses portes de maisons privées qui ouvraient directement sur la mosquée : « Qu'on mure toutes ces portes, sauf celle d'Abou-Bakr. » Il dit encore, du haut de la chaire : « Je vous devance et je suis votre témoin. Votre rendez-vous avec moi est au Bassin, qu'en vérité je suis à même de voir de l'endroit même où je me trouve. Je ne crains pas pour vous que vous placiez désormais des dieux à côté d'Allah ; mais je crains pour vous ce monde-ci, où vous pourriez rivaliser dans la conquête des biens terrestres » (Boukharî). Le Bassin que voit Muhammad du haut de sa chaire est ce lac dans lequel les élus étancheront leur soif à leur entrée au Paradis, bassin alimenté par *al-Khawtar*, le fleuve qui a été donné au Prophète en propriété personnelle.

De la mosquée, Muhammad se fit conduire à l'appartement de Maymouna qui, ce jour-là, devait avoir le privilège de l'héberger. La fièvre augmentant, il décida d'aller à l'appartement d'Aïcha pour lui faire savoir qu'il était malade. Celle-ci, malade elle aussi, l'accueillit en se plaignant : « Oh, oh ma tête ! » Muhammad l'observa attentivement pour voir si elle présentait, elle aussi, des signes de maladie grave, puis rassuré, il lui dit, d'après Ibn Hichâm, qu'il aurait préféré qu'elle le précédât dans la tombe pour qu'il pût la border dans son linceul (elle, qu'il aimait entre toutes), prier sur sa dépouille et la déposer en terre de ses propres mains. Et l'épouse favorite (et fort intelligente) de répondre : « Par Allah, si cela se produisait, je te vois retournant ensuite dans ma propre maison pour y célébrer tes noces avec l'une de tes femmes. » Ce propos d'Aïcha, profondément inquiète en réalité, était destiné à faire diversion, à jouer avec l'illusion. Muhammad répéta une fois de plus :

« C'est "Oh *ma* tête" qu'il faut dire », et il retourna chez Maymouna.

Il essaya de continuer à se comporter comme d'habitude et de se rendre régulièrement à la mosquée. Mais il ne pouvait plus conduire la prière qu'assis, ayant beaucoup de difficulté à se tenir debout. Ceux qui priaient derrière lui prièrent également assis. Par ailleurs, il souhaitait visiblement passer ses derniers jours auprès d'Aïcha. Ses autres épouses, devinant ce vœu secret, vinrent le trouver toutes ensemble pour lui dire : « O Envoyé d'Allah, nous avons donné à notre sœur Aïcha les jours que nous devions passer avec toi » (Ibn Sa'ad). Trop faible pour marcher seul, il se rendit donc chez Aïcha soutenu par 'Abbas et Ali.

On vint l'informer que l'expédition dont il avait confié le commandement à Oussâma b. Zayd, et dont, au plus fort de son mal, il continuait à se préoccuper, n'était pas encore organisée, que les volontaires ne montraient pas beaucoup de zèle pour se joindre à cette grande entreprise. Il n'ignorait pas que beaucoup se plaignaient du trop jeune âge du commandant désigné alors que tant d'autres chefs chevronnés et ayant fait leurs preuves, *Mouhadjiroûn* fussent-ils ou *Ansâr*, se morfondaient dans l'attente. Le Prophète sentit qu'il fallait répondre à ces critiques et, de plus en plus fiévreux, il dit à ses épouses : « Versez sur moi sept outres d'eau remplies à des puits différents, afin que je puisse aller exhorter les hommes. » Hafça apporta dans la chambre d'Aïcha une bassine et il fut procédé, selon son désir, à ce grand bain d'eau pure destiné à stimuler en lui la force de plus en plus défaillante. Le front toujours bandé, il se rendit à la mosquée, monta en chaire et déclara, d'après Ibn Hichâm : « O hommes, mettez en train l'expédition d'Oussâmâ. Je rappelle que les critiques que vous adressez au chef que j'ai nommé, vous les aviez déjà, avant lui, adressées à son père ; il est aussi indiqué pour cette direction militaire que son père l'était avant lui. » Muhammad avait raison : lors de la campagne qui eut lieu quelque temps après, Oussâma se révéla l'un des plus grands conquérants de l'Islam. Le Prophète retourna à la demeure d'Aïcha où ses souffrances le reprirent de plus belle. Les combattants s'étaient, entre-temps, ralliés en grand nombre à Oussâma qui, s'étant déjà mis en route, dut s'arrêter à une lieue de Médine, à Jourf, « dans l'attente de ce que Dieu allait décréter, en ce qui concerne l'Apôtre d'Allah » (Ibn Hichâm). L'issue devait lui sembler très proche puisqu'il ne put s'empêcher de retourner à Médine et de frapper à la porte de Muhammad. S'avançant vers lui en retenant ses pleurs, il ne reçut de lui aucune parole mais, d'après les témoins, une simple esquisse de bénédiction avec la main. Puis se formèrent, à peine audibles et perceptibles sur les lèvres prophétiques, ces mots mystérieux : « Plutôt mon grand Compagnon ! »

Avant cette intrusion d'Oussâma, Muhammad, qui restait la plupart du temps étendu, la tête posée sur la poitrine ou sur les genoux d'Aïcha, venait de demander au père de celle-ci, Abou-Bakr, de conduire la prière à sa place. Jusqu'ici c'était à lui, et lui seul, que revenait ce privilège. Aïcha, selon son propre témoignage, aurait objecté, d'après Ibn Hichâm, que la voix d'Abou-Bakr portait peu et que la lecture du Coran l'émouvait tellement qu'elle lui arrachait des larmes. « Ordonne-lui de diriger la prière du peuple », insista le Prophète. Aïcha précisera plus tard qu'elle aurait préféré que son père n'eût pas cette responsabilité, « parce que, dit-elle, le peuple n'aimera pas l'homme qui succédera à l'Apôtre ».

Le vide prévisible engendré par la disparition de Muhammad avait donné lieu, quelques jours auparavant, à un événement extraordinaire qu'Ibn Hazm résume

La mort

grosso modo de la façon suivante : « C'était quatre nuits avant sa mort. Un groupe de Compagnons s'était réuni chez lui, que la paix d'Allah soit sur lui ! Il dit alors : "Apportez-moi une omoplate [de chameau, celle-ci servant généralement de support à l'écrit] et de l'encre, pour que je vous rédige un texte qui vous évitera d'errer après moi." Omar b. al-Khattab, qu'Allah soit satisfait de lui, a dit alors un mot par lequel il visait le bien, et ce fut là le motif qui empêcha le Prophète de rédiger l'écrit qu'il projetait ; il dit : "L'Apôtre d'Allah a été vaincu par la souffrance ; et nous avons le Livre d'Allah, et le Livre d'Allah nous suffit." Il fut soutenu dans sa position par une partie de l'assistance, qui alla jusqu'à dire : "L'Apôtre d'Allah, que la paix d'Allah soit sur lui, n'est-il pas déjà en train de délirer ?" Mais d'autres personnes présentes insistèrent : "Apportez l'omoplate et l'encre pour que l'Apôtre d'Allah, que la paix d'Allah soit sur lui, rédige un écrit, au moyen duquel vous n'errerez pas après lui." L'Apôtre d'Allah, que la paix d'Allah soit sur lui, fut mécontent de cette discussion et demanda à tous de sortir. » Ibn Hazm ajoute : « Le malheur, tout le malheur provient de ceux qui ont fait obstacle entre lui et cet écrit, mais nul doute que si cet écrit avait vraiment fait partie des obligations de la religion et des nécessités de la *charî'a*, le propos d'Omar ou celui de n'importe quel autre n'aurait pas empêché [le Prophète] de l'établir [1]. »

Une autre version de ce même événement nous est fournie par Maqrizi, version qui mérite, elle aussi, d'être rappelée par tout ce qu'elle laisse sous-entendre d'arrière-pensées politiques chez les participants à la scène, l'une – il faut bien l'admettre – des plus troublantes qui soient : « Quand il fut au plus haut point de la douleur, il [le

---

1. Ibn Hazm, *Djawamé as-Sira* (Collection des *sîras*).

Prophète] dit : "Apportez-moi de l'encre et une feuille pour que je vous rédige un écrit qui vous évitera, par la suite, de jamais errer.'" Les [personnes présentes] se divisèrent en deux camps. Les uns dirent : "Qu'a-t-il ? Délire-t-il ? Faites-le revenir à lui-même." Zaynab bint Djahch et ses amies [les autres épouses du Prophète] dirent : "Qu'on apporte à l'Apôtre d'Allah, que la prière et la paix d'Allah soient sur lui, ce qu'il réclame." Omar, qu'Allah soit satisfait de lui, dit alors : "Il est vaincu par la souffrance ! Et vous avez le Coran ! Que le Livre d'Allah nous suffise ! Le Prophète, que la prière et la paix d'Allah soient sur lui, n'est pas mort." Le Prophète dit alors : "Laissez-moi ! L'état où je suis est meilleur que ce que vous demandez... Allez-vous-en [1]." »

Ces deux textes posent problème. Pourquoi cette attitude réticente d'Omar par rapport à un testament dont la plupart des historiens modernes s'accordent à dire que Muhammad aurait souhaité le confier à ses héritiers présomptifs ? On peut penser – et on n'a pas manqué de le faire – qu'Omar, de connivence sans doute avec Aïcha et le parti d'Abou-Bakr, père de la jeune femme, préparait ainsi l'éviction d'Ali, cousin et gendre du Prophète et l'un des fidèles de la première heure. C'est peut-être dans ce même esprit qu'il faudrait relire, les interprétant à la lumière de ce qui vient d'être dit, les trois faits déjà rapportés : la préférence proclamée par Muhammad à l'égard d'Abou-Bakr, la demande qu'il formule de murer toutes les portes donnant directement sur la mosquée sauf celle du même Abou-Bakr et, bien entendu, l'ordre intimé à Abou-Bakr, et à lui seul, de conduire la prière collective à sa place.

---

1. Maqrizi, *Imta'al-Asma'bima lil Rasoul min al-Anbâ'wal-amwal wal hafada wal mata'*, « Réconfort des auditions au sujet des nouvelles concernant l'Apôtre, ses biens, ses descendants et ses meubles ».

La mort

Nous voici arrivés à la phase ultime de ce grand destin. Le lundi 12 *Rabî'al-awwal* de la onzième année de l'Hégire, correspondant au 8 juin de l'an 632, Muhammad sentit tomber la fièvre qui ne l'avait pas quitté depuis des jours. Entendant l'appel du muezzin, il décida, malgré sa grande fatigue, d'aller prier à la mosquée. Quand il y arriva, la surprise et la joie furent si grandes chez tous les officiants que ceux-ci voulurent interrompre la célébration déjà commencée. Muhammad leur fit signe de poursuivre et, toujours soutenu par deux de ses proches, il vint se placer à côté d'Abou-Bakr qui, conduisant la prière, voulut faire un pas en arrière pour laisser la priorité à Muhammad. « Continue », lui dit Muhammad en faisant, lui, sa prière assis. Il rayonnait de bonheur : « Jamais, dit Anas, je n'ai vu le visage du Prophète aussi rayonnant qu'à ce moment-là. » A la fin de la prière, il aurait déclaré à l'ensemble des fidèles qui se pressaient autour de lui, et d'une voix qu'il voulut la plus forte possible : « O peuple ! Le feu est attisé, les subversions sont proches, comme les quartiers de la nuit ténébreuse. Par Allah, vous ne m'en tiendrez en rien responsable. Je n'ai permis que ce que le Coran a permis et n'ai prohibé que ce que le Coran a prohibé. »

Un tel propos, s'il était authentique – ce qu'il ne semble pas –, reproduirait comme bien d'autres propos de circonstance interpolés dans la trame de la *sîra*, l'écho des rivalités déjà à l'œuvre autour de la succession désormais imminente.

Toutefois, à voir ainsi le Prophète revigoré, le soulagement fut tel chez tous les assistants qu'Abou-Bakr lui-même, le si proche et si aimé Abou-Bakr, crut pouvoir regagner sa ferme près de Médine où sa famille et sa nouvelle jeune femme, Habiba, l'attendaient. L'Envoyé d'Allah, quant à lui, rentra chez Aïcha, toujours soutenu par deux fidèles. Ali et al-Abbâs, l'oncle de Muhammad, l'y rejoignirent, mais ne s'attardèrent que quelques instants. En sortant de là, Ali, interrogé par des passants, répondit que le Prophète était miraculeusement guéri. Mais, selon Ibn Ishâq, al-Abbâs, dès qu'ils furent seuls, aurait saisi la main d'Ali pour lui dire : « O Ali, au nom d'Allah, je jure que je reconnais la mort sur le visage de l'Envoyé ; elle est la même que celle que j'ai vue sur le visage des autres membres de notre clan, des autres fils d'Abdul-Mouttaleb. Retournons donc auprès de l'Apôtre : si l'*amr* (autrement dit le pouvoir) doit rester entre nos mains, nous le saurons ; et s'il doit échoir à d'autres, qu'il [Muhammad] nous recommande au moins au peuple » (Ibn Hichâm). Ali répondit, selon Ibn Ishâq : « Par Dieu, je n'en ferai rien, car si le pouvoir devait être refusé par lui, personne après lui ne nous le donnerait jamais ! »

Le Prophète reposait, la tête sur la poitrine d'Aïcha. Celle-ci lui donna du bois curatif dont, à son habitude, il se frotta les dents. Puis il perdit connaissance, et n'ouvrit les yeux qu'au bout d'une heure environ. Aïcha l'entendit murmurer, citant le Coran : « Au Paradis, dans l'union suprême avec ceux que Dieu a comblés de sa grâce, les prophètes, les saints, les martyrs et les justes, que ce sont là d'excellents compagnons ! » (IV, 69). Il dit encore : « Plutôt vers toi, Ami suprême, au Paradis ! » (Ibn Sa'ad). Et il rendit l'âme.

14

Une succession difficile

Aïcha posa la tête illustre sur un coussin et joignit ses lamentations à celles des autres épouses. Aussitôt la nouvelle se répandit : « L'Envoyé d'Allah n'est plus ! » Oussâma, averti, et dont l'armée était déjà en marche vers le Nord, revint sur ses pas. Revinrent aussi, partis avec l'armée, Omar et un certain nombre de Compagnons. Omar refusa de croire la rumeur en train de s'amplifier comme un fleuve en crue. Dans la mosquée, il annonça aux fidèles, qu'il interpella violemment, que le Prophète s'était simplement retiré dans l'Esprit et que, bientôt, très vite, il retournerait parmi eux. Il accusa les *mounafiqoûn* d'être à l'origine de toute l'affaire : « Le Messager d'Allah n'est pas mort ; il est simplement retourné à son Seigneur, à l'exemple de Moussa b. Omrâne (Moïse) qui a disparu aux regards de son peuple pendant quarante jours pour revenir après, alors même qu'on alléguait qu'il était mort. Par Allah, le Messager d'Allah sera de retour comme Moussa : il coupera les mains et les pieds de ceux qui ont prétendu qu'il était mort ! » Pour tenter de comprendre cette dérive d'Omar et cette aberration, il convient de souligner qu'il n'y avait rien d'étonnant à ce qu'une telle conviction ait pu surgir dans sa tête affolée à un moment où les esprits, fortement imprégnés du Coran, étaient entièrement captés par l'invisible. Les chîites duodécimains se souviendront plus tard, eux aussi, de cette notion de disparition mystique dont ils feront la surprenante et belle doctrine de l'« Imam caché ».

Revenu précipitamment de Sunh, sa ferme sise dans les faubourgs de la ville, Abou-Bakr s'était rendu à la maison de sa fille Aïcha et, soulevant le pan de tunique dont on avait voilé le visage de l'Apôtre, il le regarda intensément, l'embrassa, et dit : « Ô toi qui m'es plus cher que mon père et ma mère, tu viens de goûter à la mort que Dieu avait décrétée pour toi. Désormais, plus aucune mort ne saurait t'atteindre. » Puis, revoilant le visage vénéré, il se rendit à la mosquée où Omar continuait de haranguer la foule. Abou-Bakr lui demanda alors de se calmer, ce qu'Omar, dans un état de surexcitation extrême, refusa. Prenant néanmoins la parole, Abou-Bakr, après avoir rendu grâces au Tout-Puissant, prononça alors ces quelques mots admirables et dont l'histoire de l'Islam n'a pas cessé depuis de retentir : « O gens, pour ceux d'entre vous qui adoraient Muhammad, qu'ils sachent que Muhammad est mort ! Et pour ceux d'entre vous qui adorent Dieu, qu'ils sachent en vérité que Dieu est vivant et qu'il ne meurt pas ! » Il récita ensuite le verset révélé après la bataille d'Ohod :

Muhammad n'est qu'un prophète ;
des prophètes ont vécu avant lui.
Retourneriez-vous sur vos pas,
s'il mourait, ou s'il était tué ?

Celui qui retourne sur ses pas
ne nuit en rien à Dieu ;
mais Dieu récompense ceux qui sont reconnaissants.

(III, 143.)

Une succession difficile

Tous les assistants reprirent en chœur ce verset. Plus tard, Omar avouera : « Lorsque j'entendis Abou-Bakr rappeler ce verset, mes jambes ne me portèrent plus et je tombai par terre. Je sus alors que l'Envoyé d'Allah était vraiment mort » (Ibn Hichâm).

C'est Tabarî et Ibn Hichâm qui vont nous raconter la dernière scène. Dans la *saqîfa* (grange ou mansarde) des Bani-Sa'ada, du clan des Khazradj – « grange du Destin », comme elle sera surnommée – va se jouer l'avenir de l'Islam. L'ensemble des tensions, que la puissante personnalité de Muhammad tenait sous le joug, le voici qui se libère pour éclater au grand jour. En fait, la tension est double : nombreux sont, dans le rang des *Ansâr*, ceux qui se méfient de la prédominance de plus en plus manifeste acquise par les *Mouhadjiroûn*, en raison de leur origine mecquoise partagée avec l'Apôtre. Les Mecquois, de leur côté, sont secrètement divisés en deux camps, voire même en trois. Il y a, évidemment, les citoyens de La Mecque qui ne veulent pas voir leur prestige disparaître au profit des seuls *Mouhadjiroûn*. Et, parmi ces derniers eux-mêmes, se profile un autre clivage : il y a le clan de Fâtima et d'Ali, respectivement fille et gendre du Prophète, et il y a le clan d'Aïcha, l'épouse préférée, fille d'Abou-Bakr et ennemie déclarée d'Ali.

Telles sont donc les positions en présence. Dans la « grange du Destin », la plupart des *Ansâr* – Awsites aussi bien que Khazradjites – se sont regroupés autour de Sa'ad Ibn Oubâda, le chef des Bani-Sa'ada qui, malade, est placé sur sa couche au milieu de la salle. Ils discutent pour savoir par qui l'autorité doit être désormais détenue, maintenant que Muhammad est mort. Tant que le Prophète était vivant, le pouvoir lui revenait de droit. Mais désormais... Il est grand temps, proclament-ils, que le pouvoir revienne à un Médinois, et pourquoi pas à ce Sa'ad couché et mal en point –, à qui tous cependant sont prêts à se lier par un serment d'allégeance ?

On vint avertir Abou-Bakr et Omar de ce qui était en train de se tramer : « Si vous, les Mecquois, tenez à rester maîtres de la situation, lui dit un informateur, précipitez-vous chez les *Ansâr* avant que la dissidence ne devienne effective. » « Pendant ce temps, rapporte la *Sîra*, l'Envoyé d'Allah se trouvait étendu dans sa maison sans que nulle décision n'ait été prise à son sujet, alors que sa famille avait fermé la porte sur lui. »

Abou-Bakr, Omar et Abou-Oubeïda b. al-Djarrah, rencontré en cours de route, se dirigent donc, à pas pressés, vers la *saqîfa*. Ils y voient Sa'ad b. Oubâda, frissonnant de fièvre et recouvert d'un manteau, qui donne la parole à un orateur. Celui-ci prononce une véritable déclaration d'autonomie qu'on pourrait résumer ainsi, d'après Tabarî : « Nous sommes les *Ansâr*, les Auxiliaires de Dieu, la force combattante de l'Islam ; et vous, ô *Mouhadjiroûn*, vous êtes certes des nôtres puisqu'un groupe de votre peuple est venu s'installer ici parmi nous. Mais nous ne saurions admettre que certains d'entre vous veuillent s'emparer de notre propre terreau et prendre la prédominance sur nous. »

Réagissant à ce discours, la totalité des *Ansâr* réclame à grands cris que le pouvoir soit dévolu à leur chef. Incapable de s'exprimer d'une manière audible, Sa'ad b. Oubâda demande à l'un de ses fils de répéter ses paroles après lui et il fait, en faveur des siens, un long plaidoyer qu'il conclut en s'adressant aux seuls *Ansâr* pour leur dire : « Muhammad était satisfait de vous et toujours heureux de vous voir, quand Allah l'a rappelé à lui. Le gouvernement désormais vous revient ; saisissez-le avant que d'autres que vous ne s'en emparent » (Tabarî).

Omar veut répondre à ces propos où transparaît toute la violence de l'antagonisme clanique et une forme d'agressivité presque haineuse, mais Abou-Bakr l'en dissuade. Il prend lui-même la parole avec subtilité et fermeté, disent les chroniqueurs : n'avait-il pas été à la meilleure école qui soit ? Commençant par rendre justice longuement aux *Ansâr*, il n'en ajoute pas moins : « Si le bien que vous avez dit de vous-mêmes constitue la stricte vérité, il faut cependant admettre que les Arabes ne reconnaîtront d'autorité qu'à la seule branche de Koreïch, du fait qu'elle se situe au point de convergence de la terre et de l'ascendance arabes » (Tabarî).

La prééminence de Koreïch – qui sera érigée plus tard par les jurisconsultes en condition essentielle de l'accession au califat – est affirmée avec force et elle est affirmée, semble-t-il, contre le principe institué par le Coran lui-même de l'égalité de tous les croyants. Il n'importe. A ce stade d'une discussion de plus en plus serrée, et qui risque de déraper dangereusement, Tabarî prête à Abou-Bakr un deuxième discours, encore plus subtil que le premier. Rappelant l'ancien polythéisme des Arabes et leur éloignement du vrai culte d'Allah, il ajoute : « Dieu a désigné spécialement les *Mouhadjiroûn* des premiers temps, appartenant au peuple de son Envoyé, pour croire en lui et en sa mission, pour lui venir en aide, pour supporter avec lui les mêmes épreuves, au cours de la cruelle persécution déchaînée contre eux par leur propre peuple, qui les traitait de menteurs, tandis que le monde entier se liguait contre eux. Ils ne faiblirent pas, en dépit de leur petit nombre et malgré l'unanimité railleuse du plus grand nombre. Ils ont été les premiers à avoir adoré Allah sur la terre, à croire en Allah et en l'Envoyé ; ils sont ses *awliyâ'* [ses alliés], sa *achîra* [son clan], ceux parmi les hommes qui ont le plus de droit à cet *amr* [pouvoir] après lui. Ne pourrait leur contester ce droit que l'injuste oppresseur. Et vous, ô foule des *Ansâr*, qui peut nier votre mérite dans le *dîn*, la vraie religion, et votre priorité dans l'Islam ? Allah vous a érigés en auxiliaires de sa religion ; il a dirigé vers vous l'émigration de son Envoyé et c'est parmi vous que celui-ci a trouvé ses meilleures épouses et ses plus fidèles compagnons. Nulle préséance ne saurait exister, après celle des *Mouhadjiroûn*, qu'à votre profit. Nous sommes donc, nous, les *omarâ* [pluriel d'*émir*] et vous êtes, vous, les *wizarâ'* [pluriel de *wazir*, vizir, ministre]. Ne vous laissez pas abuser par vos délibérations et nous ne prendrons pas de décision sans vous consulter » (Tabarî). Pour finir, et dans le silence fiévreux qui suit son allocution, il déclare : « Je vous propose l'un de ces deux hommes. Faites allégeance à celui que vous voudrez. » Et il indique de la main Omar et Abou-Oubeïda.

Face à ce véritable nouveau pacte de gouvernement qu'Abou-Bakr vient de proposer aux Médinois, un *Ansâri* s'exclame : « O peuple des *Ansâr* ! Saisissez-vous du pouvoir, car ces gens-là s'obstinent dans leur entêtement. Tout ce que nous pourrions accepter, à la limite, ce serait un émir de notre côté et un émir du leur. »

Omar, l'impétueux Omar, est au comble de l'indignation : « C'est impossible ! s'écrie-t-il. Deux chefs ne pourront ensemble commander. Par Allah ! Les Arabes n'accepteront jamais que vous soyez, vous, les maîtres, – alors même que leur Prophète appartient à un autre clan ! » A ce moment, un autre *Ansâri*, d'une grande autorité morale, Bachir b. Sa'ad Abou an-No'mân, du parti des Khazradj, prend la parole : « Muhammad, la prière et la paix d'Allah soient sur lui, est de Koreïch et son peuple a, de ce fait, le droit et la priorité pour lui. Je commettrais une faute grave aux yeux d'Allah et je ne souhaiterais pas qu'il me voie si j'en venais à lui disputer ce pouvoir » (Tabarî).

Désormais, les choses vont aller très vite. Au milieu des clameurs de soutien poussées par les Khazradjites,

Une succession difficile

Abou-Bakr reprend, tenant par la main Omar et Abou-Oubeïda : « Je vous offre l'un de ces deux hommes. Faites allégeance [en arabe, "donnez la *bay'a*"] à l'un ou l'autre d'entre eux. » A l'*Ansâri* qui avait proposé la double autorité émiriale, Omar répond indirectement : « O vous, les *Ansâr*, ne savez-vous pas que l'Envoyé d'Allah a ordonné à Abou-Bakr de conduire la prière ? – Nous le savons, répondent-ils. – S'il en est ainsi, lequel de vous souhaiterait prendre le pas sur lui ? – A Dieu ne plaise que nous le fassions », répondent-ils d'une seule voix (Ibn Sa'ad). Aussitôt Omar de prendre la main d'Abou-Bakr et de lui faire serment d'allégeance, suivi en cela par Abou-Oubeïda et par Bachir b. Sa'ad le Khazradjite, aussitôt imité par tous les siens. Le clan *awsite*, ne voulant pas être en reste, apporte, lui aussi, malgré une fureur contenue, sa *bay'a* au nouveau calife, vicaire de l'Apôtre. L'agitation est telle, disent les chroniqueurs, que le pauvre Sa'ad b. Oubâda, toujours étendu au milieu de la salle, faillit être piétiné, d'autant plus qu'il s'était pris de querelle avec Omar, lequel, une fois de plus, mit la main à son épée. Il fallut l'intervention d'Abou-Bakr pour ramener le calme. C'est ainsi, dans une atmosphère de quasi-guerre civile, qu'eut lieu le choix du premier successeur de Muhammad.

Le lendemain, pour la prière de l'aube, Abou-Bakr gravit les marches du *minbar* que, pour la première fois de l'Histoire, quelqu'un d'autre que l'Envoyé d'Allah allait occuper. C'est alors qu'Omar se lève et demande à la foule des fidèles de faire ensemble allégeance, par un serment solennel, au nouveau calife, « le meilleur d'entre vous, leur dit-il, le Compagnon de l'Envoyé de Dieu, son seul Compagnon, alors qu'ils étaient tous deux dans la caverne ». Ce privilège, un verset révélé quelque temps avant la mort de Muhammad l'avait opportunément rappelé ·

Si vous ne secourez pas le Prophète,
Dieu l'a déjà secouru,
lorsque les incrédules l'ont expulsé,
lui, le deuxième des deux,
le jour où tous deux se trouvèrent dans la caverne
et qu'il dit à son compagnon :
« Ne t'afflige pas ;
Dieu est avec nous ! »

(IX, 40.)

C'est à l'unanimité que la foule prête serment. A l'unanimité moins une voix : celle d'Ali, qui ne donnera son adhésion que quelques mois plus tard, à la mort de Fâtima. Le gendre du Prophète dira alors à Abou-Bakr, d'après Boukharî : « Nous connaissons certes ta prééminence et nous savons ce que Dieu t'a accordé, et nous ne sommes jaloux d'aucune des faveurs dont il t'a gratifié. Mais tu nous as mis devant un fait accompli, sans nous laisser le choix, alors que nous pensions avoir un certain droit en cette affaire en raison de notre parenté très proche avec l'Envoyé d'Allah. » A cet instant, les yeux d'Abou-Bakr se remplirent de larmes, et il dit : « Par celui entre les mains duquel repose mon âme, je souhaite bien plus être en harmonie avec la famille de l'Envoyé d'Allah qu'avec ma propre famille. » Ce jour-là, à la prière de midi, Abou-Bakr proclama publiquement en pleine mosquée qu'Ali n'avait commis aucune faute à son égard en ne le reconnaissant pas comme calife, sur quoi Ali, immédiatement, lui fit allégeance.

Au sujet de la mort de Fâtima, si voisine dans le temps de celle de son père, Boukharî raconte ce qui suit : « Pendant la maladie de Muhammad, chaque fois que Fâtima rendait visite à son père chez Aïcha, celle-ci, par discrétion, se tenait un peu en retrait. Une fois, elle vit le Prophète dire quelque chose à l'oreille de sa fille, et celle-ci se mit à pleurer. Puis, de nouveau, il lui dit quelques mots à l'oreille, et elle se mit à rire. Aïcha, curieuse, voulut savoir le sens de ce conciliabule secret, ce que Fâtima refusa de lui divulguer. Par la suite cependant elle raconta : "Ce jour-là, le Prophète m'a dit qu'il allait mourir de la maladie qui l'a effectivement emporté, et j'ai pleuré. Puis il m'a dit que je serai la première de ses proches à le rejoindre au Paradis, et j'ai ri." »

Le premier sermon d'Abou-Bakr en chaire est un morceau d'anthologie, cité souvent comme un classique du genre. Le voici, selon Ibn Hichâm : « O gens ! J'ai été investi de l'autorité à votre égard ; et pourtant je ne suis pas le meilleur d'entre vous. Si je me conduis mal, rappelez-moi la voie droite. La vérité est un dépôt entre vos mains, le mensonge une trahison. Le faible parmi vous est, à mes yeux, le puissant, et je n'aurai de cesse, si Dieu le veut, que je ne lui fasse rendre justice. Quant au puissant parmi vous, il est, à mes yeux, le vrai faible, à qui, si Dieu le veut, je n'aurai de cesse de réclamer la justice qu'il néglige. Un peuple qui abandonne le *djihâd*, Allah ne tarde pas à le condamner à l'abaissement. Si ce sont les turpitudes qui s'emparent de l'âme d'un peuple, aussitôt Allah frappe celui-ci de calamités. Obéissez-moi tant que j'obéirai moi-même à Dieu et à son Envoyé. Si, par contre, je désobéis à Dieu et à son Envoyé, considérez-vous comme déliés de tout devoir envers moi. Levez-vous pour la prière et qu'Allah vous comble de Sa Miséricorde. » Ce texte, d'apparence si simple, jouera par la suite un très grand rôle dans la jurisprudence islamique. Deux principes essentiels y sont proclamés : la nécessité impérieuse du *djihâd* comme levier de la foi et la relativité du pouvoir califal lié, pour le meilleur et pour le pire, à l'exercice de la justice.

Réglé le problème de la succession muhammadienne, voici enfin arrivée l'heure des funérailles et de l'inhumation de l'Envoyé. Ibn Hichâm nous raconte dans le moindre détail le rituel qui a été observé à cette occasion. Ibn Sa'ad, de son côté, nous rapporte un certain nombre de faits qui montrent que, là aussi, les choses ne se sont pas déroulées avec toute la sérénité souhaitable. Une première querelle s'éleva sur la façon dont il fallait laver le défunt : les morts étaient d'ordinaire lavés nus. Or Dieu fit tomber sur les membres de la famille du Prophète et les gens de sa maison une voix qui leur dit : « Lavez le Prophète par-dessus ses vêtements. » Ils se rendirent donc à la maison qu'Aïcha avait provisoirement délaissée pour faire place aux hommes. Plus de vingt heures après sa mort, le corps de Muhammad semblait seulement plongé dans le sommeil et ne présentait aucun signe de corruption. Maqrizi signale qu'avant la toilette funéraire, un nouveau désaccord avait éclaté entre les Koreïchites et les *Ansâr*. Pour procéder au rite, al-Abbâs, oncle paternel de Muhammad, avait, entouré des plus proches *Mouhadjiroûn*, fait bloquer la porte. Dehors, les *Ansâr* de protester : « Nous sommes ses oncles maternels », criaient-ils, prétention née du fait qu'Amina, mère du Prophète, était, comme j'ai eu l'occasion de le dire, apparentée au clan médinois des Bani-Najjar. Finalement, un compromis intervint et un Khazradjite fut chargé de représenter l'ensemble des Médinois de souche. Abbâs et ses fils, Fadl et Qithal, aidèrent Ali à retourner le corps tandis qu'Oussamâ, aidé de Shuqrân, l'un des affranchis du Prophète, versait de l'eau sur lui et qu'Ali, bouleversé, passait sa main sur chaque partie du long vêtement de laine.

Un dernier désaccord allait surgir : où creuser la tombe ? Certains estimaient que celle-ci devait se situer au *Baqî'al-Ghardak*, près de celles de ses trois filles et de son fils Ibrahim, et non loin des Compagnons dont il avait lui-même creusé les sépultures et sur lesquelles il avait prié. D'autres pensaient que le lieu le plus approprié était la mosquée. La solution vint une fois de plus d'Abou-Bakr qui se souvint avoir entendu Muhammad dire : « Aucun prophète n'est enterré ailleurs qu'à l'endroit où il est mort. » On creusa donc la tombe dans la chambre même d'Aïcha et tous les habitants de Médine, par groupes successifs – les hommes d'abord, les femmes ensuite, enfin les enfants – vinrent tout l'après-midi prier sur le corps. Celui-ci fut ensuite étendu dans la tombe jouxtant la mosquée, dont cette tombe fait désormais partie intégrante. J'ai visité une fois la désormais monumentale mosquée de Médine et suis resté songeur devant la haute et lourde grille de fer ouvragé derrière laquelle gît en paix depuis le 9 juin 632 – une paix à peine troublée depuis quatorze siècles par la visite passionnée, tout à la fois silencieuse et bourdonnante, de millions de pèlerins en prière – celui qui fit de cet enclos parmi les plus humbles de la terre l'un de ces lieux soudain verticaux que soutient leur propre grandeur. Est-ce par allusion mystérieuse à cette verticalité que Muhammad, le Prophète de l'Islam, aurait dit un jour, d'après le traditionniste Muhammad b. Mâja : « Qu'ai-je à faire en ce monde ? Moi et ce monde, nous sommes comme un cavalier et un arbre sous lequel il s'abrite. Le cavalier repart ensuite et laisse l'arbre derrière lui. » Admirons une fois de plus cet art de la parabole qui fait de Muhammad, quoi qu'il en eût contre les poètes, de Muhammad l'inspiré d'Allah, l'un des plus purs parmi les formulateurs en esprit.

15

Lumière

Voici l'homme. On sait maintenant pour l'avoir vu à l'œuvre qu'il est de ceux, très rares, qui refusent de succomber sous le poids de l'Histoire, qui, au contraire, la défient, en prennent l'exacte mesure, la bousculent, la terrassent, l'obligent à se relever de terre –, transformée. Muhammad, dans le laps de temps qui lui a été imparti en ce monde, a prouvé qu'il était l'un des maîtres du temps, que celui-ci désormais se daterait par lui et à partir de lui. Mais sa victoire sur le temps, il ne veut la devoir et, de fait, il ne la doit qu'à l'Eternité, aux inspirations qu'il a reçues d'elle, à la grâce et à toutes les autres formes d'aide qu'Allah lui a fournies, à ce Livre enfin qu'il tient d'une main ferme et que Dieu lui a dicté. Ce n'est pas seulement le temps qui porte désormais le paraphe de Muhammad, cet illettré majeur, c'est tout l'espace terrestre qui s'ouvre au déploiement de sa signature, c'est la planète entière qui, depuis quinze siècles, est son champ d'action –, avec la formation d'empires et de royaumes, avec des extensions de peuples et d'hommes,

Lumière

des prises fulgurantes de conscience, des philosophies et des guerres, avec des imprégnations fécondes et fondatrices et de sanglants conflits, des dévastations impitoyables et des ouvertures inspirées, des cycles et des phases, des cultures et des civilisations venues s'ordonner, sans rien négliger de leurs spécificités, dans l'immense perspective spirituelle de l'Islam dont Muhammad est le générateur intégral et dont il est aussi, au débouché des temps, le point focal –, selon les musulmans.

Homme de réflexion. Homme d'action. L'étonnant, c'est qu'il est l'un et l'autre à la fois, et comme saisi chaque fois du même feu. On peut s'étonner à juste titre qu'une individualité aussi unie, aussi resserrée sur ses pouvoirs et aussi déterminée quant à son objectif – la proclamation intraitable de l'unicité de Dieu – ait su, en bien des occurrences, assouplir son comportement, moduler ses positions, reculer (c'était pour mieux rebondir), ondoyer sur des chemins qui vont droit. Le génie, on le sait, fait toujours problème et le génie de cet homme-là – je le dis comme je le pense – fait problème plus que n'importe quel autre. Un Arabe, un Arabe du désert, un illettré, un marginal que les puissants de l'heure tenteront de marginaliser encore plus, un caravanier transformé en porteur du plus illustre des messages, un homme des tribus transfiguré en interlocuteur de l'Ange, puis de Dieu lui-même, un fondé de pouvoir transformé en un très habile diplomate et le diplomate lui-même métamorphosé en sabreur, puis le sabreur s'illustrant comme chef d'Etat et – constitutionnaliste, législateur, organisateur de toute la vie publique – faisant montre, étonnamment, cet homme à qui Dieu ne laisse aucun répit, d'un esprit tout à la fois symbolisant et réaliste, analytique et synthétique, le voici donc, cet homme, une ultime fois, à l'heure du triomphe suprême, qui se retrouve capable de brasser les plus grands rêves pour lui-même et pour ces quelques milliers de bédouins hirsutes qu'il va lancer, juste avant de mourir, à la conquête de l'univers. L'univers est simple et double : il est visible et il est invisible, et le visible n'est que témoignage et semence de l'invisible. L'univers à la conquête duquel Muhammad lance ses guerriers est non pas seulement le vaste monde du dehors qui, si Dieu ne l'animait, ne serait rien (il est le « Respir divin », comme l'affirme Ibn Arabi, et qui n'existe que d'être à chaque instant recréé par ce Respir), l'univers est également, est surtout, le vaste monde de l'homme intérieur qui est l'occasion et le lieu du Grand Djihâd, du grand combat, face auquel la colonisation et l'annexion du monde extérieur, sa subjugaison, le Petit Djihâd, n'est, tout compte fait, que le moindre des deux combats. Bien avant Rimbaud, c'est Muhammad qui, le premier, aura proclamé hautement et comme un fait d'évidence : « Le combat spirituel est aussi brutal que la bataille d'hommes. » Disons même qu'il a dit mieux, beaucoup mieux : « est *plus* brutal que la bataille d'hommes ». Plus brutal et plus nécessaire. Et jamais achevé.

Destin shakespearien ? Non : Shakespeare lui-même n'aurait osé imaginer un tel destin, trop excessif, trop invraisemblable, lui aurait-il semblé, trop flamboyant. Puis comment Shakespeare aurait-il réussi à nous restituer, en deçà ou au-delà de l'éclat, l'homme intérieur, le Prophète ravagé par le dire de Dieu et ployé sous sa dictée ? Un poète peut raconter, s'il a à sa disposition les splendides moyens, la vraie destinée d'un conquérant, d'un maître du monde. Mais peut-il vraiment raconter l'intériorité ouvragée et admirablement ciselée d'un aussi grand témoin spirituel ? Car Muhammad, par sa vie, par ses dits, par son exemplarité, a été, *est* pour l'éternité, le témoin du Mystère de Dieu et l'un, immense, de ses proférateurs inspirés.

Lumière

Destin complexe entre tous, destin simple. Celui d'un homme qui vécut parmi les autres hommes, qui sut s'imposer, imposer ses idées et ses intuitions, qui sut se mettre à l'écoute de cette voix incommensurable qui traverse le silence de l'univers – « Le silence éternel de ces espaces infinis m'effraie », écrira plus tard, ailleurs, Blaise Pascal –, homme qui sut déchiffrer les êtres et les signes, qui aima, qui souffrit, qui lutta, qui s'épuisa dans la lutte, qui tomba malade, qui mourut. Tout cela sur la scène de l'Histoire et sous les feux de celle-ci. Feux tellement intenses que si Muhammad, homme parmi les hommes et Prophète de Dieu, n'avait été si mystérieux par ailleurs, on aurait tout connu de lui, de ses énigmes, de ses puissants jaillissements créateurs. On sait, il est vrai, beaucoup de choses de lui et même (on l'a vu) de ces choses qui, généralement, restent réservées au domaine étroit de l'intimité la plus close. Les traditionnistes, les annalistes se sont montrés, du vivant même du Prophète, d'une curiosité sans bornes, ignorant le péché d'indiscrétion. Que des fioritures soient venues s'ajouter au fait brut, que des signifiés parfois incertains aient été tirés de signes par eux-mêmes ambivalents ou ambigus, que, plus tard, au fil des recensions de la *sîra*, des ajouts aient été façonnés et fignolés, des interprétations et des améliorations introduites, des attestations raccrochées à d'autres à travers un certain nombre de forgeries, rien là que de normal s'agissant d'une personnalité de cette envergure dont s'était emparée, déjà de son vivant, le légendaire. C'est le contraire qui eût été anormal. Et il n'y eut pas, autour de Muhammad, et par une sorte de scrupule confinant à la manie, la même fabrique intensément imaginative qui s'est saisie du personnage Jésus à travers les dizaines d'Evangiles apocryphes que l'on sait. Muhammad a cru à l'Histoire et l'on peut certifier que l'Histoire, de son côté, a cru en

Muhammad et qu'elle lui est restée grosso modo fidèle. En tout cas, les masques, quand ils sont là, sont légers et faciles à lever.

Cela n'a pas empêché les plus grands malentendus qui soient, notamment de la part de l'Occident qui, très vite, a dû affronter l'Islam émergeant et n'a jamais eu de cesse, au fil des siècles, même une fois l'Islam vaincu par la colonisation, de s'inquiéter et de bruisser, contre l'Islam, de mille rumeurs, rarement justifiées. Tout cela a été souvent évoqué et sous des plumes hautement autorisées : il n'y a pas lieu de refaire ici ce mauvais procès, souvent inspiré par la politique de l'heure. On connaît aujourd'hui les principaux conflits qui opposent l'Islam tantôt à lui-même, comme en Algérie, tantôt, plus ou moins gravement, et depuis plus ou moins longtemps, à telle ou telle puissance dans une situation historique déterminée. Je ne rappelle que pour mémoire le terrible, l'indéterminable conflit de Palestine, la Bosnie d'hier, le Kosovo, l'Afghanistan, la Tchétchénie ou le Cachemire. Ces tensions sont exploitables par ceux qui ont intérêt à donner de l'Islam une image négative. Et déjà, mais pour d'autres raisons, sous la plume de Pascal, qui écrit dans les *Pensées* : « Différence entre Jésus-Christ et Mahomet. Mahomet, non prédit ; Jésus-Christ prédit. Mahomet, en tuant ; Jésus-Christ, en faisant tuer les siens. Mahomet, en défendant de lire, les apôtres, en ordonnant de lire (I, *Tim.*, IV, 13). Enfin, cela est si contraire que si Mahomet a pris la voie de réussir humainement, Jésus-Christ a pris celle de périr humainement. » Il faudrait pouvoir ne pas s'arrêter à ce ramassis de sottises, puisées à même les antiques racontars ayant eu cours au Moyen Age chrétien. Et pourtant, la reponse de l'Islam à Pascal, c'est à un poète, et à un poète français, que je souhaite la demander. Le sait-on assez ? Lamartine est l'auteur d'une *Vie de Mahomet*, qui occupe la plus grande partie du premier tome de sa grande *Histoire de la Turquie*, en huit volumes, parue en 1854-55 : « Telles furent la vie, la mission et la mort de Mahomet –, écrit-il en conclusion de sa biographie muhammadienne. Jamais homme ne se proposa volontairement ou involontairement un but plus sublime, puisque ce but était surhumain : saper les superstitions interposées entre la créature et le Créateur, rendre Dieu à l'homme et l'homme à Dieu, restaurer l'idée rationnelle et sainte de la Divinité dans ce chaos de dieux matériels et défigurés de l'idolâtrie. Jamais homme n'entreprit, avec de si faibles moyens, une œuvre si démesurée aux forces humaines, puisqu'il n'a eu, dans la conception et dans l'exécution d'un si grand dessein, d'autre instrument que lui-même et d'autres auxiliaires qu'une poignée de barbares dans un coin du désert. Enfin jamais homme n'accomplit en moins de temps une si immense et si durable révolution dans le monde, puisque, moins de deux siècles après sa prédication, l'islamisme prêché et armé régnait sur les trois Arabies, conquérait à l'unité de Dieu la Perse, le Khorassan, la Transoxiane, l'Inde occidentale, la Syrie, l'Egypte, l'Ethiopie, tout le continent connu de l'Afrique septentrionale, plusieurs des îles de la Méditerranée, l'Espagne et une partie de la Gaule. Si la grandeur du dessein, la petitesse des moyens, l'immensité du résultat, sont les trois mesures du génie de l'homme, qui osera comparer humainement un grand homme de l'histoire moderne à Mahomet ? »

*

Ce livre pourrait s'arrêter là, – sur cette citation déterminante. Mais une religion ne se mesure pas seulement à l'évidence de sa réussite historique. C'est la caverne de l'homme que la religion illumine et c'est la nature de cette lumière, sa force, son éclat, sa douceur, qui peut mettre fin à la nuit intérieure où nous nous débattons tous tant que la grâce promise n'est pas venue résoudre en nous l'irrésolu. Rien n'est plus nécessaire à l'homme que d'être l'hôte et le réceptacle de cette lumière qui, elle, n'est pas de l'ordre de l'Histoire ni ne saurait relever non plus de l'écriture de l'espace. Lumière absolue : « Dieu est la Lumière des cieux et de la terre », énonce le Coran. Relisons tout l'admirable verset 35 de la sourate XXIV intitulée précisément « La Lumière » :

Dieu est la lumière des cieux et de la terre !
Sa lumière est comparable à une niche
où se trouve une lampe.
La lampe est dans un verre ;
le verre est semblable à une étoile brillante.

Cette lampe est allumée à un arbre béni :
l'olivier qui ne provient
ni de l'Orient, ni de l'Occident
et dont l'huile est près d'éclairer
sans que le feu la touche.

Lumière sur lumière !
Dieu guide, vers sa lumière, qui il veut.

Y a-t-il une définition de la lumière qui soit plus *lumineuse* que celle-là et qui, pour lumineuse qu'elle soit, ne se referme pas moins sur l'amande noire de son propre mystère, ce « noyau infracassable de nuit » dont parla, à propos de la poésie (nous sommes loin du mystère de Dieu), André Breton ? La lumière, dans ce verset, est présentée d'abord dans sa dimension universelle, – en coup de gong, si l'on ose dire : la splendeur de Dieu est l'habitant de tout, l'habitante du Tout. Mais cette universalité n'empêche pas la « présence » qui est nécessairement liée, pour ne pas tourner à l'abstraction pure et dématérialisée, à une détermination. Etonnamment, dans

Lumière

ce verset que les mystiques soufis ne cesseront jamais d'interroger, Dieu – à travers, il est vrai, une métaphore qui réduit le champ de l'intégration factuelle – semble accepter de se donner un contour, le plus vague et le plus évasif qui soit. La « niche » lumineuse se dessine un peu, certes, mais c'est pour aussitôt s'effacer dans l'accentuation de plus en plus vive de la lumière qu'elle induit et qui se déduit d'elle. Qui s'en déduit non selon le principe du syllogisme, mais par l'effet de récurrence progressive qui fonde l'arabesque : ainsi va l'illumination de la « niche » à la « lampe », de la « lampe » au « verre », du « verre » à « l'étoile » –, le tout regardé à travers la modulation qu'instaure, en un face-à-face de réfraction, la comparaison duelle.

La métaphore ne s'arrête pas à cette première fin. La lumière « spatialisée » va, dans un second temps du verset, procéder à sa dématérialisation. De même que la niche était le support de la lampe en état d'expansion, l'olivier – arbre « évangélique » qu'il me plaît de saluer au passage – est, par l'huile qu'il offre, le support du feu dont s'éblouira la lampe. Mais c'est olivier immatériel que celui-là, « ni d'Orient, ni d'Occident », et l'huile qu'il produit est immatérielle également et elle s'allume « sans que le feu la touche ». Arbre « béni » et insituable, huile intouchée, lumière qui ne trouve de source qu'en elle-même : lumière-principe. D'être si simple la rend irréductible à ce qui n'est pas elle-même, activation de l'Un, et sa multiplication aussi bien : « Lumière sur lumière ».

On dira que le feu, que la lumière font partie du patrimoine naturel, devenu symbolique, de tous ces hommes et peuples d'Orient baignés de soleil et que la montée de la nuit effraie. Mais jamais plus que dans le Coran la lumière n'aura joué de rôle spirituel essentiel.

Ceux qui auront cru en lui [Muhammad] ;
ceux qui l'auront soutenu ;
ceux qui l'auront secouru ;
ceux qui auront suivi la lumière descendue avec lui :
voilà ceux qui seront heureux !

(VII, 157.)

Cette lumière qui traverse le temps et l'espace, mais qui rayonne aussi avant l'histoire et s'éclaire à l'Eternité, c'est elle que les mystique soufis surnommeront « *an-noûr al-muhammadi* », la « Lumière muhammadienne » :

Cette lampe se trouve
dans les maisons que Dieu a permis d'élever,
où son nom est invoqué,
où des hommes célèbrent ses louanges
à l'aube et au crépuscule.

(XXIV, 36.)

Muhyi-Eddîn Ibn Arabi note à ce propos : « Quant à la lumière, elle est apparente par sa propre essence et rend apparentes toutes les choses. Elle est, dans un sens absolu, un nom parmi les autres noms du Dieu Très-Haut à cause de la puissance de son apparence et de son pouvoir de faire apparaître toutes les choses. Quand Dieu s'est épris de sa propre existence et se manifesta, il fut "la lumière des cieux et de la terre", c'est-à-dire la manifestation des cieux des âmes et celle de la terre des corps. Il est l'existence absolue et toutes les créatures qui se trouvent dans l'existence s'y trouvent par lui. »

Voilà la lampe de l'Islam et voici ce qu'elle éclaire. L'œil de Muhammad était devenu, selon certains commentateurs, la lumière même que Muhammad voyait. On dit même qu'il s'était fondu lui-même dans ce *misbâh*, cette lampe dont il attendait tout. Quand les deux yeux du Prophète se furent fermés à la lumière de ce monde, on peut penser que là où ils se sont rouverts, la lumière qu'il a tant aimée, qu'il a tant sollicitée toute sa vie, l'attendait. Il n'en fut pas ébloui, la connaissant. Simplement l'homme qui va devenir le point de ralliement de millions d'hommes a vu peut-être se former sur ses lèvres la parole :

Lumière sur lumière !
Dieu guide, vers sa lumière, qui Il veut.

Fais entendre le Rappel !
Tu n'es que celui qui fait entendre le Rappel.
(LXXXVIII, 21.)

Les principaux exégètes du Coran et de la *Sunna*

Abdallah Ibn AL-ABBAS (3-68 H/625-688 AD), originaire de Médine, cousin du Prophète. Son érudition en science coranique et sa profonde connaissance du *hadîth* lui ont valu, à titre posthume, le surnom de « premier docteur de la communauté ».

Abou Ja'afar b. Muhammad b. JARÎR AT-TABARÎ (224-310 H/838-923 AD), auteur d'un monumental *Commentaire*, œuvre qui demeure jusqu'à nos jours la référence fondamentale en matière de *tafsir*, autrement dit d'exégèse coranique. Ce commentaire offre une compilation exhaustive de données de la Tradition avec, d'une part, un souci d'évaluation critique et, d'autre part, en conclusion l'option interprétative personnelle de l'auteur en tant qu'exégète et que théologien.

Abou Muhammad 'Ali b. HAZM, originaire de Cordoue (384/994-456/1063). Pour lui, seules les sources scripturaires (le Coran et l'authentique Tradition du Prophète) ont autorité au regard du croyant. Ni le consensus omnium (*Ijmâ'*), ni les interprétations personnelles (*Ijtihâd*) ne sauraient fonder la norme canonique. Il incombe à l'exégète de s'en tenir strictement aux stipulations du texte révélé et à lui seul.

Aboul'Qâssim Mahmoud AL-ZAMAKHSHARI (467-538 H/1075-1143 AD), auteur d'un commentaire coranique intitulé *Al-Kashshâf* (« Le Découvreur des secrets de la Révélation ») en quatre volumes. Il insiste sur le rôle de la raison dans l'interprétation des textes sacrés, qu'il étudie souvent sous l'angle sémantique et rhétorique, couplant foi et science, croyance et raison.

Fakhr-Eddine AL-RÂZÎ (544-606 H/1149-1210 AD), auteur de *Mafâtîh al-Ghayb* (« Clefs de l'Inconnaissable »), somme exégétique nourrie d'un vaste savoir encyclopédique auréolé du prestige de l'hellénisme.

Nasser-Eddine Abdallah b. Omar AL-BAYDAWI (m. 685/1286), auteur d'une version simplifiée du commentaire *Al-Kashshâf* de Zamakhshari.

Abou-Abdallah Muhammed b. Ismaïl BOUKHARÎ (m. 256 H/870 AD), les sept cents *hadîth*(s) les plus importants sont recueillis dans le *Sahîh* de Boukharî (9 tomes en trois volumes, Le Caire, 1926), qui est le plus répandu de tous les recueils de la *sunna* et qui a fait l'objet de bien des études de la part des islamologues, musulmans ou non. Il est à noter que l'authenticité des *hadîth*(s) est unanimement admise par l'orthodoxie musulmane qui a créé *'Ilm al-hadîth*, la « science du *hadîth* ». En revanche, elle est souvent sujette à caution auprès des islamologues non musulmans qui s'attaquent, pour l'essentiel, aux *hadîth*(s) dont la *sîra* est formée. La science occidentale, Ignaz Goldziher et Joseph Schacht en tête, considère en gros que le travail des traditionnistes musulmans s'est borné à une critique exclusivement externe, attachée à la vérification de la moralité et de la contemporanéité des transmetteurs.

D'autres traditionnistes seraient à citer : voir au glossaire le terme *sunna*.

Les transmetteurs de la *Sîra*

La *sîra*, *sîrat an-Nabi*, signifie littéralement la conduite et le comportement du Prophète. Elle constitue, dans la terminologie traditionnelle des premiers annalistes et des exégètes de la *sunna*, la biographie de Muhammad.

La vie du Prophète est généralement relatée sous forme de *hadîth*(s), c'est-à-dire de récits ou témoignages attribués à des transmetteurs dont la chaîne (*isnâd*) doit, pour imprimer au fait rapporté une garantie suffisante, remonter jusqu'au transmetteur originel, contemporain de l'époque où le propos a été tenu et où le fait s'est produit. Le compilateur se contente ordinairement de reproduire faits et propos, sans même essayer de les concilier. Les monumentales *Annales* de Tabarî en offrent la plus parfaite illustration. L'inconvénient de ce type de récit historique, bien différent de l'historiographie occidentale, c'est qu'il accumule les divergences ou les contradictions présentes dans les récits collationnés et concernant le même événement. Toutefois, ces propos et ces faits, qui composent la trame traditionnelle de la *sîra*, ne sauraient être contestés dans leur fondement, eu égard à l'objectivité des témoins contemporains qui les ont rapportés et qui ne sont pas systématiquement favorables à Muhammad dont il leur arrive même de mettre en cause tel ou tel comportement, ce qui tendrait à démontrer leur impartialité. Les faits reproduits dans la *sîra* présentent une importance d'autant plus grande que c'est sur les données premières fournies par eux que se sont élaborées, hors de tout merveilleux et de tout aspect émotionnel, des disciplines aussi diverses que la chronique historique non religieuse, l'histoire du droit musulman et le *fikh*, autrement dit la jurisprudence.

Voici les principaux auteurs de la *sîra* auxquels on a fait appel dans ce livre :

1. Muhammad IBN ISHÂQ (mort en 151 H/761 AD), auteur de *sîrat Rassoul Allah* (« La vie du Prophète de Dieu »), dont le texte s'est perdu. Mais c'est à ce texte-là qu'a puisé IBN HICHÂM (mort en 218 H/833 AD) qui en a condensé les matériaux dans sa *sîrat an-Nabi*, « Histoire du Prophète ».
2. Abou-Muhammad Ali b. Ahmad b. Saïd IBN HAZM (384/994-456/1063) qui a utilisé, dans sa compilation intelligemment présentée, outre Ibn Ishâq, d'autres auteurs dont les œuvres sont également perdues, pour mettre au point le *Djawame' as-sîra* (« la Collection des *sîra(s)* »).
3. Muhammad b. Omar AL-WÂQIDI (130-207 H), auteur des *Maghâzi* (« Les Expéditions ») relate les batailles engagées par Muhammad et ses principaux lieutenants dans le contexte de la vie agitée de Médine. Ibn Ishâq est le principal fournisseur des récits de ce livre sur la foi des transmetteurs de *hadîth(s)*. On observe à ce propos une fois de plus la relation complexe et permanente existant entre les exégètes de la *sunna* et les chroniqueurs de la *sîra*.
4. Muhammad b. SA'AD (168/784-230/845) est l'auteur d'*At-Tabaqât al-Koubra* (« Le Livre des hautes générations »), mine très riche sur le Prophète, ses Compagnons (*as-Sahâba*) et leurs successeurs (*at-Tâbi'oûn*).
5. Abou-Jaafar b. Muhammad b. Jarîr AT-TABARÎ, déjà cité, (224/839-310/923) est l'auteur de célèbres « Annales », *Tharikh al-Umam wal-Moulouk* (« Histoires des Nations et des Rois »), annales qui contiennent, en leur tome II, une biographie développée de Muhammad, composée selon la méthode de la collecte des *hadîth(s)*. La principale

Les transmetteurs de la Sîra 339

source de Tabarî, pour la vie du Prophète, est également Ibn Ishâq, que complètent de nombreux autres transmetteurs, dont Tabarî fournit, souvent en vrac, des versions divergentes.

6. BALADHORI, dans son livre *Kitab foutouh al-Bouldane* (« le Livre de la conquête des pays »), se contente de décrire la marche des armées musulmanes sur la route des invasions, mais il consacre la première partie de son livre à recueillir nombre d'informations sur la vie du Prophète sous forme de *hadîth(s)*.
7. Taki-Eddine Ahmad b. Ali AL-MAQRIZI (766/1364-845/1442) écrivit un énorme volume concernant le Prophète à une époque où l'histoire était devenue un genre littéraire autonome : aussi son ouvrage intitulé *Imta' al-Asma' bima lil-Rassoul min al-anbâ' wa'l-amwâl wa'l-hafada wa'l-matâ'* (« Réconfort des auditions au sujet des nouvelles concernant l'Apôtre, ses biens, ses descendants et ses meubles ») a-t-il abandonné la méthode du *hadîth* pour adopter le style de la narration directe.

D'autres transmetteurs de *sîra(s)* biographiques et de *hadîth(s)* prophétiques seraient à citer, tels que Muhammad b. Abdallah al-Azraqî, Abdur-Rahman b. Abdallah as-Soubaylî, Muhammad b. Ismaïl al-Boukharî, Mouslem b. al-Hadjâj al-Qouchaïri, Muhammad b. Issa at-Tirmidhî et Ahmad b. Shou'aïb an-Nasâ'i.

Glossaire

Ahl-Al-Kitâb : « Gens du Livre ». Cette expression coranique d'origine médinoise désigne à la fois les juifs, *yahoûd* (à partir du mot *Yahoûdha*, Judas) et les chrétiens, *nassâra* (Nazaréens).

Allâh : le nom sous lequel l'Islam invoque Dieu. On retrouve dans ce nom le terme ancien *'ilah* (forme amplifiée de *'il*), précédé de l'article *'al*. *'Il, 'al, 'el, 'ilu* sont les appellations habituelles données à la Divinité par l'ensemble des peuples sémites. *Allah*, forme amplifiée, désigne donc « le Dieu » par excellence. Allah semble s'être formé à partir de l'interjection sacramentelle : *Allâhuma* : « par Allâh ! ».

Amr : c'est le « commandement » de Dieu, son décret immuable. Dans le même ordre d'idées, le Coran emploie aussi le mot *qadar* qui signifie le passage de la Volonté essentielle, le *amr*, à celui de la réalisation de ce commandement ici-bas.

Ansâr : terme de groupe dont le singulier est formé par la singularisation du pluriel *ansâri*. Ce terme désigne les

Médinois qui se sont ralliés à Muhammad et qui sont devenus ses auxiliaires. La racine trilittère N.S.R. comportant une idée de victoire, le mot *Ansâr* définira donc les partisans qui ont aidé le Prophète à triompher de ses ennemis autant que des obstacles dressés sur sa route.

ASH'UR HURUM ou mois sacrés : ils auraient été au nombre de quatre à l'époque préislamique. Durant ces mois où avaient lieu les rencontres intertribales et les grandes foires, les razzias étaient interdites. Le statut des mois sacrés a été reconduit par le Coran : il y a les trois mois sacrés d'automne, *dhou'l-Qa'ada* (« le mois des foires »), *dhou'l-Hidja* (« le mois du pèlerinage »), et le dernier mois de l'année, *Muharram*, qui constitue le premier mois de l'année nouvelle ; il y a également *Radjab*, qui est un mois du printemps : ce mois aurait été célébré par les sédentaires de l'Arabie occidentale, à l'ère préislamique, par une visite sur le site de la Ka'aba.

ÂYA (pluriel *ayât*) : l'étymologie du mot lui donnerait le sens primitif de « signal ». Le mot signifie à la fois « verset » et « miracle ». Preuve monstrative plutôt que démonstrative, chaque verset du Coran est ainsi considéré comme un fait verbal miraculeux qui entraîne l'adhésion du croyant. On retrouve ces mêmes *ayât*, ou « signes » de Dieu, dans le spectacle des phénomènes de la nature considérés comme autant de preuves éclatantes de la toute-puissance divine.

BAY'A : procède de la racine arabe trilittère B.Y.', ce terme peut être connoté par ce qui est lié à l'achat et à la vente, que ce soit sur le plan commercial ou sur le plan moral. Il signifie : engagement de deux parties en vue d'agir ensemble pour la guerre ou la razzia ou bien pour mener ensemble un voyage caravanier, *rihla*. La *bay'a* indique, plus étroitement, la cérémonie publique de prestation de serment engageant tous les contractants : il s'agit de la *mubâya'a*.

BEÏT : sur le plan humain, signifie la « demeure ». C'était, à l'époque polythéiste arabe, le nom du lieu, roche, bétyle

Glossaire

ou temple, où résidait le protecteur surnaturel du groupe. Dans le Coran, l'habitat divin est au ciel. Toutefois, une matérialisation de cet habitat continue d'exister à La Mecque, où le mot *Beit* désigne symboliquement la Ka'aba qui, en aucune façon, ne saurait être assimilée à un temple.

CHARI'A : voie – puis loi – religieuse, codifiée par les docteurs et les diverses écoles exégétiques de l'Islam en prenant pour point de départ le Coran et la Tradition (*sunna*).

CHÎISME : branche de l'Islam ne reconnaissant pour légitimes successeurs du Prophète que les imams de la lignée d'Ali, gendre de Muhammad. Cette branche de l'Islam a, d'ailleurs, pour origine un différend entre les musulmans, concernant la succession du Prophète. Les chîites représentent aujourd'hui un dixième de la communauté islamique dans son ensemble, se répartissant, pour l'essentiel, entre l'Iran, l'Iraq et l'Afghanistan.

DJAHILIYYÂ : c'est « l'âge de l'Ignorance », de la racine trilittère J.H.L., qui signifie « ignorer », « ne pas savoir ». Le temps de l'Ignorance se situe avant celui de la Révélation coranique qui, d'après l'Islam, est venu mettre fin à cette longue période d'aveuglement et de méconnaissance.

FIQH : science de la jurisprudence, développée par les docteurs de l'Islam à partir des normes définies dans le Coran et la *sunna*.

GHAYB : vient du verbe *ghâba* qui signifie : être caché, mystérieux, invisible. C'est donc l'inconnaissable pour les êtres humains bien que Dieu, dans sa miséricorde, « ait communiqué quelque chose de son Mystère » aux Prophètes. Mais, au contraire du christianisme qui, par le dogme de l'Incarnation, permet une approche et même une participation au mystère divin, l'islam maintient intact le « Mystère incommunicable » de Dieu.

HÂCHIM : c'est le nom de l'arrière-grand-père de Muhammad. Les Hachémites, dont la dynastie règne actuellement en Jordanie, est le nom porté par son lignage.

HADÎTH(s) : textes et citations dont l'origine est attribuée à Muhammad. Ils sont complétés par la *sunna* (la « Voie ») du Prophète et composent un corpus essentiel de la Tradition islamique, du moins dans le sunnisme. Dans le chîisme, le *hadîth* est également reçu comme source normative, mais non sur la base du même corpus ni même en fonction des mêmes critères de validité qu'en doctrine sunnite. En outre, l'autorité du Prophète, via le *hadîth*, se conjugue en matière de sciences islamiques avec celle des Gens de (sa) famille (*Ahl al-Beït*). La racine trilittère H.D.TH. induit le substantif *hadîth*, construit sur un schème passif. Elle connote l'idée de quelque chose qui est advenu « dans un passé peu éloigné ». *Hadîth* signifie le récit qui en est fait dans un esprit véridique, sens attesté dans le Coran. Les récits concernant la vie et les propos muhammadiens seront reproduits dans des recueils intitulés généralement *as-Sahih*, « l'Authentique ».

HADJ : ce terme désigne dans le Coran le pèlerinage qui débute par le rituel mecquois des tournées (*tawâf*) autour de la Ka'aba et un parcours de sept va-et-vient entre les monticules d'as-Safâ et d'al-Marwâ. Le *hadj* comporte ensuite un rituel de station à Arafat et de dévalement se terminant par un sacrifice dans la vallée de Minâ.

HÉGIRE : de l'arabe *hidjra* qui signifie « émigration » ou « exode ». Le mot indique l'action entreprise par Muhammad quittant La Mecque subrepticement pour rejoindre Yathrib qui deviendra Médine. Ce départ eut lieu le 24 septembre 622 et c'est le premier jour de l'an au cours duquel eut lieu cette Hégire, soit le 16 juillet 622, qui constitue le point de départ du calendrier musulman, l'année étant, quant à elle, divisée en douze mois lunaires.

IHRÂM : rituel d'entrée dans un espace surnaturel et donc sacré, impliquant un habillement spécial. On prend l'*ihrâm* en pénétrant dans l'espace mecquois en vue d'y accomplir le pèlerinage (*al-hadj*).

Glossaire

I'jaz : c'est l'inimitabilité miraculeuse du Verbe coranique dont procède l'insupérabilité ou inimitabilité du Coran. Le dogme d'un Livre incréé et inimitable s'impose à la conscience islamique avec autant de force que celui de l'Incarnation à la conscience chrétienne.

Ijmâ' : consensus. La pratique du consensus, après consultation de toutes les personnes présentes, a été généralisée par Muhammad à Médine pour toutes les décisions importantes concernant la communauté. Toutefois, le Prophète se réservait la décision finale au nom de Dieu.

Ijtihâd : interprétation personnelle d'une stipulation du texte révélé. L'Islam sunnite considère que l'ère de l'*ijtihâd* est révolue et qu'il appartient aux croyants, dans leur ensemble, de s'en tenir aux seules normes canoniques telles qu'elles ont été formulées par l'exégèse traditionnelle.

Islam : signifie en arabe « se confier à Dieu ». L'Islam est, dans le Coran, la religion révélée du Prophète Muhammad, après qu'elle a été révélée aux autres envoyés de Dieu qui l'ont transmise fidèlement à des peuples oublieux ou distraits. L'Islam est la religion du *muslim*, du « musulman » qui se *soumet* entièrement à la volonté d'Allah et qui accepte l'Islam comme foi, rite et mode de vie.

Isnâd (pluriel *asânîd*) : issu de la racine trilittère S.N.D. – « ce sur quoi on s'appuie » – ou *sanad*, tiré de la même racine, termes désignant la chaîne des transmetteurs de la tradition muhammadienne. C'est l'honorabilité et la qualité de ces témoins intègres, souvent pris parmi les auditeurs des premiers récits, qui sont les garants de l'authenticité des *hadîth(s)*, faits et propos relatifs à Muhammad.

Kitâb : de la racine trilittère K.T.B. : « écrire ». Un « kitâb » est un écrit, un livre : le terme va prendre ce sens, exclusif de tout autre, dans les sociétés musulmanes califales, à partir du IXe siècle après J.-C. Le mot *kitâb* désignera donc le texte fixé et *al-Kitâb*, le Livre absolu, le Coran. L'idée d'écriture est fortement présente dans le Coran, soit qu'il s'agisse de l'enregistrement des actes par des scribes surnaturels, *kâtibine*, en vue du Jugement dernier, soit qu'il s'agisse de la révélation du *Kitâb*, déjà faite à des prophètes antérieurs comme les *Suhuf Ibrahîm wa Moussa*, « les feuillets d'Abraham et de Moïse ».

AL-MAGHÂZI : genre littéraire d'époque abbasside qui dépeint la période des batailles de Muhammad et l'ensemble de sa vie à Médine, quand il assumait des responsabilités qui étaient pratiquement celles d'un chef d'Etat, dont les décisions militaires.

MISÉRICORDIEUX (LE) : *Ar-Rahmân*, d'après la racine trilittère R.H.M., c'est l'Etre bon, clément et qui « fait miséricorde ». Ce nom-adjectif a parfois été considéré comme un nom propre qui ne saurait s'appliquer qu'à Dieu seul (Ghazalî). Dans la formule prononcée avant la lecture de toute sourate, il est complété par *Ar-Rahim* qui signifie le dépositaire de la *Rahma*, la « compassion ».

MONOTHÉISME : religion du Dieu unique, par opposition à polythéisme. Il est usuel d'appeler « monothéisme » les trois traditions révélées : judaïsme, christianisme et islam.

MOUHÂDJIR (pluriel *Mouhadjiroûn*) : dérivé de *hidjra*, « émigration ». Il s'agit des croyants qui, à la suite de Muhammad, ont quitté leur maison et leur famille et, partis de La Mecque, ont rejoint le Prophète à Médine où ils participèrent à tous les événements de l'Islam naissant.

MUSULMAN : celui qui pratique l'islam ou ce qui est relatif à celui-ci (*voir Islam*).

NABÎ : de l'arabe N.B.' (pluriel *nabiyyûn* ou *anbiyya*), connote l'idée d'annonce orale. Le *nabî* désigne le prophète qui transmet, d'abord verbalement, un message véridique susceptible d'être consigné ensuite dans un texte écrit.

NASKH : abrogation. De ce terme procèdent les deux termes de *nasikh* – « [verset] abrogeant » – et de *mansoukh*,

Glossaire

« [verset] abrogé » (par un verset abrogeant). Le fait de l'abrogation dans le cycle coranique est explicitement posé dans le Coran même : « Dès que nous abrogeons un verset ou dès que nous le faisons oublier, nous le remplaçons par un autre meilleur ou semblable » (II, 106).

POLYTHÉISME : par opposition à *monothéisme*, ce terme désigne tous ceux qui rendent un culte à des divinités plurielles, qui ne sont pas le Dieu unique. Il s'agit aussi des cultes qui prêtent des « associés » à Dieu. Les *mouchriqoûn* – de *achraqa* (« associer »), – autrement dit les « associateurs », seront condamnés au feu éternel de la Géhenne.

QALB (pluriel *qulûb*) : le cœur est considéré comme l'organe des facultés intellectuelles : mémoire, intelligence, sagesse, attention. Le Coran, pour signifier l'intériorité de l'homme, utilise aussi le mot *fou'ad* (pluriel : *'af'ida*) ou *çadr* (pluriel : *çudur*), le premier désignant littéralement les « viscères », les « entrailles », le second la « poitrine ».

RABB : mot appliqué à Dieu essentiellement, pour signifier qu'il est le Seigneur et le Maître. Avant l'Islam, il désignait les divinités tutélaires – *rabb* au masculin, *rabba* au féminin – protecteurs et protectrices des tribus.

RAMADÂN : un des douze mois de l'année lunaire arabe et l'un des quatre mois *harâm*. C'est durant le mois de Ramadân que la Révélation coranique a débuté. Le mois fut par la suite décrété mois de jeûne par le Coran.

RASSOUL (pluriel *roussol*) : est traduit habituellement par « Prophète », à partir de la formule : « Muhammad *rassoul* Allah », autrement dit « Prophète de Dieu ». Le *rassoul* est le messager qui transmet fidèlement le message.

ROÛH : c'est l'Esprit (l'Ange, Djibrîl-Gabriel notamment) qui est l'instrument de la Révélation coranique et qui « provient du Commandement divin ». Jésus est né par l'acte d'une telle médiation intervenue entre le Créateur et sa créature par Djibrîl interposé.

Sîra ou *as-sîra an-nabawiyya* : alors que le mot *sunna* signifie la « voie » muhamadienne, le mot *sîra* signifie la biographie prophétique. Cette expression désigne un type de récit historiographique qui dépeint la vie et la mission de Muhammad depuis son enfance jusqu'à sa mort. L'auteur le plus ancien de la « geste » vécue de l'Apôtre dont on a perdu le texte original, mais qu'on retrouve partiellement dans des auteurs postérieurs, est Ibn Ishâq, mort au début de l'ère abbasside au milieu du VIIIe siècle après J.-C.

Sourate : section ou chapitre du Coran, le Livre étant subdivisé en sourates d'inégale longueur, dont le nombre s'élève à cent quatorze, certaines, les premières, d'époque mecquoise, les autres d'époque médinoise. Chaque sourate est composée d'*ayât*, autrement dit de versets.

Sunna : la « voie ». Ce qu'on appelle *sunna* est constitué par cinq collections de *hadîth(s)*, considérés comme canoniques, dont les deux premières sont les plus connues et les plus utilisées. Les principaux recueils sont le *Sahih*, soit « l'Authentique », de Boukharî (194-256 H), le *Sahih* de Mouslem (202-261 H), le *Sounan* d'Abou-Daoud (202-275 H), le *Djame'* d'at-Tirmidhi (200-279 H) et le *Moudjtaba* d'An-Nasâ'i (215-303 H). Un sixième recueil jouit d'un crédit particulier auprès des disciples de l'un des docteurs les plus éminents de l'Islam : Ibn-Hanbal, créateur de l'Ecole hanbalite : c'est le *Mousnad*. D'autres recueils sont également reconnus comme des sources de *hadîth(s)*, ceux d'Ibn Mâja, ad-Dârimi, Mâlek b. Anas, Zayd b. Ali, Ibn Sa'ad, at-Tayâlisi, Ibn Hichâm, al-Wâqidi. Il arrive souvent que, dans la *sîra*, des *hadîth(s)* soient énoncés ou repris et qu'entre *sîra* et *sunna* s'établisse une continuité significative. Le corpus relatant les paroles (*hadîth(s)*) mais aussi les faits et gestes du Prophète, constitue substantiellement la Tradition (*sunna*). Coran et *sunna* forment les deux sources du dogme, de la loi religieuse (*chari'a*) et du système des valeurs morales et sociales aux yeux de l'immense majorité des musulmans.

Glossaire

SUNNISME : de *sunna*, tradition concernant le Prophète, pluriel : *sunan*. Dénomination de l'Islam majoritaire – près de huit cents millions d'êtres humains répartis sur les cinq continents –, celui qui suit la « Tradition » muhammadienne, ce mot désigne dans le Coran la « Voie d'Allah ». A l'origine, le terme indiquait la voie des ancêtres d'une tribu et l'enseignement de ses sages. Mais, à partir du IXe siècle, la *sunna* ou « traditionnisme », signifie tous les « précédents », au sens socioculturel et juridique du terme, précédents dûs au Prophète et dont le souvenir est conservé dans le *hadîth*. Le sunnisme professe la légitimité des quatre premiers califes, alors que le chîisme privilégie Ali et les imams de sa lignée.

TANJÎM : signifie « étoilement ». Ce procédé de rhétorique consiste à construire le texte autour du thème central d'une manière concentrique. Il est utilisé couramment dans le Coran.

TANZIL ou Révélation : du verbe *nazzala*, « faire descendre » et de la racine trilittère N.Z.L. qui connote, au sens concret du terme, la descente de la pluie. La Révélation faite à Muhammad, laquelle est une grâce céleste et une miséricorde, est ainsi assimilée à la pluie, – la plus grande des grâces faites par Dieu à l'homme étant la « descente » du Coran.

TASAWWOUF ou soufisme : terme venu étymologiquement de *souf*, laine – celle des vêtements grossiers portés par les mystiques soufis – ou bien du grec *sophia* – la sagesse –, le soufisme est la voie mystique générée par l'Islam.

TRANSCENDANCE : c'est l'une des caractéristiques de Dieu. La transcendance divine, qui est fortement soulignée en Islam, signifie que Dieu est inatteignable dans la mesure où il habite hors de l'espace et du temps. Elle implique également que la connaissance, la présence et la puissance de Dieu sont absolues.

UMMA (pluriel *umam*) : c'est un mot qui procède de la racine trilittère '.M.M., signifiant la (bonne) guidance. Le mot connote aussi l'idée de mère génératrice, d'entité première.

Umma, qui signifie également la communauté islamique universelle, désigne « le groupe bien guidé qui arrive à bon port ».

VULGATE : du latin *editio vulgata*, autrement dit « version populaire », ce terme fut utilisé pour la Bible latine de 382-383. « Vulgate », dans le cas du Coran, signifie le texte complet de la Révélation. L'établissement de la vulgate du Coran, après la période d'oralité pure où les fragments révélés étaient mémorisés par les Compagnons du Prophète, dont certains maîtrisaient l'écriture (Zayd b. Thâbît, Mo'âdh b. Jabal, Oubayy b. Ka'ab), a eu lieu en quatre temps durant la période califale :
1. Un premier corpus réunissant les divers fragments coraniques est établi par Zayd b. Thâbît, à la demande du premier calife, Abou-Bakr (632-634).
2. A la mort d'Abou-Bakr, ce corpus est recueilli et conservé par Omar, deuxième calife (634-644).
3. A la mort d'Omar, c'est sa fille Hafça, veuve du Prophète, qui aura pour charge de « conserver le corpus d'Abou-Bakr ».
4. Le calife Osmâne procédera, dès le début de son règne, à la recension définitive du texte. Durant cette période de douze ans (634-646) coexistent un recueil semi-officiel et de rares collections privées, puis le « Corpus d'Osmâne » deviendra le recueil officiel, donnant le texte coranique *ne varietur*.

Aperçu bibliographique

Les références concernant les citations ayant été disposées en bas de page, cet aperçu biographique reprend les principales d'entre elles et, sans vouloir être exhaustif, signale quelques autres sources importantes où l'on peut puiser des informations sur la vie de Muhammad, sa pensée et sa doctrine.

ABD-EL-JALIL J., *Les Aspects intérieurs de l'Islam*, Paris, Le Seuil, 1949

ANAWATI P., *Introduction à la théologie musulmane*, Paris, Vrin, 1948

ANDRAE T., *Les Origines de l'Islam et du Christianisme*, traduit de l'allemand par Jules Roche, 1955, originairement paru sous le titre « Der Ursprung des Islam und das Christentums », dans Kyrkohistorik Arskrift utgiven av Emanuel Linderholm, 3 volumes, Uppsala et Stockholm, 1923, 1924 et 1925

ARKOUN M., *La pensée arabe*, Paris, Presses Universitaires de France, collection « Que sais-je ? », 1975

ARKOUN M., *Pour une critique de la raison islamique,* Paris, Maisonneuve & Larose, 1984

BERQUE J., *L'Islam au temps du monde*, Paris, Editions Sindbad, collection « Islam », 1984

BLACHÈRE R., *Introduction au Coran*, Paris, Maisonneuve, 1947 ; nouvelle édition refondue et remaniée, Paris, Besson et Chantemerle, 1959

BLACHÈRE R., *Le Coran*, Paris, Presses Universitaires de France, collection « Que sais-je ? », 1966

BOUHDIBA A., *La Sexualité en Islam*, Paris, Presses Universitaires de France, 1979

BOUKHARÎ M., *Kisbat al-Djâmi'as-Sahîh* (l'ouvrage est connu sous le titre de *Sahîh*, « L'Authentique », traduit par les éditeurs L. Krehl et Th. W. Juyunboll par cette formule : *Le Recueil des traditions musulmanes*), I-IV, Leyde, Brill, 1862-1908 (en arabe). Une autre édition de ce livre existe en français sous le titre : « L'Authentique tradition musulmane », traduit par G.-M. Bousquet, Fasquelle, 1980

CHABBI J., *Le Seigneur des Tribus. L'Islam de Mahomet*, préface d'André Caquot, Paris, Noêsis, 1997

(Le) CORAN : les traductions retenues sont celles de
Berque J., édition définitive, Paris, Albin Michel, 1995
Blachère R., Paris, Maisonneuve & Larose, 1980
Masson D., préface de Jean Grosjean, Paris, Gallimard, collection La Pléiade, 1967

CORBON J., *L'Eglise des Arabes*, Editions du Cerf, collection « Rencontres », 1997

DERMENGHEM E., *Mahomet*, Paris, Le Seuil, 1957

DRÂZ M., *La morale du Coran*, Paris, Presses Universitaires de France, 1950

ENCYCLOPÉDIE DE L'ISLAM, ancienne édition en 6 volumes, Leyde, Brill, Paris, Picard et Klincksieck ; nouvelle édition, Leyde, Brill, Paris, G.-P. Maisonneuve, Maisonneuve & Larose, 1960

GABRIELI F. et WALTER G., *Mahomet*, Paris, Albin Michel, 1963

GARDET L., *La Cité musulmane*, Paris, Vrin, 1954

GAUDEFROY-DEMONBYNES M.,
 – *Le pèlerinage à La Mecque*, Paris, Geuthner, 1923
 – *Les institutions musulmanes*, Paris, Flammarion, 1921
 – *Mahomet*, Paris, Albin Michel, 1957.

Aperçu bibliographique 353

GIBB H., *La structure de la pensée religieuse de l'Islam*, Paris, Maisonneuve, 1950

GOLDZIHER I., *The Arabic Tribes and Islam*, chapitre II du tome Ier de « Muslim Studies » (traduction intégrale de l'allemand : *Muhammadanische Studien*, avec mise à jour des références par S. M. Stern), 2 volumes, Londres, 1967-1968

GOLDZIHER I., *Le dogme et la loi de l'Islam*, Paris, Geuthner, 1958, réédition

HAMIDULLAH M., *Corpus des traités et lettres diplomatiques à l'époque du Prophète et des Califes orthodoxes*, 1935, et *Documents sur la diplomatie musulmane à l'époque du Prophète et des Califes orthodoxes* (titre français de l'ouvrage en arabe) ; ces deux recueils de documents sont parus au Caire

HAYECK M., *Le Christ de l'Islam*, Le Seuil, 1959

HAYECK M., *Le mystère d'Ismaël*, Tours, Mame, 1964

HAYECK M., *Les Arabes ou le baptême des larmes*, Gallimard, 1972

HIRT J.-M., *Le Miroir du Prophète, psychanalyse et Islam*, Paris, Grasset, 1993

IBN ARABI M., *La Sagesse des Prophètes*, traduction de T. Burckhardt, collection « Spiritualités vivantes », Paris, Albin Michel, 1974

IBN ARABI M., *La Profession de Foi*, introduction, traduction et commentaire de R. Deladrière, Paris, Sindbad, 1978

IBN HANBAL A., *al-Musnad*, I-VI (l'un des ouvrages canoniques de la tradition prophétique), Beyrouth, 1978 (en arabe)

IBN ISHÂQ M., *Kitab al-Maghâzî*. Cet ouvrage, en grande partie perdu, aurait été divisé en trois parties, I. *al-Mubtadâ* (Le « Commencement » ou la Genèse), II. *al-Mab'ath* (La « Mission » [de Muhammad]), III. *al-Maghâzî* (Les « Expéditions » [de Muhammad]), seule partie disponible en arabe dans diverses éditions

IBN MÂJA A., *Kitab as-Sunan*, nombreuses éditions arabes de ce livre de compilation des diverses *sunna* ou *sunan* canoniques

IBN TAYMIYYÂ, *Minhâje al-Sunna*, Editions Boulâq, 4 volumes, Le Caire, 1903 (en arabe)

IBN TAYMIYYÂ, *Fatâwâ*, Le Caire, Editions Boulâq, 5 tomes, 1905 (en arabe)

IBN TAYMIYYÂ, *Iqtidâ'as-Sirât al-Moustaqîm*, Editions Boulâq, Le Caire, 1907

LAMMENS H., *La Cité arabe de Tâif à la veille de l'Hégire*, Beyrouth, Imprimerie Catholique, 1922

LAMMENS H., *L'Arabie occidentale avant l'Hégire*, Beyrouth, Imprimerie Catholique, 1928

LELONG M., *L'Islam et l'Occident*, Albin Michel, collection « Présence du Monde arabe », 1982

LEWIS B., *Juifs en terre d'Islam*, Paris, Calmann-Lévy, 1986 (puis Flammarion, collection « Champs »)

LINGS M., *Qu'est-ce que le soufisme ?*, Paris, Le Seuil, collection « Points », 1977

LINGS M., *Le Prophète Muhammad. Sa vie d'après les sources les plus anciennes*, Le Seuil, 1995

(Al-)MARZOUQÎ A., *Kitab al Azmina wa'l Amkina*, I-II, Hayderabad, 1914 (en arabe)

MASSÉ H., *L'Islam*, Paris, Armand Colin, 1930

MASSIGNON L., *Essais sur les origines du lexique technique de la mystique musulmane*, Paris, Vrin, 1954

MASSIGNON L., *Opera Minora*, Beyrouth, Librairie orientale, 1963

MASSIGNON L., *La passion de Hallaj, martyr mystique de l'Islam*, Paris, Gallimard, 4 volumes, 1975

MASSON D., *Monothéisme coranique et monothéisme biblique. Doctrines comparées*, Paris, Desclée de Brouwer, 1976

MINCES J., *Le Coran et les femmes*, Hachette, 1996

MIQUEL A., *L'Islam et sa civilisation*, Paris, Armand Colin, 1968

MOUBARAC Y., *Abraham dans le Coran*, Paris, Vrin, 1958

(Al-)MOUNÂWÎ, *Mahomet mystique et les quatre premiers califes*, traduction intégrale sur les manuscrits arabes par René R. Khawam, Paris, Editions Orante, 1978

MOUSLEM, *Sahîh* (en arabe), Le Caire, 7 volumes, 1328 H

NASR (Seyyed H.), *Islam, perspectives et réalités*, Paris, Buchet-Chastel, 1985

RABBATH E., *Les Chrétiens dans l'Islam des premiers temps*, Tome I : « L'Orient chrétien à la veille de l'Islam », Tome II : « Mahomet, Prophète arabe et fondateur d'Etat », Beyrouth, Université libanaise, Librairie orientale, 1986

RENAN E., *Histoire générale des langues sémitiques*, première édition en 1855 ; troisième et dernière édition en 1863. Réédité aujourd'hui dans le tome VIII de ses Œuvres complètes

RENAN E., *De Moïse à Mohammed*, Paris, Calmann-Lévy, 1955

RODINSON M., *Mahomet*, Paris, Le Seuil, collection « Points politiques », 1961

RODINSON M., *Islam et capitalisme*, Paris, Le Seuil, 1966

RODINSON M., *La fascination de l'Islam*, Paris, François Maspero, 1980

RONDOT P., *L'Islam*, Paris, Prismes, 1965

SALEH S., *La vie future selon le Coran*, Paris, Vrin, 1971

SALEH S., *Réponse de l'Islam aux défis de notre temps*, entretiens avec François Harfouche, Beyrouth, Editions Arabelle, 1979

SCHUON F., *Comprendre l'Islam*, Paris, Gallimard, 1961

STÉTIÉ S., *Lumière sur Lumière ou l'Islam créateur*, Le Revest-les-Eaux, Editions les Cahiers de l'Egaré, 1992

STÉTIÉ S., *Un Suspens de cristal*, Montpellier, Fata Morgana, 1995

SUBLET J., *Le Voile du nom*, Paris, Presses Universitaires de France, 1991.

(At-)TABARÎ A., *Tarîkh ar-Roussoul wa'l-Mouloûk*, I-XVI, Leyde, Brill, 1879-1901, réimpression, 1964-65 (en arabe)

(At-)TABARÎ A., *Djâmi'al-Bayân fî Tafsir al-Qur'ân*, 1re édition, Boulâq, 1329 H/1911, réédition Beyrouth, 1978 (en arabe)

(At-)TABARÎ A., *Mohammed, sceau des prophètes*, traduction H. Zotenberg, Paris, Sindbad, 1983

(Al-)WÂQIDÎ A., *Kitâb al-Maghâzî*, Londres, Oxford, University Press, 1966 (en arabe)

WATT W. M., *Muhammad at Mecca*, Londres, Oxford University Press, 1953

WATT W. M., *Muhammad at Medina*, Londres, Oxford, University Press, 1956

WATT W. M., *Introduction to the Qur'an*, en collaboration avec Richard Bell, Edimbourg, University Press, collection « Islamic Surveys », 1970

WATT W. M., *The Formative Period of Islamic Thought*, Edimbourg, University Press, 1973

WIET G., *Grandeur de l'Islam*, Paris, Editions de la Table ronde, 1961

ZEIDAN G., *Al-'Arab kabl al-Islam* (« Les Arabes avant l'Islam »), Le Caire, sans date (en arabe)

Table

Avant-propos : Muhammad : pourquoi ? 9

1. Premières approches 19
2. L'espace et le temps 35
3. Portrait de Muhammad 65
4. La Mecque ou le combat à mains nues 90
5. Médine ou le triomphe d'Allah 128
6. Juifs et chrétiens face à l'Islam naissant 168
7. La Mecque, ville ouverte, et les dernières luttes 184
8. Le Coran tel qu'en lui-même 215
9. Les prophètes 240
10. La place de l'homme 260
11. Muhammad et les projections du féminin 273
12. Le Pèlerinage de l'Adieu 292
13. La mort 303
14. Une succession difficile 313
15. Lumière 324

Les principaux exégètes du Coran et de la *Sunna* ... 335
Les transmetteurs de la *Sîra* 337
Glossaire 341
Aperçu bibliographique 351

DU MÊME AUTEUR

1. Poésie

La Nymphe des rats, avec douze gravures de Rogers-Edgard Gillet, hors commerce, 1964
La Mort abeille, L'Herne, 1972
L'Eau froide gardée, Gallimard, 1973
Fragments : Poème, Gallimard, 1978
Obscure lampe de cela, Jacques Brémond, 1979
Inversion de l'arbre et du silence, Gallimard, 1981
L'Etre Poupée suivi de *Colombe aquiline*, Gallimard, 1983
Nuage avec des voix, Fata Morgana, 1984
L'Autre côté brûlé du très pur, Gallimard, 1992
Seize Paroles voilées, Fata Morgana, 1995
Chemins toutes ces traces, Lyrics Editions, Vancouver, Canada, 1998 (tirage limité)
Fièvre et guérison de l'icône, Imprimerie Nationale, collection «La Salamandre» en coédition avec l'Unesco (collection d'œuvres représentatives), 1998
Le Voyage d'Alep, Fata Morgana, 2002
Fiançailles de la fraîcheur, Imprimerie Nationale, collection «La Salamandre» 2003
Si respirer, Fata Morgana, 2004
Brise et attestation du réel, Fata Morgana, 2004

2. Essais

Les Porteurs de feu, Gallimard, 1972
André Pieyre de Mandiargues, Seghers, collection «Poètes d'Aujourd'hui», 1978
La Unième Nuit, Stock, 1980
Ur en poésie, Stock, 1980
Firdaws, essai sur les jardins et les contre-jardins de l'Islam, Philippe Picquier/Le Calligraphe, 1984
Archer aveugle, Fata Morgana, 1986
Les Sept Dormants au péril de la poésie, Leuvense Schrijversaktie, Louvain, 1991
Lumière sur Lumière ou l'Islam créateur, Les Cahiers de l'Egaré, 1992
Rimbaud, le huitième Dormant, Fata Morgana, 1993
L'Interdit, José Corti, 1993

Le Nibbio, José Corti, 1993
Réfraction du désert et du désir, Babel, 1994
Liban pluriel, Naufal-Europe, 1994
L'Ouvraison, José Corti, 1995
Un suspens de cristal, Fata Morgana, 1995
Habiter Vermeer, L'Etoile des Limites, 1995
Le Calame, Fata Morgana, 1997
Hermès défenestré, José Corti, 1997
La Tisane du sphinx, Fata Morgana, 1997 (tirage limité)
Le Vin mystique, précédé de la traduction de «Al Khamriya» d'Omar Ibn al-Farîdh, Fata Morgana 1998
Mallarmé sauf azur, Fata Morgana, 1999
Le français, l'autre langue, Imprimerie nationale, 2002

3. CARNETS

Le Voyage d'Alep, Les Cahiers de L'Egaré, 1991
Signes et singes, Fata Morgana, 1996
Se noyer en eau sèche, Robert et Lydie Dutrou, 1998 (tirage limité)
L'Oreille du mur, Robert et Lydie Dutrou, 1998
Carnets du méditant, Albin Michel, 2003

4. FICTION

Lecture d'une femme, Fata Morgana, 1988
La Nuit d'Abou'l Quassim, Tschann, 1997

5. ENTRETIENS

La Parole et la preuve, MEET, Saint-Nazaire, 1996
Sauf erreur, entretiens avec Frank Smith et David Raynal, Paroles d'Aube, 1999
Fils de la parole, Un poète d'islam en Occident, entretiens avec Gwendolyne Jarezyle, Albin Michel, 2004.

6. TRADUCTIONS

Badr Chaker Es-Sayyâb, *Poèmes de Djaykour*, Philippe Picquier/Le Calligraphe, 1983
Gibran Khalil Gibran, *Le Prophète*, Naufal-Europe, 1992
Khalil Gibran, *Le Prophète*, nouvelle traduction précédée d'un essai : «Le mystère Gibran», la Renaissance du Livre, 1998

EXTRAITS DU CATALOGUE

Spiritualités vivantes / Poche

- 19. *La Sagesse des Prophètes*, Muhyi-d-din Ibn 'Arabî.
- 32. *La Voie de la perfection. L'enseignement du maître persan Nur Ali Elâhi*, Bahrâm Elâhi.
- 52. *Le Chemin de la Lumière. La Voie de Nur Ali Elâhi*, Bahrâm Elâhi.
- 60. *Traité de l'amour*, Muhyi-d-din Ibn 'Arabî.
- 70. *Le Mesnevi. 150 contes soufis*, Djâlal-od-Dîn Rûmî.
- 74. *Futuwah, traité de chevalerie soufie*, traduit et introduit par Faouzi Skali.
- 77. *Les secrets du Soi*, suivi par *Les Mystères du Non-Moi*, Mohammad Iqbal.
- 92. *Le Jardin de roses*, Saadi.
- 98. *Chercheur de vérité*, Idries Shah.
- 106. *La Voie soufie*, Faouzie Skali.
- 111. *Rubâi'yat*, Djalâl-od-Dîn Rûmî, traduit et présenté par E. de Vitray-Meyerovitch et D. Mortazavi.
- 130. *Rire avec Dieu. Aphorismes et contes soufis*, S. B. Majrouh.
- 132. *Anthologie du soufisme*, Eva de Vitray-Meyerovitch.
- 137. *Le Langage des oiseaux*, Farîd-ud-Dîn'Attar.
- 141. *Traces de lumière. Paroles initiatiques soufies*, Faouzi Skali.
- 143. *Temps et prières*, Al-Ghazâlî.
- 145. *Le Livre du dedans*, Djalâl-od-Dîn Rûmî, traduit et présenté par Eva de Vitray-Meyerovitch.
- 150. *Les Illuminations de la Mecque*, Ibn'Arabî.
- 157. *Poèmes Mystiques*, Hallaj.
- 169. *Le Chœur des prophètes. Enseignements soufis de Cheikh 'Adda Bentounès.*
- 175. *L'Islam au féminin. La femme dans la spiritualité musulmane*, Annemarie Schimmel.
- 179. *Dictionnaire des symboles musulmans. Rites, mystique et civilisation*, Malek Chebel.
- 186. *Mahomet*, Salah Stétié.
- 192. *Le Vin mystique et autres lieux spirituels de l'Islam*, Salah Stétié.
- 194. *Le Coran, essai de traduction*, Jacques Berque.
- 204. *La Prière en Islam*, Eva de Vitray-Meyerovitch.

Espaces libres

- 52. *Islam, l'autre visage*, Eva de Vitray-Meyerovitch.
- 76. *Le Soleil d'Allah brille sur l'Occident*, Sigrid Hunke.
- 88. *Nous avons tant de choses à nous dire. Pour un vrai dialogue entre chrétiens et musulmans*, Rachid Benzine et Christian Delorme.
- 117. *Pour comprendre l'intégrisme islamiste*, Martine Gozlan.

L'Islam des Lumières

Les nouveaux Penseurs de l'islam, Rachid Benzine.
Coran, mode d'emploi, Farid Esack.
Un musulman nommé Jésus, Tarif Khalidi.
L'Islam entre le message et l'histoire, Abdelmajid Charfi.

Albin Michel Spiritualités / Grand format

Qu'Allah bénisse la France!, Abd al Malik.
À la croisée des trois monothéismes. Une communauté de pensée au Moyen Âge, Roger Arnaldez.
L'Homme intérieur à la lumière du Coran, Cheikh Bentounès.
Pour un Islam de paix, Collectif sous la direction de Cheikh Bentounès (revue « Question de » n° 126).
Le Coran. Essai de traduction, Jacques Berque.
Relire le Coran, Jacques Berque.
Une cause jamais perdue, Jacques Berque.
L'Humanisme de l'Islam, Marcel Boisard.
L'Une voilée, l'autre pas, Dounia Bouzard et Saïda Kada.
Dictionnaire de l'Islam. Religion et civilisation, collectif (Encyclopédia Universalis).
Dieu en guerre. La violence au cœur des trois monothéismes, Michel Dousse.
Prémices de la théologie musulmane, Josef van Ess.
Le Piège de Salomon. La Pensée de l'art dans le Coran, Valérie Gonzalez.
Penser l'art islamique. Une esthétique de l'ornement, Oleg Grabar.
Les Soufis d'Andalousie suivi par *La Vie merveilleuse de Dhû-L-Nûn l'Égyptien*, Muhyi-d-din Ibn 'Arabî.
L'Interprète des désirs, Muhyi-d-din Ibn 'Arabî.
Approche de la mystique dans les religions occidentales et orientales, Carl-A. Keller.
Un siècle pour rien, Jean Lacouture, Ghassan Tuéni, Gérard D. Khoury.
Sagesse sémitique. De l'Égypte ancienne à l'Islam, Claire Lalouette.
L'Islam en France, Francis Lamand.
Islam et histoire, Abdallah Laroui.
Histoire du Moyen-Orient, Bernard Lewis.
Le Rêve et ses interprétations en Islam, Pierre Lory.
La Cité vertueuse d'Alfarabi, Muhsin Mahdi.
L'Âme de l'Iran, René Grousset, Louis Massignon, Henri Massé.
Sultanes oubliées, Femmes chefs d'État en Islam, Fatima Mernissi.
Le Harem politique. Le Prophète et les femmes, Fatima Mernissi.
Le Harem et l'Occident, Fatima Mernissi.
La Peur-modernité. Conflit Islam démocratie, Fatima Mernissi.

Le Gîhad dans l'Islam médiéval, Alfred Morabia.
L'Afrique face à l'Islam, Jean-Paul Ngoupandé.
Loi d'Allah, loi des hommes. Liberté, égalité et femmes en Islam, Tareq Oubrou et Leïla Babès.
L'Incendie de l'âme. L'aventure spirituelle de Rûmî, Annemarie Schimmel.
Hindouisme et soufisme. Une lecture du « Confluent des Deux Océans », de Dârâ Shokûh, Daryush Shayegan.
Jésus dans la tradition soufie, Faouzie Skali et Eva de Vitay-Meyerovitch.
Carnets du méditant, Salah Stétié.
Fils de la parole. Un poète d'islam en Occident, Salah Stétié et Gwendoline Jarczyk.
Penseur libre en Islam. Un intellectuel musulman dans la Tunisie de Ben Ali, Mohammed Talbi et Gwendoline Jarczyk.
La France des mosquées, Xavier Ternisien.
Les Penseurs libres dans l'Islam classique, Dominique Urvoy.

Beaux Livres

Calligraphies d'amour, Hassan Massoudy, introduction de Jacques Lacarrière.
Le Maître d'amour, Nja Mahdaoui.

Carnets du calligraphe

Les Quatrains de Rûmî, calligraphies de Hassan Massoudy.
L'Harmonie parfaite de Ibn 'Arabî, calligraphies de Hassan Massoudy.

Carnets de sagesse

Paroles d'Islam, Nacer Khémir.
Paroles soufies, Sylvia Lacarrière.

« *Spiritualités vivantes* »
Collection fondée par Jean Herbert

au format de poche

DERNIERS TITRES PARUS

150. *Les Illuminations de La Mecque*, d'IBN ARABÎ, traduction sous la direction de M. CHODKIEWICZ.
151. *Le Silence foudroyant*, de THICH NHAT HANH, traduction de Z. BIANU.
152. *Comme un éclair déchire la nuit*, du DALAÏ-LAMA.
153. *Jung et la question du sacré*, d'Y. TARDAN-MASQUELIER.
154. *La Religion des Chinois*, de M. GRANET.
155. *La Saveur du Zen. Poèmes et sermons d'Ikkyû et de ses disciples*, traduits et présentés par M. et M. SHIBATA. (Inédit)
156. *L'Étincelle de l'âme, Sermons I à XXX*, de Maître ECKHART, traduits et présentés par G. JARCZYK et P.-J. LABARRIÈRE. (Inédit)
157. *Poèmes mystiques*, de HALLAJ.
158. *Sagesses de la mort*, de Z. BIANU.
159. *Polir la lune et labourer les nuages*, de Maître DÔGEN, anthologie présentée par J. BROSSE. (Inédit)
160. *L'Éveil subit*, de HOUEI-HAI suivi de *Dialogues du Tch'an*, traduits et présentés par M. et M. SHIBATA.
161. *L'Imitation de Jésus-Christ*, trad. par P. CORNEILLE.
162. *Dieu au-delà de Dieu, sermons XXXI à LX* de Maître ECKHART, traduits et présentés par G. JARCZYK et P.-J. LABARRIÈRE. (Inédit)
163. *Zen et Occident*, de J. BROSSE.
164. *Dialogue sur le chemin initiatique*, de K. G. DÜRCKHEIM et A. GOETTMANN.
165. *Prendre soin de l'être*, de J.-Y. LELOUP.
166. *Transformation et guérison*, de THICH NHAT HANH.
167. *La Lumière du Satori*, d'E. DE SMEDT.
168. *Job sur le chemin de la Lumière*, d'A. de SOUZENELLE.
169. *Le Chœur des Prophètes. Enseignements soufis* du Cheikh Adda BENTOUNÈS.
170. *Guérir du malheur*, de L. BASSET.
171. *Le Pouvoir de pardonner*, de L. BASSET.
172. *L'Esprit du Ch'an, Aux sources chinoises du zen*, de T. DESHIMARU.

173. *Passerelles. Entretiens avec des scientifiques sur la nature de l'esprit*, du Dalaï-Lama.
174. *Le Recueil de la falaise verte, kôans et poésies du Zen*, traduit et présenté par M. et M. Shibata. (Inédit)
175. *L'Islam au féminin. La femme dans la spiritualité musulmane* d'A. Schimmel.
176. *Et ce néant était Dieu…, sermons LXI à XC*, de Maître Eckhart, traduits et présentés par G. Jarczyk et P.-J. Labarrière. (Inédit)
177. *L'Évangile de Marie-Myriam de Magdala*, de J.-Y. Leloup.
178. *Le Féminin de l'être. Pour en finir avec la côte d'Adam*, d'A. de Souzenelle.
179. *Dictionnaire des symboles musulmans*, de M. Chebel.
180. *Etty Hillesum*, de P. Lebeau.
181. *Bernard de Clairvaux*, de M.-M. Davy.
182. *Les Maîtres Zen*, de J. Brosse.
183. *Les Psaumes*, traduits et présentés par P Calame et F. Lalou.
184. *La Rencontre du bouddhisme et de l'Occident*, de F. Lenoir.
185. *Moïse, notre contemporain*, de J. Blot.
186. *Mahomet*, de S. Stétié.
187. *Le Rêve du papillon*, de Tchouang Tseu.
188. *Entre source et nuage*, de F. Cheng.
189. *Dietrich Bonhoeffer. Résistant et prophète d'un christianisme non religieux*, d'A. Corbic.
190. *La Voie de la perfection*, de B. Elahi.
191. *La Rose aux treize pétales*, d'A. Steinsaltz.
192. *Le Vin mystique*, de S. Stétié.
193. *Comprendre le Tao*, d'I. Robinet.
194. *Le Coran*, de J. Berque.
195. *Introduction au Talmud*, d'A. Steinsaltz.
196. *Épictète et la sagesse stoïcienne*, de J.-J. Duhot.
197. *La Spiritualité orthodoxe et la Philocalie*, de P. Deseille.
198. *Confucius*, de J. Levi.
199. *Teilhard de Chardin*, d'É. de la Héronnière.
200. **« Moi je ne juge personne ». L'Évangile au-delà de la morale**, de L. Basset.
201. *L'Évangile de Philippe*, de J.-Y. Leloup.
202. *Essais sur le bouddhisme zen*, de D. T. Suzuki.
203. *Le Trésor du zen*, textes de Maître Dôgen commentés par T. Deshimaru.
204. *La Prière en Islam*, d'E. de Vitray-Meyerovitch.
205. *Cabale et cabalistes*, de C. Mopsik.

206. *Jacques, frère de Jésus*, de P.-A. Bernheim.
207. *Les Dits du Bouddha. Le Dhammapada.*
208. *À Bible ouverte. Le livre de la Genèse : de la Création à Caïn*, de J. Eisenberg et A. Abécassis.
209. *L'Enseignement de Mâ Ananda Moyî*, trad. par J. Herbert
210. *Tantra Yoga*, trad. et prés. par D. Odier.
211. *La Joie imprenable*, de L. Basset.
212. *Jésus, illustre et inconnu*, de J. Prieur et G. Mordillat.

Reproduction photomécanique et impression BCI
Editions Albin Michel
22, rue Huyghens, 75014 Paris
www.albin-michel.fr
ISBN 2-226-13014-4
ISSN 0755-1835
N° d'édition : 22851. – N° d'impression : 043416/1.
Dépôt légal : novembre 2001.
Imprimé en France.